Gerhard Lohfink
Wem gilt die Bergpredigt?

Gerhard Lohfink

Wem gilt die Bergpredigt?

Beiträge zu einer christlichen Ethik

Herder
Freiburg · Basel · Wien

Alle Rechte vorbehalten – Printed in Germany
© Verlag Herder Freiburg im Breisgau 1988
Herstellung: Freiburger Graphische Betriebe 1988
ISBN 3-451-20165-8

Für Traudl und Herbert Wallbrecher

Inhalt

Vorwort 11

Teil I:
Wem gilt die Bergpredigt?

1. Zur Fragestellung 15
2. Die Rahmung der Bergpredigt 18
3. Die Literargeschichte der Rahmung 24
4. Die Präsenz Israels 25
5. Der Umfang des Landes 27
6. Das „Zuvor" des Heils 29
7. Die Bedeutung des Berges 31
8. Bergpredigt und Jüngerexistenz 32
9. Die endzeitliche Forderung an Israel 33
10. Konsequenzen 35

Teil II:
Wer kann die Gewaltlosigkeit leben?

1. Die Erfahrung Solschenizyns 39
2. Christliche Anpassungsversuche 41
3. Der entscheidende Text: Mt 5,39–42 42
4. Die Gewaltlosigkeit der Jesus-Boten 46
5. Die Adressaten der Predigt Jesu 48
6. Israel als Zeichen des Heils 50
7. Die neue Familie 53
8. Das Volk Gottes als Kontrastgesellschaft . 55
9. Die Christen und der Staat 59
10. Gewaltlosigkeit in pluralistischer Gesellschaft 60

Teil III:
Worin besteht die Radikalität der Bergpredigt?

1. Radikalität – ein ungeklärter Begriff 65
2. Der Sprachgebrauch Rudolf Bultmanns 67
3. Radikalität als Ungeteiltheit 69
4. Die Ermöglichung von Radikalität 75
5. Radikalität und Bergpredigt 78
6. Die gesellschaftliche Dimension der Bergpredigt . . . 84
7. Radikalität und Geschichte 85
8. Radikalität und Kompromiß 91
9. Radikalität und Barmherzigkeit 95
10. Zusammenfassende Thesen 97

Teil IV:
Weshalb verlangt die Bergpredigt notwendig eine Kontrastgesellschaft?

1. Auslegungsaporien der Bergpredigt 99
2. Urchristliche Sprachmöglichkeiten für Kontrastgesellschaft 104
3. Das Gottesvolk als Adressat der Bergpredigt 107
4. Das Gottesvolk der Bergpredigt als Gesellschaft . . . 109
5. Die Bergpredigt und das Gesetz vom Sinai 110
6. Kontrastive Forderungen in der Bergpredigt 119
7. Das konstrastive Gottesbild der Bergpredigt 132
8. Salz der Erde 138
9. Stadt auf dem Berg 142
10. Mißverständnisse von Kontrastgesellschaft 147

Teil V:
Wo werden die „Schwerter zu Pflugscharen"?

1. Die Vision vom Völkerfrieden in Jes 2,1–5 161
2. Die Voraussetzungen des Völkerfriedens nach Jes 2,1–5 164
3. Die Deutung von Jes 2,1–5 vor der Konstantinischen Wende 168
4. Die Deutung von Jes 2,1–5 bei Eusebius 175

5. Die Deutung von Jes 2,1–5 bei Cyrill 180
6. Die Gegenposition des Augustinus 183
7. Blick zurück auf die Bergpredigt 185
8. Das Ergebnis 188
9. Hermeneutische Rückfrage 189
10. Der alttestamentlich-jüdische Erlösungsrealismus . . 190

Teil VI:
Wem gilt das Ehescheidungsverbot Jesu?

1. Eine methodische Grundregel 193
2. Die richtige Form des Gottesvolkes 194
3. Die Voraussetzung unauflöslicher Ehe 196

Anhang: Das Publikum der Bergpredigt 199
Eine Auseinandersetzung mit Klaus-Stefan Krieger

Anmerkungen 210

Literaturverzeichnis 230

Vorwort

Die Bergpredigt hat in den letzten Jahren öffentliche Aufmerksamkeit erregt. Der Grund ist klar: Seit es die Menschheit in der Hand hat, sich selbst zu vernichten, müssen an die Art, wie in der Welt Politik gemacht wird, kritischere Fragen gestellt werden als je zuvor. Läßt sich die globale Katastrophe bei der üblichen Art von Politik, die weitgehend auf Mißtrauen und Gewaltandrohung beruht, noch aufhalten? Die Bergpredigt bietet hier ein Kontrastprogramm: Gewaltverzicht statt Vergeltung, Feindesliebe statt Haß, Wahrhaftigkeit statt Lüge, Sorglosigkeit statt Angst. Die Frage ist nur: Kann man mit einem solchen Programm Politik machen? Noch grundlegender gefragt: Kann man mit solchen Prinzipien gesellschaftliche Wirklichkeit bauen? In dieser Frage stehen sich heute trotz einer langen Diskussion nach wie vor zwei Positionen unversöhnt gegenüber:

Die eine Position drängt darauf, die Bergpredigt endlich in allen Lebensbereichen und nicht nur im Privaten ernst zu nehmen, damit die Trennung von Religion und Politik beendet wird. Sie fordert deshalb radikale Umkehr der gesamten Gesellschaft und eine Politik im Geist der Bergpredigt. In nahezu reiner Form hat diese Position zuletzt *Franz Alt* in seinem Buch „Frieden ist möglich. Die Politik der Bergpredigt" vorgetragen.

Die andere Position wurde klassisch von *Max Weber* in seiner Schrift „Politik als Beruf" formuliert. Sie sagt: Mit der Bergpredigt ist keine Politik zu machen und erst recht keine Gesellschaft zu bauen. Denn politisches Handeln heißt gerade, für andere *verantwortlich* tätig zu sein. Verantwortungsethos aber verträgt sich nicht mit dem Gewaltverzicht der Bergpredigt. Gewaltverzicht kann sich höchstens ein Einzelner leisten, der fern jeder öffentlichen Verantwortung seiner Gesinnung lebt. Damit bleibt der

Bergpredigt nur der private Bereich. Diese Position *Max Webers*, die genau wie die Franz Alts ihre lange Vorgeschichte hat, wurde in vielen Spielarten variiert, hat sich aber in einem erstaunlichen Maß durchgehalten. Da Theologen die Weltverantwortung des Christen nicht aufgeben dürfen, sagen sie meist, die Bergpredigt fordere zunächst den Einzelnen, freilich solle dann der Einzelne von seinem Platz aus in die Gesellschaft hineinwirken. Gegen das „Hineinwirken" in die Gesellschaft ist nichts zu sagen. Die Frage ist nur, ob der Einzelne hierbei nicht hoffnungslos überfordert ist. Die Gesellschaft folgt weiterhin den ihr eigenen Gesetzen, und am Ende bleibt bei dem Ganzen nur ein nebuloser „Geist der Bergpredigt" übrig.

Ich bin überzeugt, daß beide Positionen mitsamt den aus ihnen entwickelten theologischen Kompromissen falsch sind und unsere Not nicht beseitigen können. Sie haben beide die gesamte Bibel gegen sich. Die Bibel, und mit ihr eine bedeutende christliche Tradition, geht nämlich von Anfang an einen anderen Weg. Dieser Weg heißt „Volk Gottes". Es ist ein Weg, der die gesellschaftliche Dimension des Heilswillens Gottes und der Verkündigung Jesu ernst nimmt und doch die Illusion vermeidet, man könne die Gesamtgesellschaft auf die Bergpredigt verpflichten. Ziel dieses Buches ist es, die Position der Bibel als eigenständigen Lösungsweg, sozusagen als *dritte Möglichkeit* zwischen der privatistischen und der politischen Position, wieder bewußt zu machen.

Leider muß man der gegenwärtigen Diskussion über die Anwendbarkeit der Bergpredigt den Vorwurf machen, daß sie viel zu selten fragt, wem denn nun eigentlich nach Meinung des Matthäus die Bergpredigt gilt. Das erste Teilziel meines Buches ist es, diese Frage exegetisch so sachgerecht wie möglich zu beantworten (Teil I). Damit läßt sich bezüglich der Adressaten der Bergpredigt allerdings nur die Position des Matthäus selbst klären. Genauso wichtig ist die Frage nach den Adressaten der Predigt des historischen Jesus. Diese Rückfrage nach Jesus selbst soll anhand des konkreten Themas der Gewaltlosigkeit durchgeführt werden, denn die existentielle Bedeutung dieses Themas für die Menschheit wächst noch immer (Teil II). Der III. Teil kehrt wieder zu Matthäus zurück. Er möchte zeigen, was eigentlich mit der

Radikalität der Bergpredigt gemeint ist, von der so oft schlagwortartig und nicht selten leichtfertig geredet wird. Dieser III. Teil wird zeigen, daß die Bergpredigt nur in der Form ganzheitlicher Nachfolge gelebt werden kann. Zu einem niedrigeren Preis ist sie nicht zu haben. Ein IV. Teil bedenkt die Konsequenzen, die sich aus den drei ersten Teilen des Buches ergeben: Die Kirche, schon von ihrem Ursprung her Kontrastgesellschaft, ist der einzige Ort, wo die Bergpredigt Jesu *ganzheitlich,* und das heißt neben anderem eben auch *gesellschaftlich,* gelebt werden kann. Ein V. Teil fügt sich folgerichtig an. Er zeigt anhand des Themas „endzeitlicher Friede", daß die Alte Kirche das Netz ihrer Gemeinden tatsächlich als den Ort angesehen hat, an dem sich die messianischen Verheißungen neuer Gesellschaft jetzt schon real erfüllen. Schließlich denkt ein abschließender VI. Teil das Ganze noch einmal am Beispiel eines anderen Textes der Bergpredigt, nämlich anhand des jesuanischen Verbots der Ehescheidung, durch. Auch hier wird deutlich, daß die Bergpredigt für ihre Erfüllbarkeit einen konkreten gesellschaftlichen Ort braucht: neutestamentlich verfaßte Gemeinden.

Daß es mir möglich wurde, die Gesellschaftsgestalt des Volkes Gottes als „dritten Lösungsweg" für die Auslegung der Bergpredigt zu begreifen, verdanke ich meinem Bruder Norbert. Und wir beide verdanken es der *Integrierten Gemeinde,* die durch ihre Existenz zeigt, daß die Bergpredigt keine Utopie, also nicht ortlos ist, sondern mitten in der Kirche ihren Ort hat.

Für alle Hilfe an diesem Buch bedanke ich mich bei meinen Tübinger Mitarbeiterinnen und Mitarbeitern: Hochschulassistent Dr. Marius Reiser, Dr. Linda Maloney, Barbara Greger, Irene Kosel, Hans-Josef Miller und Agathe Ströbele.

München, im Juli 1987　　　　　　　　　　*Gerhard Lohfink*

TEIL I
Wem gilt die Bergpredigt?

1. Zur Fragestellung

Es gibt im Neuen Testament zur Zeit keinen Text, der so umstritten ist wie die Bergpredigt[1]. Die Schwierigkeiten liegen dabei allerdings weniger im unmittelbar zu erhebenden Textsinn. Dieser ist im allgemeinen klar und eindeutig. Was die Schwierigkeiten verursacht, ist gerade die Frage, ob der so eindeutig erhebbare Textsinn überhaupt gelebt werden kann – also das, was seit langem unter dem Stichwort der *Erfüllbarkeit der Bergpredigt* diskutiert wird.

Im Laufe der Kirchen- und Theologiegeschichte sind hier die verschiedenartigsten Antworten gegeben worden. So hat man gesagt, das radikale Ethos der Bergpredigt sei nur von einer christlichen *Elite* lebbar und auch nur für eine solche Elite gedacht[2]. Oder man hat gesagt, es sei nur in einem Zeitraum angespanntester Naherwartung lebbar und auch genau für einen solch relativ kurzen Zeitraum, nämlich für die Zeit *vor dem Ende,* formuliert[3]. Oder aber man hat die Bergpredigt von Röm 3,20 her als *unerfüllbares Gesetz* gedeutet. Ihr Sinn sei es, niederzureißen und zu zerbrechen. Gerade so decke sie die wahre Situation des Menschen auf, nämlich sein radikales Angewiesensein auf die Gnade Gottes[4]. In unserer gegenwärtigen Situation mehren sich freilich die Stimmen, die auf der *Erfüllbarkeit* der Bergpredigt bestehen und die zugleich fordern, daß sie nun endlich zu verwirklichen sei – vor allem ihre Aussagen zu Frieden und Gewaltverzicht. In dieser letzten Position erscheint sie nicht selten als die Magna Charta eines sittlich-revolutionären Prozesses, der die gesamte Welt zu ergreifen habe und der allein noch die Selbstvernichtung der Menschheit abwenden könne[5].

Dieser schematische und notwendig fragmentarische Überblick[6] zeigt bereits, daß mit dem Problem der Erfüllbarkeit die Frage nach den Adressaten der Bergpredigt aufs engste verknüpft ist. Gilt die matthäische Bergpredigt unmittelbar allen Völkern und allen Menschen?[7] Oder gilt sie zunächst einmal nur der Kirche?[8] Oder gilt sie innerhalb der Kirche nur einer bestimmten Elite – nämlich denen, die zur Jesusnachfolge berufen sind?[9] Oder gilt sie überhaupt keinem Kollektiv, sondern immer nur dem Einzelnen, der je für sich selbst das radikale Ethos der Bergpredigt zu erfüllen hat?[10]

All diese Möglichkeiten sind mit Nachdruck vertreten worden. Selbstverständlich hängt die Unsicherheit in der Frage nach den Adressaten mit der Radikalität der Forderungen der Bergpredigt zusammen. Allerdings gibt Matthäus gerade in der Frage nach den Adressaten sehr klar und reflektiert Auskunft. Er hat nämlich die Bergpredigt, genauso wie die vier anderen großen Redekompositionen seines Evangeliums[11], mit einer sorgfältig komponierten *Rahmung* versehen. Es ist erstaunlich, eine wie geringe Rolle diese matthäische Rahmung in der bewegten Debatte um die Verbindlichkeit und Erfüllbarkeit der Bergpredigt bisher gespielt hat.

Man hat zwar schon immer gesehen, daß in der Rahmung der Bergpredigt sowohl die Volksscharen als auch die Jünger genannt werden. Aber für wen genau stehen im Sinne des Matthäus die Volksscharen und für wen genau die Jünger? Repräsentieren die Volksscharen die potentiellen Hörer des Evangeliums aus der ganzen Welt? Oder repräsentieren sie das Gottesvolk? Falls sie nicht für alle Menschen, sondern allein für das Gottesvolk stehen, wäre aber noch immer weiterzufragen: Repräsentieren sie das bisherige Gottesvolk Israel oder bereits jenes Gottesvolk, das Matthäus in der Zeit, da er sein Evangelium niederschreibt, als das allein wahre Gottesvolk ansieht, nämlich die Kirche?[12] Einmal den Fall gesetzt, die Volksscharen der Bergpredigt wären ein Vorentwurf der matthäischen Kirche – was wären dann die Jünger? Eine besondere Gruppe innerhalb der Kirche? Oder stehen nicht eben doch die Jünger für die Kirche, so daß die Volksscharen im Text eine andere Funktion haben?

Die Liste dieser Fragen zeigt, daß hier so präzis wie nur möglich nach der Funktion der matthäischen Rahmung und der Aktanten in dieser Rahmung gefragt werden muß. Dabei ist methodisch zu unterscheiden zwischen den Adressaten des Matthäusevangeliums *im ganzen,* die selbstverständlich letztlich auch die Adressaten der Bergpredigt sind, und den *speziellen* Adressaten der Bergpredigt innerhalb der „berichtenden Rede" des Matthäusevangeliums. Uns hat zunächst und vor allem der letztere Aspekt zu interessieren [13].

Auf keinen Fall dürfen wir uns heute noch mit der undifferenzierten Auskunft von *Martin Dibelius* begnügen, der 1953 in einem wichtigen Aufsatz zur Bergpredigt formulierte [14]:

Die Situation, deren Bild Matthäus entwirft, enthält zwei Feststellungen über die Hörer der Bergpredigt. Es wird erst beschrieben, wie Jesus die ihn umringende Menge sieht und auf den Gipfel einer Höhe geht, offenbar nicht um der Menge auszuweichen, sondern um einen besseren Überblick zu haben. Dann aber, nachdem er sich niedergesetzt hat, sind es seine Jünger, die zu ihm kommen und die er lehrt. Es steht uns ganz frei, uns entweder die Menge zu seinen Füßen oder die Jünger um ihn her vorzustellen. Die Menge oder die Jünger oder beide sind die Hörer seiner Predigt. Die Unsicherheit der Exegese an diesem Punkt ist in keiner Weise erstaunlich. Wir müssen uns daran erinnern, daß Matthäus nicht ein geschichtliches Ereignis erzählen, sondern in Form von Reden Gebote erlassen will. In Wirklichkeit ist die christliche Gemeinde weithin über die ganze Welt die Menschengruppe, die angeredet wird; es ist für seine Erzählung völlig gleichgültig, ob Jünger oder eine versammelte Menge von Galiläern die Hörer dieser Predigt sind.

Dieses Votum spiegelt eine Phase der Forschung wider, in der man die Evangelien noch nicht konsequent auf ihre redaktionelle Gestalt und Theologie hin befragte. Aber selbst für diese ältere Forschungsphase liest Martin Dibelius den Text erstaunlich ungenau, denn die Volksscharen um den Bergprediger sind eben nicht nur eine „Menge von Galiläern". Matthäus beschreibt sehr exakt, woher sie kommen. Und weshalb hat er wohl den Kreis der Volksscharen und den Kreis der Jünger so genau unterschieden und so sorgfältig arrangiert, wenn es für ihn letztlich ganz unwichtig gewesen ist, wer die angeredeten Personen waren?

Wir werden deshalb genauer als Dibelius fragen müssen, wie Matthäus die Bergpredigt gerahmt hat, was er mit dieser Rahmung sagen wollte und wie von der Intention seiner Rahmung her die Frage nach der Verbindlichkeit der Bergpredigt zu beantworten ist.

2. Die Rahmung der Bergpredigt

Fragen wir uns zunächst, wie weit die Rahmung der Bergpredigt überhaupt reicht. Für den *Endteil* der Rahmung ist diese Frage leicht zu beantworten. Er lautet:

> *Und es geschah, als Jesus diese Worte beendet hatte, daß die Scharen bestürzt waren über seine Lehre. Denn er lehrte sie wie einer, der Vollmacht hat, und nicht wie ihre Schriftgelehrten (7, 28f).*

Diesem Endteil der Rahmung entspricht die Einleitung der Rede:

> *Als er die Scharen sah, stieg er auf den Berg. Und nachdem er sich gesetzt hatte, traten seine Jünger zu ihm. Und er öffnete seinen Mund und lehrte sie folgendermaßen (5, 1f).*

Es ist allerdings die Frage, ob die Einleitung 5, 1f bereits den gesamten *Anfangsteil* der Rahmung darstellt. Denn die Zusammensetzung der Volksscharen, von denen in 5, 1 die Rede ist, wird im unmittelbar vorangehenden Satz 4, 25 sorgfältig festgelegt. Und eben dieser Satz erscheint als Bestandteil des Textkomplexes 4, 23–25. Nach vorne ist dieser Textkomplex deutlich von der Berufung der ersten Jünger (4, 18–22) abgegrenzt, nach hinten reicht er bis einschließlich 4, 25 und scheint deshalb mit der Einleitung der Rede eine bewußt hergestellte Einheit zu bilden. Ist dies richtig, dann umfaßt der Anfangsteil der Rahmung den gesamten Text 4, 23 – 5, 2 und lautet folgendermaßen:

> 4,23 *Und er durchzog ganz Galiläa,*
> *lehrend in ihren Synagogen,*
> *verkündend das Evangelium vom Reich*
> *und heilend jede Krankheit und jedes Leiden im Volk.*
> 4,24 *Und die Kunde von ihm verbreitete sich (sogar) in ganz Syrien.*
>
> *Und sie brachten zu ihm alle, denen es schlecht ging,*
> *die vielerlei Krankheiten und Gebrechen hatten:*
> *Besessene, Mondsüchtige und Gelähmte.*
> *Und er heilte sie.*
> 4,25 *Und es folgten ihm große Scharen aus Galiläa,*
> *der Dekapolis, Jerusalem, Judäa und Peräa.*
>
> 5,1 *Als er die Scharen sah,*
> *stieg er auf den Berg.*
> *Und nachdem er sich gesetzt hatte,*
> *traten seine Jünger zu ihm.*
> 5,2 *Und er öffnete seinen Mund*
> *und lehrte sie folgendermaßen.*

Es ist für die Auslegung der Bergpredigt von erheblicher Bedeutung, ob ihr dieser gesamte Text als Rahmung vorangestellt ist oder nicht[15]. Bisher haben wir lediglich mit dem Rückbezug von 5,1 auf 4,25 argumentiert. Diese Argumentation kann freilich noch nicht genügen. Für die Rahmenfunktion von 4,23–25 müßten weitere Textphänomene sprechen. Dies ist auch eindeutig der Fall. Im folgenden sei noch auf zwei besonders auffällige Hinweisstrukturen in der Komposition des Matthäusevangeliums aufmerksam gemacht:

1. Es ist schon oft gezeigt worden, daß Matthäus innerhalb seiner Evangelienkomposition fünf große Jesusreden bringt, die er alle mit derselben Formel abschließt: „Und es geschah, als Jesus beendet hatte..." Die folgende Tabelle gibt den Ort und die Länge (Wortzahl) dieser Jesusreden an[16]:

I.	Bergpredigt	5,3 – 7,27	1937
II.	Botenrede	10,5–42	640
III.	Gleichnisrede	13,3–52	929
IV.	Gemeinderede	18,3–35	639
V.	Gerichtsrede	23,2 – 25,46	2221

Man sieht sofort: Die fünf Reden sind gleichmäßig über das gesamte Evangelium verteilt, und die erste und letzte Rede haben den weitaus größten Umfang. Die *Endteile* der Rahmungen sind mit einer Ausnahme kurz und vom Kontext deutlich abgehoben. Vgl. (I) 7,28 f; (II) 11,1; (III) 13,53; (IV) 19,1 f. Die Ausnahme bildet (V) 26,1–5. Dort geht der Endteil der Rahmung fast nahtlos in die Passionsgeschichte über. Wichtiger für uns ist freilich die Frage: Wie gestaltet Matthäus die *Anfangsteile* der Rahmungen?

Der *Botenrede* 10,5b–42 ist die Bevollmächtigung und Aussendung der zwölf Jünger vorangestellt (10,1–5 a). Dabei wird die unmittelbare Redeeinführung 10,5 a durch den Apostelkatalog 10,2–4 vorbereitet. Zwischen 10,5 a und 10,2–4 besteht genau das gleiche Referenzverhältnis wie zwischen 5,1 a und 4,25. Wird dort die Zusammensetzung der *Volksscharen,* so wird hier die Zusammensetzung des *Jüngerkreises* im Hinblick auf die sich anschließende Rede definiert. Die Rahmung der Botenrede greift aber nach vorn noch über 10,1 hinaus: Auch 9,36–38 mit dem Logion von den Arbeitern in der Ernte dient der eigentlichen Rahmung von 10,5 b–42.

Bei der *Gleichnisrede* 13,3–52 ist der Anfangsteil der Rahmung bedeutend kürzer. Er umfaßt lediglich 13,1–3. Wichtig ist aber: Die Festlegung der Adressaten geschieht nicht in der unmittelbaren Redeeinführung 13,3 a, sondern schon vorher in 13,2.

Die *Gemeinderede* 18,3–35 wird von Matthäus aus 18,1 heraus entwickelt. Jesus ruft auf die Frage nach dem „Größten im Himmelreich" ein Kind herbei, stellt es zwischen die Jünger und beginnt dann seine Rede. Auch hier sind also Festlegung der

Adressaten (18, 1) und unmittelbare Redeeinführung (18, 3 a) getrennt.

Die *Gerichtsrede* 23, 2 – 25, 46 ist zweigeteilt. Während die Rede gegen die Schriftgelehrten und Pharisäer 23, 2–39 denkbar knapp eingeleitet ist (nur 23, 1), entfaltet sich die Endzeitrede 24, 4 b – 25, 46 aus einer Jüngerfrage (24, 3). Die Jüngerfrage wird ihrerseits vorbereitet und veranlaßt durch die Szene beim Verlassen des Tempels 24, 1 f, so daß der Anfangsteil der Rahmung 24, 1–4 a umfaßt.

Es zeigt sich also: Bei den großen matthäischen Redekompositionen ist mit Ausnahme von 23, 1 der Anfangsteil der Rahmung stärker ausgebaut als der stets sehr knappe Endteil. Der Anfangsteil kann aus einer an Jesus gerichteten Frage bestehen (18, 1; 24, 3), er kann eine Situationsschilderung enthalten (13, 1–2), und er kann sogar ein kleines Erzählstück miteinschließen (9, 36–38; 24, 1 f). Stets werden die Adressaten der Rede genau bestimmt. Nur in 23, 1 findet sich die genauere Bestimmung der Adressaten in der unmittelbaren Redeeinführung; in allen anderen Fällen setzt Matthäus ausführlicher an. Damit haben wir ein weiteres Argument dafür gewonnen, daß auch bei der ersten großen Redekomposition des Matthäus der Anfangsteil des Rahmens über 5, 1 f hinausgreift.

2. Im Gegensatz zur lukanischen Feldrede (Lk 6, 17–49) steht die matthäische Bergpredigt fast am *Anfang* der öffentlichen Wirksamkeit Jesu. Matthäus bietet die Reihenfolge:

Taufe Jesu (3, 13–17)
Versuchung Jesu (4, 1–11)
1. Summarium über das Auftreten Jesu in Galiläa (4, 12–17)
Berufung der ersten Jünger (4, 18–22)

Das sich anschließende 2. Summarium über das Auftreten Jesu in Galiläa ist dann bereits jener Text, um dessen Funktion es hier geht, nämlich 4, 23–25. Matthäus bringt also zwischen der Versuchungsgeschichte und seiner ersten großen Redekomposition nur eine einzige Erzählung: die Berufung der Jünger. Diese Erzählung war unbedingt notwendig, da sonst für die Bergpredigt noch gar keine Jünger als Hörer zur Verfügung gestanden hätten. Liest man den Text pedantisch, so stehen freilich trotz 4, 18–22 bei der Bergpredigt lediglich *vier* Jünger vor Jesus[17], also keineswegs jene Zwölf, deren Existenz dann später in 10,1 einfach vorausgesetzt wird. Matthäus nimmt diese Unstimmigkeit jedoch in Kauf – und zwar gerade deshalb, weil er die große programmatische Rede möglichst an den Anfang der öffentlichen Wirksamkeit Jesu rücken wollte[18].

An die Bergpredigt schließt sich dann in 8,1 – 9,34 eine weitere, typisch matthäische Komposition an, nämlich genau zehn Wundererzählungen. Die Ausleger haben längst gesehen, daß der Evangelist auf diese Weise in bewußter Systematisierung Jesus sofort zu Beginn seines Auftretens als „Messias des Wortes" und als „Messias der Tat" charakterisieren wollte[19]. Wie konsequent Matthäus dabei verfuhr, beweist das für uns wichtige Phänomen, daß er den Anfang des Summariums 4,23 f in 9,35 – also am Ende des großen Wunderzyklus – nahezu wörtlich wiederholt:

Und Jesus durchzog alle Städte und Dörfer,
lehrend in ihren Synagogen,
verkündend das Evangelium vom Reich
und heilend jede Krankheit und jedes Leiden (9,35).

Die Sätze 4,23 und 9,35 haben also eindeutig inkludierende Funktion: sie rahmen die kunstvoll komponierte, hoch reflektierte und systematisierte Darstellung der für das Evangelium grundlegenden *Worte* und *Taten* Jesu[20]. Damit ist endgültig klar, daß der gesamte Abschnitt 4,23-25 die Bergpredigt einleitet. Zwar bereitet er genauso den sich anschließenden Wunderzyklus 8,1 – 9,34 vor, der mit der Bergpredigt eine kompositionelle Einheit bildet – aber eben auch und vor allem 5,3 – 7,27.

Wir dürfen somit im folgenden mit guten Gründen davon ausgehen, daß die Rahmung der Bergpredigt in ihrem Anfangsteil tatsächlich 4,23 – 5,2 umfaßt. Matthäus hat die erste programmatische Redekomposition seines Evangeliums besonders sorgfältig und ausführlich gerahmt. Der Anfangsteil dieser Rahmung ist freilich in seiner Struktur noch genauer zu bestimmen, als wir das bisher getan haben.

In 4,23-24a liegt ein Summarium reinster Form vor. Es will die Tätigkeit Jesu in Galiläa (weshalb gerade in Galiläa, war

4, 12–17 gezeigt worden) umfassend überblicken. Dies geschieht durch die drei gleichgeordneten Partizipien: *lehrend – verkündend – heilend*. Dieser summarische Überblick, der – wie gesagt – in 9, 35 fast wörtlich wiederholt wird, ist noch erweitert durch eine Notiz über die Ausbreitung des Rufes Jesu in ganz Syrien. Damit ist das Summarium zunächst einmal abgeschlossen.

Die anschließende Schilderung der Heilungstätigkeit Jesu in 4, 24 b–e setzt das Summarium nicht einfach fort, sagt also keinesfalls, die im folgenden genannten Kranken seien aus *Syrien* gekommen, sondern greift das „heilend" von 4, 23 noch einmal auf und konkretisiert die Heilungen „im Volk" (Israel). Noch auffälliger als dieser Rückgriff auf 4, 23 ist das Phänomen, daß im folgenden Vers 25 erneut geographische Bestimmungen auftauchen, obwohl doch schon in Vers 23 von Galiläa die Rede war. Die mit 4, 25 gegebene Ausweitung über Galiläa hinaus verrät deutlich, daß 5, 1 f vorbereitet werden soll. Die Verse 24 b–25 haben also offensichtlich die Funktion, eine Überleitung zwischen dem Summarium 4, 23–24 a und der konkreten Szenerie in 5, 1 f herzustellen. Einerseits zeigen diese Übergangsverse noch summarischen Charakter, andererseits bauen sie bereits ein Stück Hintergrund für die Bergpredigt auf: Um Jesus sammeln sich Menschen aus ganz Israel; unter ihnen viele, die er geheilt hat.

Die eigentliche Erzählung setzt dann, klar abgehoben mit *de* und doch deutlich an das Vorhergehende anknüpfend, in 5, 1 ein. 5, 2 ist die unmittelbare Redeeinführung. Rein syntaktisch ist nicht zu entscheiden, ob sich das „sie" *(autous)* nur auf die „Jünger" oder auch auf die „Scharen" bezieht. Erst 7, 28 stellt sicher, daß die Volksscharen genauso wie die Jünger Hörer der Bergpredigt waren.

Der Vorbau der Bergpredigt ist somit folgendermaßen gegliedert:

A. Reines Summarium: 4, 23–24 a
B. Neu ansetzende Überleitung zur Erzählung: 4, 24 b–25
C. Reine Erzählung mit Redeeinführung: 5, 1 f

Matthäus ist es tatsächlich gelungen, auf kleinstem Raum von dem für die Abfolge seines Evangeliums unabdingbar notwendigen Summarium 4, 23–24 a zu der konkreten Erzählung 5, 1 f überzuleiten. Man muß seine Kompositionskunst noch mehr bewundern, wenn man in Rechnung stellt, daß er dabei nicht frei formuliert, sondern auf ein Mosaik vorgegebener Texte zurückgreift. Hiervon hat der folgende Abschnitt zu handeln.

3. Die Literargeschichte der Rahmung

Wie der synoptische Vergleich zeigt, hat Matthäus dem Vorbau zur Bergpredigt eine ganze Reihe von markinischen Textteilen zugrunde gelegt[21]. In Vers 23 folgt er im wesentlichen Mk 1,39, ist aber gleichzeitig auch von Mk 6,6b; Mk 1,14 und Mk 1,32 abhängig. Vers 24a geht auf Mk 1,28 zurück. In Vers 24b–c schließt sich Matthäus, wenn auch nicht ohne redaktionelle Veränderungen, Mk 1,32–34 an. In Vers 25 greift er auf Mk 3,7f zurück, freilich wiederum mit charakteristischen Veränderungen. In 5,1f formuliert Matthäus freier, lediglich Mk 3,13 wird verarbeitet. Es wäre allerdings möglich, daß er auch auf einen Vorbau der ersten programmatischen Rede der Logienquelle zurückgreift. Der Schlußteil des Rahmens interessiert hier weniger; er stützt sich auf Mk 1,22.

Selbst wenn man nicht bereit ist, sich einen „mit Kleister und Schere" arbeitenden Matthäus vorzustellen, wird man doch zugestehen müssen, daß er für ein relativ kurzes Textstück eine überraschend große Zahl von Passagen herangezogen hat, die im Markusevangelium zerstreut stehen. Diese Arbeitsweise zeigt die Kompositionskunst des Evangelisten; sie zeigt freilich auch sein besonderes Interesse am Vorbau der Bergpredigt. Uns gibt seine Kompilationstechnik die Möglichkeit, relativ leicht nachzuprüfen, wo er Veränderungen oder neue Akzentsetzungen vorgenommen hat. Die für uns wichtigsten Veränderungen sollen im folgenden aufgelistet werden:

1. „das Evangelium Gottes" (Mk 1,14) wird verändert in: „das Evangelium vom Reich" (Mt 4,23).

2. Neu gegenüber Markus ist die Zufügung: „jede Krankheit und jedes Leiden im Volk" (Mt 4,23).

3. „in das ganze Umland Galiläas" (Mk 1,28) wird verändert in: „nach ganz Syrien" (Mt 4,24).

4. Neu gegenüber Mk 1,32–34 sind die Zufügungen „die mit Gebrechen zu tun hatten" *(basanois synechomenous)* und „Mondsüchtige und Gelähmte" *(seleniazomenous kai paralytikous)* (Mt 4,24).
5. Gestrichen wird aus der geographischen Aufzählung Mk 3,7f: „von Idumäa" und „um Tyrus und Sidon" (Mt 4,25).
6. Hinzugefügt wird zu der geographischen Aufzählung Mk 3,7f: „(aus der) Dekapolis" (Mt 4,25).
7. Teilweise frei gestaltet ist die unmittelbare Szenerie und Einleitung der Bergpredigt in Mt 5,1f.

Überblickt man diese Liste, so zeigt sich, daß die besonderen Interessen des Matthäus in zwei Richtungen gehen: a) Er hat die Heilungstätigkeit Jesu gerade an dieser Stelle besonders betont. b) Er hat an der geographischen Aufzählung Mk 3,7f Änderungen vorgenommen, die ihm offenbar wichtig waren. – Wir werden bei dem nun folgenden theologischen Arbeitsgang vor allem von diesen beiden Beobachtungen ausgehen müssen.

4. Die Präsenz Israels

Der Vorbau der Bergpredigt schildert zunächst das Wirken Jesu in Galiläa (4,23). Nach Galiläa war Jesus ja wegen der Verhaftung des Täufers ausgewichen (4,12); dort, im „Galiläa der Heiden", begann er gemäß einer Prophetie Jesajas seine öffentliche Wirksamkeit (4,13–17). Wenn Matthäus die Wendung vom „Galiläa der Heiden" aus Jes 8,23 – 9,1 aufgreift, dann tut er das keineswegs, um schon hier die künftige Heidenmission anzudeuten[22]. Er will vielmehr – übrigens ganz im Sinn der Jesajastelle[23] – sagen, daß gerade in jenem Teil Israels, der am stärksten von heidnischer Bevölkerung durchsetzt war, die eschatologische Wende *für Israel* ihren Anfang nahm[24]. Gerade in dem von den Heiden überfremdeten Galiläa leuchtete dem Volk Israel das helle Licht Gottes auf (4,16). Von dieser in 4,12–17 deutlich formulierten Voraussetzung her ist der Vorbau der Bergpredigt zu interpretieren.

Mit Hilfe einer Kombination von Mk 1,39 und 6,6b sagt Matthäus in 4,23: Jesus durchzog ganz Galiläa – lehrend, verkündend und heilend. In diesem und dem folgenden Vers verwendet der Evangelist zweimal *holos* und dreimal *pas*, ein deutliches Signal, daß er eine *umfassende* Wirksamkeit Jesu ausdrücken will. Sie ist so umfassend und beeindruckend, daß die Kunde hiervon sogar „ganz Syrien" erreicht (4,24a).

Selbstverständlich will Matthäus mit diesem vielumrätselten Satz keine Wirksamkeit Jesu im nichtisraelitischen Norden andeuten. Eine solche Interpretation ist durch Mt 10,5 und 15,24 absolut ausgeschlossen. Und reine Spekulation ist die Vermutung, hier werde ein Hinweis auf die künftige Heidenmission gegeben[25]. Man muß Mt 4,24a konsequent aus seiner Funktion am Ende des Summariums interpretieren. Matthäus hatte in Mk 1,28 den Satz gelesen: „Und die Kunde von ihm lief sofort überall hin in das ganze Umland Galiläas." Er deutete das „Umland Galiläas" auf Syrien und setzte den Satz an das Ende des Summariums, weil er glänzend die Macht des Wirkens Jesu *in Galiläa* zu beleuchten vermochte: So sehr war ganz Galiläa von dem Wirken Jesu erfüllt, daß sich die Kunde von diesem Wirken sogar in ganz Syrien verbreitete. Damit ist dann auch klar, daß mit Syrien nicht wie in Lk 2,2 die römische Provinz gemeint sein kann[26], sondern nur diejenigen Gebiete jenseits der nördlichen Grenzen Galiläas, die man damals *aus jüdischer Sicht und vom jüdischen Standpunkt aus* als Syrien bezeichnete[27].

Gerade weil sich Matthäus in dem Summarium 4,23-24a so konsequent auf ein Wirken Jesu in Galiläa beschränkt, ist es nun allerdings besonders auffällig, daß er schon in 4,25 die Wirksamkeit Jesu erweitert:

> *Und es folgten ihm große Scharen aus Galiläa, der Dekapolis, Jerusalem, Judäa und Peräa.*

Das ist zwar so formuliert, daß der Standort und Wirkungsbereich „Galiläa" von Jesus keineswegs verlassen wird. Aber es erhebt sich natürlich die Frage, ob nun nicht doch *indirekt* durch die Nennung der Herkunftsgebiete der Volksscharen die Wirksamkeit Jesu auf Nicht-Israel entschränkt wird. Tatsächlich denkt eine Reihe von Auslegern bei dem Stichwort „Dekapolis" sofort wieder an heidnisches Gebiet und an Vorabschattungen künftiger Heidenmission[28].

In Wirklichkeit hat Matthäus in seinem gesamten Evangelium *innerhalb der berichtenden Rede* mit Heidenmission nichts im Sinn, ja er ist geradezu darauf bedacht, so etwas wie Wirken an Heiden von 4,25 ganz und gar auszuschließen [29].

Wo kommen die Scharen, die Jesus zu diesem Zeitpunkt nachfolgen und die schon dabei sind, sich als Hörer der Bergpredigt um ihn zu versammeln, nach der Meinung des Matthäus her? Sie kommen gerade nicht aus Idumäa und aus Tyrus und Sidon, wie Markus (3,8) geschrieben hatte. Matthäus streicht diese drei Angaben, offenbar weil er mit ihnen heidnisches Gebiet assoziiert.

Zumindest bei Tyrus und Sidon ist das evident, vgl. Mt 15,21–28. Bei der Streichung von Idumäa (= Edom) könnte Jes 34 eine entscheidende Rolle gespielt haben. Denn dort wird ja das Gebiet von Edom für immer verflucht (34,17) und zum Ort der Dämonen erklärt [30]. In der rabbinischen Diskussion spielte allerdings Dtn 2,5 eine viel bedeutendere Rolle. Auf der Basis dieses Textes bildete sich eine Traditionslinie, die annahm, daß das Gebiet von Edom nicht zum Land Israel gehöre [31].

Was Matthäus aus Mk 3,7–8 beibehält, sind Galiläa, Jerusalem, Judäa und Peräa. Damit übernimmt er aber präzis jene drei Gebiete, welche die Rabbinen aufzählen, wenn sie flächendeckend Gesamt-Israel umschreiben wollen. Da es innerhalb Israels Differenzen in der Rechtspraxis gab, war es nämlich notwendig, zwischen Judäa, Peräa und Galiläa zu unterscheiden [32]. Alle drei Gebiete zusammen ergeben Israel.

5. Der Umfang des Landes

Sieht man die Präzision, mit der Matthäus aus der Liste Mk 3,7–8 die israelitischen Gebiete übernimmt und die nichtisraelitischen ausscheidet, so muß man annehmen, daß für ihn die Neuhinzufügung der Dekapolis konsequent auf der schon bisher von ihm verfolgten Linie liegt. Aber wie kann Matthäus die hellenistischen Zehnstädte mit seinem Israel-Programm zusammenbringen?

Es wäre mit Sicherheit zu wenig, würde man hier nur auf die starken jüdischen Minderheiten in der Dekapolis hinweisen [33].

Solche Minderheiten gab es auch in Tyrus und Sidon[34]. Offenbar geht es Matthäus gar nicht so sehr um die gegenwärtige Verteilung der Bevölkerung, sondern um das *Israel der Väter*[35]. Im Augenblick der großen programmatischen Rede Jesu soll das ganze Israel der Väter präsent, oder besser: repräsentiert sein. Das Gebiet der Dekapolis hatte aber einst zum davidischen Großreich gehört. Und noch die Hasmonäer hatten um die Städte der Dekapolis gekämpft – nicht nur aus politischem Machthunger, sondern auch von der altorthodoxen Heilshoffnung bestimmt, das endzeitliche Israel aufzurichten[36]. Auf jeden Fall müßte bei der Auslegung von Mt 4, 25 endlich einmal darauf geachtet werden, daß es im Alten Testament, besonders im deuteronomistischen Geschichtswerk, dezidierte Theorien über den wahren Umfang des „Landes" gibt, in denen die politische Realität, die seit der Reichsteilung eingetreten war, weit überschritten wird[37]. Seit dem Untergang des Davidsreiches ist in Israel immer wieder die Frage gestellt worden: Wie groß ist das Land, wo verlaufen seine Grenzen? Diese Frage war wichtig, weil es dabei letztlich um das von Jahwe geschenkte Erbe ging. Die Frage nach den Grenzen des Landes war aber auch deshalb so wichtig, weil sie mit der Frage nach der *Geltung der Gebote* in engstem Konnex stand: Die Gebote sind gegeben für das Leben im Land. Dieser Konnex, den vor allem das Deuteronomium klar formuliert[38], bleibt auch im späteren Judentum stets bewußt. Es ist deshalb kein Zufall, daß Matthäus in 4, 15.23.25 – also unmittelbar vor der feierlichen Proklamation der messianischen Tora – eine sorgfältige geographische Definition Israels bietet. Und es ist erst recht kein Zufall, daß Matthäus als einziger Evangelist in 2, 20f so pointiert vom „Land Israel" spricht. Für ihn geht es bei dem Stichwort „Israel" zwar um alles andere als um eine Restitution des Volkes nach dem Muster der Makkabäer- und Hasmonäerkriege, aber es geht ihm eben doch um Gesamt-Israel, das der Messias Israels weiden soll (2, 6), wenn er das Volk von seinen Sünden befreit hat (1, 21).

Wir dürfen also sagen: Im Sinne des Evangelisten umschreiben die geographischen Bestimmungen von 4, 25 das gesamte Israel: den Nordwesten (Galiläa), den Nordosten (Dekapolis), den Südwesten (Jerusalem und Judäa) und den Südosten (Peräa).

Matthäus hat damit bereits eines seiner wichtigsten Ziele für den Vorbau der Bergpredigt erreicht: Der Ort der großen programmatischen Rede Jesu ist zwar Galiläa und nicht die Hauptstadt Jerusalem. Trotzdem sind bei der Bergpredigt um Jesus große Scharen (ochloi polloi) aus allen Teilen des Landes versammelt. Sie repräsentieren das von Jesus zu sammelnde Gesamt-Israel[39].

6. Das „Zuvor" des Heils

Wir hatten bereits gesehen, daß Matthäus den Heilungen Jesu im Vorbau der Bergpredigt bevorzugten Raum gewährt. Er begnügt sich nicht mit dem „heilend jede Krankheit und jedes Leiden im Volk" des Summariums (V. 23–24a), sondern konkretisiert die Heilungstätigkeit Jesu noch in 24b–e. Welche Zielsetzung verfolgt er dabei? Offenbar mehrere!

Zum ersten hat ja, wie wir sahen, das Summarium 23–24a nicht nur die Bergpredigt, sondern auch den Wunderzyklus 8, 1 – 9, 34 einzuleiten. Mit dem „lehrend" wird die Bergpredigt, mit dem „heilend" der Wunderzyklus vorbereitet.

Wichtiger als dieser literarische Aspekt ist allerdings die theologische Funktion der gezielten Hinweise auf die Krankenheilungen Jesu. Die Bergpredigt enthält eine Vielzahl höchst radikaler und harter Forderungen. Und Jesus verlangt, daß man seine Worte nicht nur hört, sondern sie auch tut (7, 21–27). Seine Worte sind die definitive, endzeitliche Auslegung der Tora (5, 17–20)[40] und verlangen deshalb unverbrüchlichen Gehorsam, so wie von Israel unverbrüchlicher Tora-Gehorsam gefordert worden war. Aber bevor von Israel Tora-Gehorsam verlangt wurde, hatte Gott sein Volk errettet und in die Freiheit geführt. Dem Tun des Volkes war die befreiende Tat Jahwes vorausgegangen. Analog dazu gehen nun auch den Forderungen der Bergpredigt die messianischen Taten Jesu voraus. Zwar werden diese Taten im einzelnen erst im Anschluß an die Bergpredigt im Wunderzyklus 8, 1 – 9, 34 erzählt. Erst dort kann das Neue und Unerhörte der Heilungswunder Jesu wirklich aufgedeckt werden: „So etwas ist in Israel noch nie geschehen" (9, 33). Trotzdem haben diese messianischen Taten Jesu in der Form des Summariums bereits vor der Bergpredigt ihren notwendigen und unaufgebbaren Ort. Denn auf diese Weise kann Matthäus zeigen: Bevor radikaler Gehorsam gegenüber der Lehre Jesu verlangt wurde, war das Heil schon geschenkt worden. Und bevor die bessere Gerechtigkeit (5,20) gefordert wurde, waren in Israel längst die neuen, alles Frühere übertreffenden Wunder geschehen. Der Didache der Bergpredigt gingen das helle Licht des Evangeliums (4,15-17; vgl. 4,23) und das Wunder neuen Lebens (4,23f) voraus[41].

Die starke Betonung der Heilungswunder Jesu im Vorbau der Bergpredigt hat aber noch eine dritte Funktion: In Mt 4,23-25 zielen nicht nur die geographischen Angaben auf den Volk-Gottes-Gedanken, sondern eben auch die Herausarbeitung der heilenden und befreienden Wirksamkeit Jesu. Denn Matthäus ergänzt gegenüber seinen entsprechenden Vorgaben aus Markus noch: „jede Krankheit und jedes Leiden". Das ist ohne Zweifel eine Anspielung auf Dtn 7,15: „Wegnehmen wird der Herr von dir jedes Leiden und jede Krankheit Ägyptens." In Dtn 7,15 ist das Gottesvolk als ganzes angesprochen, und um eben dieses Gottesvolk in seiner Gesamtheit geht es auch bei den Heilungen im Vorbau der Bergpredigt. Damit das auch ganz deutlich ist, fügt Matthäus eigens noch hinzu: „Er heilte jede Krankheit und jedes Leiden *im Volk* (laos)". Jesus heilt also nicht nur aus Mitleid mit einzelnen Kranken, sondern vor allem, um in Israel die messianische Heilszeit heraufzuführen. Das Gottesvolk in seiner Gesamtheit soll von seinen Krankheiten und Zwängen befreit werden. Jesus zeigt sich auch hier als der Hirte des Volkes Israel (2,6); als das helle Licht des Volkes, das im Dunkel und im Schattenreich des Todes sitzt (4,16); als der lang Erwartete, der Israel von seinen Leiden befreit und seine Krankheiten von ihm nimmt (8,17); als der Sohn Davids, der das Brot der Heilung allein den Kindern des Hauses Israel austeilen darf (15,21-28); als derjenige, dessen Heilungswunder das Volk zum Lobpreis „des Gottes Israels" verlocken (15,29-31).

Damit sind wir nun in der Lage, die Rolle der Volksscharen im Vorbau der Bergpredigt noch genauer zu bestimmen: Diese Volksscharen repräsentieren nicht nur das von Jesus zu sammelnde Gesamt-Israel, sondern sie repräsentieren darüber hinaus ein Israel, dem die Befreiung schon geschenkt ist, dem das Evangelium schon angeboten ist und dem sich die messianische Heilszeit bereits erfüllt.

7. Die Bedeutung des Berges

Der Rahmen der Bergpredigt hat sich uns bisher als durchdachte und höchst konsequent angelegte theologische Komposition erwiesen. Zu klären sind nun freilich noch die Funktion des Berges (5,1), die Rolle der Jünger (5,1) und die Reaktion des Volkes auf die Rede (7,28 f).

Wenn Matthäus mit Hilfe der Volksscharen bewußt die symbolische Anwesenheit Gesamt-Israels herausgearbeitet hat, kann bei dem „Berg" eigentlich nur eine Sinai-Typologie vorliegen[42]. Das heißt: Was sich hier auf diesem Berg ereignet, ist bezogen auf die Offenbarung vom Berg Sinai und überbietet sie zugleich. Diese Überbietung geschieht genauerhin dadurch, daß nun die Sinai-Tora ihre endzeitlich-definitive Auslegung erfährt. Ihr eigentlicher Sinn wird aufgedeckt. Mit der Formel „Den Alten ist gesagt worden ... ich aber sage euch" (Mt 5,21.23) wird derart deutlich ein antithetischer Bezug zwischen Sinai-Tora und Jesus-Didache hergestellt, daß die Wendung „er stieg auf den Berg" (5,1) ebenfalls antithetisch bzw. antitypisch auf den Sinai bezogen sein muß, zumal in Ex 19,3; 24,15.18; 34,4 LXX genau dieselbe Formel für das Besteigen des Offenbarungsberges durch Mose verwendet wird.

Abwegig ist für den Term *oros* in Mt 5,1 die oft vorgeschlagene Übersetzung mit „Bergland"[43]. Denn dann hätte auch die Erscheinung des Auferstandenen (Mt 28,16–20) nicht „auf dem Berg", sondern „im Bergland" von Galiläa stattgefunden. An solchen Details ist aber Matthäus weder hier noch dort interessiert. „Der Berg" hat bei ihm eine eminent *theologische* Bedeutung. Versteht man ihn antitypisch zum Sinai, so fügen sich die Volksscharen, die Gesamt-Israel repräsentieren und die nach der matthäischen Darstellung selber den Berg nicht besteigen (das tun nur Jesus und seine Jünger), hervorragend ins Bild. Sie entsprechen dann dem Volk Israel, das um den Offenbarungsberg lagerte[44].

8. Bergpredigt und Jüngerexistenz

Nicht das Volk, sondern nur die Jünger besteigen also mit Jesus den Berg[45]. Die Jünger können zu Jesus „hintreten". Dieses *proserchesthai* ist im Matthäusevangelium häufig und wird besonders gern für das Hinzutreten der *Jünger* zu Jesus verwendet. Es findet sich auffälligerweise auch in der Rahmung der *Gemeinderede* (18,1) und der *Endzeitrede* (24,1), die beide allein die Jünger als Adressaten haben. Und innerhalb der *Gleichnisrede* eröffnet und markiert *proserchesthai* jene beiden Redeteile, die ausschließlich den Jüngern gelten und nicht dem Volk, vgl. 13,10–23 und 13,36–52. Daraus darf man nun freilich nicht den Schluß ziehen, in 5,1 wäre das Hinzutreten der Jünger ein Hinweis an den Leser, daß nur die Jünger Hörer der Bergpredigt gewesen seien. Eine solche Vermutung würde durch 7,28f eindeutig widerlegt. Trotzdem hat die Tatsache, daß allein die Jünger bei Jesus auf dem Berg sind und daß sie zu ihm „hintreten", ihr Gewicht und ihre Bedeutung. Matthäus will damit klarstellen: Die Jünger sind in einem besonders qualifizierten Sinn die Hörer der Bergpredigt. Ihnen gilt sie vor allen anderen. Zwischen der Lehre, die Jesus hier vorlegt, und der Jüngerschaft besteht ein tiefer Bezug. Die Bergpredigt ist Jünger formende Didache.

Dieser besondere Bezug zwischen der Didache Jesu und der Jüngerexistenz wird am Ende des Matthäusevangeliums noch einmal verdeutlicht. Gemäß den für die Theologie des Ersten Evangeliums außerordentlich wichtigen Sendungsworten des Erhöhten in 28,18–20 soll ja den künftigen Jüngergemeinden unter den Völkern all das zu halten gelehrt werden, was Jesus einst in fünf großen Reden (einmal sogar auf demselben Berg!) seinen Jüngern aufgetragen hatte: *didaskontes autous tērein panta hosa eneteilamēn hymin* (28,20). Zwischen *entellomai* und *didaskō* ist in diesem Fall kein sachlicher Unterschied: die Jünger sollen als Lehre weitergeben, was sie zuvor als Lehre empfangen haben. Durch die Weitergabe der Lehre Jesu formen sie dann selbst neue Jüngergemeinden. Der innere Bezug zwischen der Didache Jesu und der Entstehung von Jüngerschaft liegt hier auf der Hand.

Allerdings werden die Jüngergemeinden unter den Völkern

nicht allein durch die Weitergabe der Didache Jesu konstituiert. Genauso wesentlich ist die Taufe, die für Matthäus selbstverständlich Glauben und Umkehr miteinschließt. Deshalb ist in Mt 28,19f der Weitergabe der Lehre die Taufe gleichgeordnet:

> *macht zu Jüngern alle Völker,*
> > *indem ihr sie tauft ...*
> > *indem ihr sie lehrt ...*

Sieht man nun genau zu, so ist diese Doppelstruktur von Glaubensempfang und Empfang der Lehre bereits in Mt 4–7 grundgelegt. Der *„Glaubensempfang"* der Jünger geschieht in ihrer Berufung durch Jesus und in ihrer sofortigen Nachfolge (4,18–22). Der *Empfang der Lehre Jesu* geschieht bei der Bergpredigt. Dies ist der tiefere Grund, weshalb bei Matthäus die Geschichte von der Jüngerberufung als *einzige* Erzählung (vgl. oben S. 21 f) der Bergpredigt vorangehen darf. Und dies ist nun auch der eigentliche Grund, weshalb die Jünger während der Bergpredigt unmittelbar bei Jesus stehen: Sie empfangen als Berufene, die schon die radikale Umkehr vollzogen haben, aus dem Mund Jesu die Didache für ihre Jüngerexistenz. So konstituiert sich die Jüngergemeinde durch die Berufung in die Nachfolge (4,18–22) und durch die Bergpredigt (5,3 – 7,27).

9. *Die endzeitliche Forderung an Israel*

Die genaue Bestimmung der Rolle der *Jünger* im Vorbau der Bergpredigt erlaubt uns jetzt, die Rolle des *Volkes* noch weiter zu präzisieren. Bisher war ja der Bezug zwischen Jüngern und Volk noch offengeblieben. Auch hier kann der Blick auf Mt 28,19f weiterhelfen. Der Auferstandene gebietet dort, daß alle Völker zu Jüngern gemacht werden sollen. Gemeint ist: Die Jesus nachfolgenden und die Bergpredigt lebenden Jüngergemeinden sollen immer zahlreicher werden, bis sie die ganze Völkerwelt erfüllen[46]. Dieser Auftrag ist nach dem Sich-Versagen Israels gesprochen.

Für die Zeit vorher, in der es noch um die Sammlung Israels geht, gilt nun aber ein analoger Bezug. Wie die Völker zu Jüngern gemacht werden sollen, so soll das Volk Israel in der Zeit, da es Umkehr und Nachfolge noch nicht verweigert hat, zur Jüngergemeinde gemacht werden. Deshalb wird den Repräsentanten Gesamt-Israels die Bergpredigt in feierlicher Form vorgelegt.

Die Reaktion der Volksscharen ist durchaus offen: Sie sind bestürzt *(exeplēssonto)* über die Lehre Jesu (7,28). Diese Bestürzung resultiert aus der Erkenntnis: Jesus lehrt wie einer, der Vollmacht hat (7,29). Und solche Erkenntnis könnte der erste Schritt zur Nachfolge sein. Tatsächlich folgen Jesus, als er vom Berg herabgestiegen ist, große Volksscharen (8,1). Matthäus bringt diese Formel noch an einer Reihe von weiteren Stellen (12,15; 14,13; 19,2; 20,29; 21,9). Außerdem zeigt er: Das Volk staunt über die Taten Jesu (8,27; 9,33; 15,31), es preist Gott (9,8) und hält Jesus für einen Propheten (21,11.46). Aber gerade diese Einschätzung Jesu zeigt, daß es den Schritt zum wirklichen Verstehen nicht vollzogen hat. Das Volk hat gehört, aber nicht verstanden; es hat gesehen, aber nicht eingesehen (13,14). Sein Herz war verhärtet (13,15). Die Städte Israels haben sich trotz der vielen Wunder, die in ihnen geschehen sind, nicht bekehrt (11,20). Das Volk hat in der Stunde, in der es gerufen war, keine Frucht gebracht (21,41.43); Israel wollte sich nicht sammeln lassen (23,37).

Mit diesen letzten Feststellungen haben wir natürlich den Rahmen der Bergpredigt weit überschritten. In Mt 7,28f ist die Entwicklung noch völlig offen. Die Bestürzung des Volkes ist noch ambivalent. Noch könnte aus ihr Umkehr, wirkliche Nachfolge, ja Jüngerschaft werden[47]. Zur Jüngerschaft jedenfalls ist das Volk berufen, so wie später die Völker zur Jüngerschaft berufen werden.

Mit alldem dürfte klar sein, daß die Volksscharen im Vorbau der Bergpredigt mehr sind als nur eine Art Kulisse, welche die programmatische Rede Jesu eindrucksvoll umrahmen soll. Sie stehen für Gesamt-Israel, das als Gottesvolk zur Jüngerschaft berufen ist und das sich nun zu entscheiden hat, ob es die definitive Auslegung der Sinai-Tora durch Jesus annimmt und dadurch zum wahren Gottesvolk wird.

Es dürfte aber auch klar geworden sein, daß die Bergpredigt keine *reine Jüngerbelehrung* darstellt, wie oft behauptet wird[48]. Sosehr diese These auch im ersten Augenblick als richtig erscheint und soviel Richtiges sie sieht – sie übersieht die zu diesem Zeitpunkt prinzipielle Offenheit des Jüngerkreises für ganz Israel. Der Jüngerkreis im Vorbau der Bergpredigt ist *das* Israel, das schon glaubt und das die Umkehr bereits vollzogen hat – aber er ist noch offen und ganz und gar bezogen auf jenes Israel, das noch zum wahren Gottesvolk werden soll [49]. Es ist also wohlbegründet, daß Matthäus die Bergpredigt nicht nur an die Jünger, sondern darüber hinaus an die Volksscharen aus ganz Israel gerichtet sein läßt. Die beiden Gruppen sind nicht austauschbar. Keine von ihnen dürfte fehlen.

Damit sind wir nun in der Lage, die Rolle der Volksscharen im Vorbau der Bergpredigt ein drittes Mal zu präzisieren:

1. Diese Volksscharen repräsentieren das von Jesus zu sammelnde Gesamt-Israel.

2. Sie repräsentieren darüber hinaus ein Israel, dem die Befreiung schon geschenkt ist, dem das Evangelium schon angeboten ist und dem sich die messianische Heilszeit bereits erfüllt.

3. Sie repräsentieren aber auch ein Israel, das unter den Anspruch der endzeitlichen Tora-Auslegung Jesu gestellt ist, dem die Israel zur Jüngergemeinde formende Didache vorgelegt wird und das sich nun definitiv zu entscheiden hat, ob es seine Berufung, das wahre Israel zu sein, wahrnimmt oder nicht [50].

10. Konsequenzen

Bevor wir nach den Konsequenzen fragen, die sich aus der Rahmung der Bergpredigt ergeben, ist zunächst noch auf ein Stück matthäischer Theologie hinzuweisen, das erst im zweiten Teil des Evangeliums zum Tragen kommt:

Nach der Darstellung des Matthäus, die der des Lukas in diesem Punkt sehr nahekommt [51], hat sich der größere Teil Israels der Botschaft Jesu verweigert [52]. Diese Verweigerung wird ratifiziert, als das Volk vor dem Richterstuhl des Pilatus den Tod Jesu fordert und dabei ruft: „Sein Blut über uns und unsere Kinder!" (27,25). Matthäus läßt an dieser Stelle nicht nur einen Volkshaufen agieren, sondern das ganze Volk *(pas ho laos)*. Demgegenüber verwirklicht die Jüngergemeinde, die sich um Jesus gesammelt hat, die Berufung Israels und lebt sie als das wahre Israel, das nun den Völkern offensteht. Da Matthäus seinem Evangelium kein Zweites Buch hinzugefügt hat, kann er nicht wie Lukas die Entwicklung der Jüngergemeinde zur Kirche und noch weniger die Entwicklung zur Heidenkirche darstellen. Er deutet diese Entwicklung aber innerhalb der „berichteten Rede" durch mehrere Jesusworte, die jeweils im Futur stehen, an. Wichtig sind vor allem 21,43 („Das Reich Gottes wird euch genommen und einem Volk gegeben werden, das die Früchte des Reiches bringt") und 16,18 („... auf diesen Felsen werde ich meine Kirche bauen"). So zeigt sich im Fortgang des Matthäusevangeliums, daß aus der Jüngergemeinde, die durch Berufung und Übergabe der Didache Jesu konstituiert wurde, die Kirche werden wird. Und der Adressat des Evangeliums als solchen ist natürlich diese Kirche, die zur Zeit des Matthäus längst zum Gottesvolk aus Juden und Heiden geworden ist.

Es ist deshalb völlig richtig und durchaus im Sinn des Matthäus, wenn vom größeren Teil der Ausleger gesagt wird: *Die Bergpredigt richtet sich an die Kirche,* oder vorsichtiger: *In den Jüngern, die bei der Bergpredigt um Jesus versammelt sind, wird die spätere Kirche im voraus abgebildet.* Aber trotz ihrer Richtigkeit stehen diese Aussagen in der Gefahr, die matthäische Darstellung zu vereinfachen. Denn Matthäus denkt, gerade weil er heilsgeschichtlich denkt, differenziert historisch [53]. Für ihn richtet sich die Bergpredigt eben nicht nur an den Jüngerkreis, sondern an das zu sammelnde Israel, das in diesem Augenblick noch zu entscheiden hat, ob es seiner Berufung als Volk Gottes gerecht wird. Matthäus legt größten Wert darauf (und er dürfte darin die Intentionen des historischen Jesus genau getroffen haben), daß es um das Gottesvolk, daß es um Gesamt-Israel geht. Wer zu schnell und zu abstrakt von „Kirche" spricht, übersieht meist die Tatsache, daß in der biblischen Tradition mit dem Volk-Gottes-Gedanken sehr konkrete Inhalte verbunden sind.

Zum Beispiel: Das Gottesvolk steht nicht nur in der Berufung und Erwählung, sondern auch unter dem Gericht Gottes. Es kann seine Berufung verspielen. Genau das hat nach Matthäus der größere Teil Israels getan. Und für Matthäus ist die Krisis Israels durchaus transparent für die Kirche. Auch diese steht – wie einst

Israel bei der Proklamation der Bergpredigt – in der Entscheidung. Wird sie den Weg der Nachfolge und Jüngerschaft gehen, oder wird sie nur über die Bergpredigt staunen, Jesus für einen bemerkenswerten Propheten halten und sich ihm in der Stunde der Wahrheit versagen? Nur wenn man die von Matthäus für die Rahmung der Bergpredigt bewußt hergestellte Spannung zwischen dem noch unentschiedenen Gottesvolk und den bereits nachfolgenden Jüngern bestehen läßt, begreift man die erschreckende Transparenz der Bergpredigt für die nachösterliche Kirche.

Mit dem Volk-Gottes-Thema ist aber auch noch anderes angesprochen. So wird zum Beispiel Israel am Sinai auf eine handgreifliche *Gesellschafts- und Sozialordnung* verpflichtet. Nichts anderes ist nämlich die Tora. Wenn es stimmt, daß der matthäische Jesus die Tora nicht etwa abrogiert, sondern ihren wahren Sinn enthüllt und Gesamt-Israel auf diese seine endzeitliche Auslegung der Sinai-Tora verpflichtet, dann ist es schon allein von hier aus gesehen exegetisch grundfalsch zu behaupten, die Bergpredigt sei an dem Thema „Sozialbeziehungen" oder an dem Thema „Gesellschaft" prinzipiell nicht interessiert[54].

Sie ist an diesem Thema nur insofern nicht interessiert, als sie sich nicht um die *heidnische* Gesellschaft und deren Sozialbeziehungen kümmert. Sehr wohl aber geht es der Bergpredigt um die gesellschaftliche Größe „Gottesvolk". Das von Jesus berufene und gesammelte endzeitliche Gottesvolk soll, durch die Didache Jesu geformt, zu einer Gemeinschaft von Jüngern werden, in der die bessere Gerechtigkeit gelebt wird, so daß eine „Gesellschaft" entsteht, die zur „Stadt auf dem Berg" und zum „Licht der Welt" wird (5, 14).

Es ist gewiß richtig, daß innerhalb der Bergpredigt gesellschaftliche Konflikte weder kasuistisch noch normativ gelöst werden. Das wäre auch gar nicht sinnvoll gewesen. Die Didache der Bergpredigt gibt in prophetisch-provokativer und weisheitlicher Form Grundlinien an, mit deren Hilfe und nach deren Maßstab die Sozial- und Gesellschaftsordnung vom Sinai durch die vom Geist erfüllte Jüngergemeinde je neu auszulegen ist. Dabei entstehen dann durchaus auch Normen, die im Binnenraum der Gemeinden ihre Geltung und ihren Sinn haben. Teilweise sind solche Normen christlicher Gemeinden schon in die Bergpredigt selbst eingedrungen, etwa im Fall der Unzuchtsklausel 5,32.

Die Formel: *Die Bergpredigt richtet sich an die Kirche* ist also zumindest mißverständlich, weil im neuzeitlichen Kirchenbegriff die gesellschaftliche Dimension des biblischen Volk-Gottes-Gedankens massiv unterbewertet ist. Grundfalsch aber wird alles, wenn die Frage nach den Adressaten und der gesellschaftlichen Verbindlichkeit der Bergpredigt mit der hermeneutischen Formel gelöst wird: *Jesus redet zunächst den Einzelnen an. Freilich soll der Einzelne dann in die Gesellschaft hineinwirken*[55]. Diese Formel kann man sehr häufig hören – paradoxerweise auch von Exegeten, die dann an anderer Stelle durchaus wissen, daß der Adressat der Bergpredigt die *Kirche* beziehungsweise die *Jünger* sind. Gerade diese verwirrende Unklarheit zeigt, daß es mit der Auskunft *Adressat ist die Kirche* nicht getan ist. Als Adressat der Bergpredigt muß das Volk Gottes gesehen werden, das durch die endzeitliche Tora-Auslegung Jesu zur Jüngergemeinde geformt werden soll. Matthäus hat das durch die hochreflektierte und sorgfältig komponierte Rahmung der Bergpredigt deutlich genug vor Augen gestellt.

Die Bergpredigt richtet sich also nicht an den isolierten Einzelnen, sie richtet sich auch nicht an eine Elite innerhalb der Kirche, und sie richtet sich erst recht nicht *unmittelbar* an die gesamte Welt. Sie ist vielmehr die Richtschnur der Kirche, die als das wahre Israel zum Salz der Erde und zum Licht der Welt werden soll. In diesem Sinne ist die Bergpredigt übrigens auch universal und auf alle Menschen bezogen. Aber eben nur über die Kirche, die alle Völker zu Jüngergemeinden machen soll[56].

Erst innerhalb dieser Koordinaten kann dann auch die *Erfüllbarkeit der Bergpredigt* bejaht werden. Für den isolierten Einzelnen ist die Bergpredigt letztlich unerfüllbar. Dasselbe gilt für die Menschheit im ganzen, insofern sie der Botschaft Jesu neutral oder gar ablehnend gegenübersteht oder in Jesus höchstens einen in manchem faszinierenden „Propheten" sieht. Erfüllbar wäre die Bergpredigt aber in einer Kirche, die sich als Volk Gottes, in dem die alles übertreffenden Wunder schon geschehen sind und in dem sie noch immer geschehen (vgl. Mt 10,8), auf den Weg der Nachfolge begeben würde.

TEIL II
Wer kann die Gewaltlosigkeit leben?

1. Die Erfahrung Solschenizyns

Alexander Solschenizyn hat mit dem „Archipel GULAG" eine erste Geschichte der sowjetischen Straflager während der Stalinzeit zu schreiben versucht[1]. Im 5. Teil des umfangreichen Werkes berichtet er von dem Widerstand, den es seit 1949 in den Lagern gab. Er zeigte sich vor allem darin, daß seit dieser Zeit mehr und mehr Lagerspitzel von ihren Mithäftlingen getötet wurden. Zum Bedrückendsten in den Stalinschen Lagern gehörte nämlich von Anfang an ein durchdachtes Spitzelsystem, das den letzten Rest von Freiheit erstickte. Es ging in den sowjetischen Straflagern erst von dem Augenblick an menschlicher zu, als die Häftlinge begannen, die Spitzel, die ja aus ihren eigenen Reihen kamen, nachts mit selbstverfertigten Messern zu erstechen. Solschenizyn schildert dieses Spitzelstechen, wie man es nannte, ausführlich[2] und beteuert, daß es erst von da an in den Lagern wieder eine (relative) Bewegungs- und Redefreiheit gab. Das Herrschaftssystem der Lagerkommandanturen war an einem entscheidenden Punkt durchlöchert worden. Und zwar durch *Gegengewalt*. Genau in diesem Zusammenhang schreibt dann Solschenizyn, der selbst acht Jahre lang als Häftling in sowjetischen Straflagern leben mußte, folgendes[3]:

Den Spitzeln das Messer in die Brust bohren! Messer schmieden und auf Spitzeljagd gehen! – Das ist es! Jetzt, da ich dieses Kapitel schreibe, türmen sich auf den Regalen über mir humanitätsschwere Bücher und blinken mir mit ihren mattschimmernden, gealterten Einbänden vorwurfsvoll zu, wie Sterne durch Wolkenstreifen: Man darf nichts in der Welt durch Gewalt zu erreichen suchen! Wer zum Schwert, zum Messer, zum Gewehr greift, wird nur zu rasch seinen Henkern und Bedrückern gleich. Und der Gewalt wird kein Ende sein ... Wird kein Ende sein ... Hier am Schreibtisch, im warmen, sauberen Arbeitszimmer, bin ich völlig einverstanden. Doch wer grundlos zu fünfundzwanzig Jahren Lager verdammt wird, wer seinen Namen verliert und vier Nummern angeheftet bekommt, die Hände immer auf dem Rücken halten muß, jeden Morgen und Abend gefilzt wird, täglich bis zur Erschöpfung robotet, zu Verhören in die BUR[4] geschleift wird, für immer in diese Erde gestampft wird – für den hören sich alle Reden der großen Menschenfreunde wie das Geschwätz satter Spießer an. Wird kein Ende sein! ... Uns ging es darum, ob ein Anfang sein wird! Ob ein Lichtblick sein wird in unserem Leben oder nicht. Nicht umsonst hat das Volk aus langer Bedrückung die Lehre gezogen. Mit Güte kommt man gegen das Böse nicht an.

Solschenizyn spielt in dem zitierten Text auf Mt 26,52 an: „Alle, die zum Schwert greifen, werden durch das Schwert umkommen." Die Bergpredigt mit ihrer Forderung zum absoluten Gewaltverzicht nennt er nicht. Aber sie steht, für jeden gebildeten Russen durch Tolstoi vermittelt, selbstverständlich im Hintergrund.

Es scheint kaum ein härteres Argument gegen die jesuanische Aufforderung zum Gewaltverzicht zu geben als die Schilderungen Solschenizyns: Solange sich die Menschen in den Lagern duckten und in ihr Schicksal ergaben, tobte sich der Stalinsche Terror aus und zwar je länger, je mehr. Sobald sie aber den Widerstand organisierten und Gewalt mit Gegengewalt beantworteten, bekamen sie Luft, leuchtete Hoffnung auf, fühlten sie sich zum ersten Mal wieder als Menschen. Ist damit die jesuanische Forderung nicht erledigt? In geordneten Verhältnissen, sagt Solschenizyn, gebe ich solchen Sätzen recht. Aber in den Straflagern dieser Welt erweisen sie sich als Illusion, ja als Geschwätz.

Solschenizyn befindet sich mit dem, was er sagt, in guter Gesellschaft. *Martin Buber* bekannte sich, wie viele seiner Glaubensgenossen, zu dem alten talmudischen Grundsatz: „Wenn einer sich anschickt, dich umzubringen: komme ihm zuvor."[5]

2. Christliche Anpassungsversuche

Innerhalb der protestantischen Auslegungstradition der Bergpredigt gibt es – neben vielen anderen Stimmen – eine Position, die besagt: Die Forderung nach Gewaltlosigkeit ist nicht zu realisieren. Jesus wollte mit dieser Forderung auch nichts anderes, als die faktische Unfähigkeit der Welt zur reinen Güte zu entlarven. Der Mensch soll an der Bergpredigt immer wieder scheitern und gerade so seine Verlorenheit und seine maßlose Verstrickung in die Schuld erkennen.

So wenig diese Auslegungstradition die Lehre Jesu trifft – es handelt sich doch um eine Position, die einen *biblischen* Hintergrund hat[6] und die einen *theologischen* Anspruch stellt. Banal hingegen liest es sich in einem katholischen Katechismus, der 1975 in der Schweiz mit kirchlicher Druckerlaubnis und vatikanischer Belobigung erschien. In diesem Katechismus wird, im Kontext der Frage nach der Gewaltlosigkeit, kategorisch erklärt[7]:

> *Die Anweisungen in der Bergpredigt sind nicht wörtlich zu nehmen, weil das sowohl im privaten wie im öffentlichen Leben zu unhaltbaren Zuständen führen würde.*

Ein wörtliches Ernstnehmen der Bergpredigt, wie es *Franz von Assisi* gelebt hat, führt also zu unhaltbaren Zuständen ... Man traut seinen Augen nicht! Wir sollten uns allerdings nicht allzusehr entrüsten. Denn der zitierte Text spricht ja nur mit bemerkenswerter Ehrlichkeit aus, was viele denken und was wir alle in unserer Praxis ständig ratifizieren: Wir antworten auf Gewalt mit Gegengewalt. Wir lassen uns nichts gefallen. Wir halten nicht noch die andere Backe hin.

Solschenizyn steht also keineswegs allein. Er steht mit seinem Protest in einer langen Tradition. Er hat viele Christen und er hat vor allem viele Theologen auf seiner Seite. Ständig wird die Aufforderung Jesu zum Gewaltverzicht entschärft, verharmlost, angepaßt, relativiert, in den wohldurchdachten Koordinaten theologischer Systeme fixiert. Sie wird als Zielgebot, als Orientierungswert, als Handlungsimpuls, als Interimsethos, als Hochethos, als Gesinnungsethos oder als Forderung nur an den *Einzelnen* auf den Begriff gebracht und so domestiziert.

Glücklicherweise will aber diese Domestizierung nicht gelingen. Jesu Aufforderung zum Gewaltverzicht erweist sich trotz aller Abwehr- und Eingrenzungstheorien als „gefährliche Erinnerung", als ein hochbrisanter Sprengsatz inmitten der kirchlichen Tradition, dessen Entschärfung bis heute nicht geglückt ist. Immer wieder stehen in der Kirche Menschen auf und immer wieder bilden sich in der Kirche Gruppen, die Jesu Aufforderung zum Gewaltverzicht wörtlich nehmen.

Die theologische Diskussion der Frage nach Gewalt und Gewaltverzicht hat sich seit einiger Zeit sogar in einem eminenten Maß zugespitzt. Der Grund liegt auf der Hand: Wir merken allmählich, daß es dabei einfachhin um die Weiterexistenz des Menschen auf dieser Erde geht. Offenkundig ist in den letzten Jahren die Frage nach dem Gewaltverzicht beziehungsweise die Frage nach der Geltung der Bergpredigt aber auch zum Katalysator für ein neues Fragen nach der richtigen Form kirchlicher Gemeinschaft geworden. Diese *ekklesiologische* Relevanz der Frage nach der Gewaltlosigkeit soll der eigentliche Zielpunkt der folgenden Überlegungen sein. Wir wollen fragen: Von wem fordert Jesus eigentlich den Gewaltverzicht: von der gesamten Menschheit, von einer bestimmten Gruppe innerhalb der Menschheit oder von dem je Einzelnen?

3. *Der entscheidende Text: Mt 5,39–42*

Vor der Behandlung dieser Frage ist es jedoch notwendig, wenigstens kurz etwas zu dem Text zu sagen, um den es nun schon die ganze Zeit geht: zu jenem Text, der die Aufforderung Jesu zum Gewaltverzicht am klarsten formuliert. Er findet sich in Mt 5,39b–42 par Lk 6,29f, fehlt hingegen bei Markus. Schon hieran wird deutlich: Er geht auf die Logienquelle zurück. Offensichtlich hat Matthäus in unserem besonderen Fall den ursprünglichen Wortlaut von Q besser bewahrt als Lukas. Auf Grund eines synoptischen Vergleichs läßt sich der Abschnitt über den Gewaltverzicht in der Logienquelle folgendermaßen rekonstruieren[8]:

(Ich sage euch:)

*Dem, der dich schlägt auf die rechte Backe,
halte ihm auch die andere hin.*

*Und dem, der mit dir prozessieren
und dein Untergewand nehmen will,
laß ihm auch den Mantel.*

*(Und welcher dich zwingen will zu einer Meile,
geh mit ihm zwei.)*

*Dem, der dich bittet, gib,
und den, der von dir leihen will, weise nicht ab.*

So etwa dürfte der Text in der Logienquelle ausgesehen haben. Vermutlich haben wir mit dieser Rekonstruktion noch nicht den Wortlaut Jesu selbst, seine *ipsissima vox,* erreicht. Es liegt ja eine genau durchdachte, vierteilige Logienkomposition vor, die zu einer Antiklimax geordnet ist. Das heißt: Das Böse, dem man nicht widerstehen soll, wird vom Textende zum Textanfang hin immer schlimmer. Die Steigerung geht von der *unverschämten Bitte* über die *Nötigung* zur *Prozeßdrohung* und von da zur *nackten Gewalttat.* Auch andere Indizien zeigen, daß es sich um eine sorgfältig komponierte, redaktionelle Komposition von Einzellogien handelt. Uns braucht die Frage nach der Literar- und Traditionsgeschichte der Gesamtkomposition hier jedoch nicht zu interessieren. Entscheidend ist, daß die vierteilige Logienkomposition in ihren einzelnen Gliedern die provozierende Sprache und das radikale Ethos Jesu in Sachen Gewaltverzicht widerspiegelt. Es besteht ein weitgehender Konsens in der neutestamentlichen Exegese, daß wir hier bei Jesus selbst sind; Mt 5,39-42 dokumentiert mindestens seine *ipsissima intentio* [9].

Aber schauen wir uns die vier Logien vom Gewaltverzicht noch etwas genauer an: Am Ende der Antiklimax ist vom Leihen die Rede. Wahrscheinlich geht es um Geld. Einer kommt und will sich Geld leihen. Das ist an sich noch kein Unrecht. Aber es ist unangenehm. Es kann sogar eine Zumutung sein, da der Fromme damals keinen Zins nehmen durfte. Zudem ist vom Kontext her vorauszusetzen, daß von seiten dessen, der leihen will, Druck ausgeübt wird. Jesus jedoch sagt: „Den, der von dir leihen will, weise nicht ab."

Anschließend ist vom Bitten die Rede. Die Situation ist nicht weiter konkretisiert. Vielleicht ist an Bettler gedacht. Wenn man bedenkt, wie verbreitet und penetrant Betteln im Orient sein kann, ahnt man, was da verlangt wird. Wiederum fordert der Kontext, einen gewissen Druck von seiten des Bittenden vorauszusetzen. Der Bittende wird lästig, er tritt unverschämt auf. Jesus jedoch sagt: „Wenn dich einer bittet, dann gib ihm."

Auf der nächsten Stufe der Antiklimax beginnt der Zwang. *aggareuein* (= zwingen) ist terminus technicus für das Erpressen von Fron- und Dienstleistungen durch eine Besatzungsmacht. Alles spricht dafür, daß in unserem Text die Situation des von den Römern beherrschten Palästina vor Augen steht. Die römischen Kohorten nahmen sich das Recht heraus, einen Juden als Wegführer oder als kostenlosen Lastenträger zum Mitgehen zu zwingen. Jesus sagt: Wenn man dich auf diese Weise zu *einer* Meile zwingt, dann tu das Doppelte: Geh *zwei* Meilen weit mit.

Der anschließende Fall ist schwerwiegender. Jemandem soll das einzige Gewand, das er besitzt, abgenommen werden. Die Nötigung geht so weit, daß mit dem Richter gedroht wird. Vielleicht geht es um eine *Pfandeintreibung,* vielleicht um *Schadenersatz* – die konkrete Situation bleibt offen. Jedenfalls handelt es sich um einen Armen, der nur ein einziges Gewand und einen einzigen Mantel besitzt. Der Mantel durfte ihm nicht abgenommen werden – das war schon in Ex 22,25f rechtlich festgelegt –, weil sich die Armen in der Nachtkälte mit ihrem Mantel zudecken mußten. Sie hatten nichts anderes. Jesus sagt: Kämpfe nicht vor Gericht um dein Gewand. Laß es dir sofort abnehmen. Ja, gib deinen Mantel noch dazu.

An der Spitze der Antiklimax steht der schlimmste Fall. Ging es bisher um sich steigernde Nötigung, vielleicht auch um verschleierte, verdeckte Gewalt, so handelt es sich jetzt um den Ausbruch offener, brutaler Gewalt, die zugleich als schwere Beleidigung gelten muß. Denn es wird ausdrücklich gesagt, daß der erste Schlag auf die *rechte* und nicht auf die *linke* Backe erfolgt. Es wird also nicht mit der Innenseite der Hand, sondern mit dem Handrücken geschlagen. Und der Schlag mit dem Handrücken gilt im Orient als außerordentlich schwere Beleidigung. Jesus sagt: Laß dich brutal beleidigen. Halte deinem Widersacher dann sogar noch die andere Backe hin.

Die Intention der vier Logien ist eindeutig. Dem Hörer wird eingeschärft: Verzichte auf jede rechtliche Sanktion! Verzichte auf jede Wiedervergeltung! Beantworte Gewalt nicht mit Gegengewalt! Aber verharre, wenn dir Unrecht getan wird, auch keineswegs in tatenloser Passivität! Komm deinem Widersacher entgegen! Beantworte seine Nötigung oder seine Brutalität mit überströmender Güte! Vielleicht kannst du ihn auf diese Weise gewinnen [10].

Ihre besondere Prägnanz erhalten die Aufforderungen von Mt 5,39b–42 dadurch, daß sie keine außergewöhnlichen, relativ seltenen Fälle schildern, sondern daß sie dem realen Alltag der Hörer Jesu entnommen sind und eine ganze Skala von Möglichkeiten verschleierter oder offener Gewalt voraussetzen – von der Belästigung bis zur direkten Gewalttat.

Bereits diese letzte Beobachtung spricht sehr deutlich gegen Auslegungen, die unseren Text *rein* metaphorisch verstehen möchten. Selbstverständlich liefert Jesus keine Kasuistik. Und selbstverständlich enthält der Text metaphorische Elemente. Sie werden vor allem im jeweiligen Nachsatz deutlich: „Sogar zwei Meilen mitgehen", „noch den Mantel dazugeben", „auch noch die andere Backe hinhalten" – damit verwandelt sich das nur passive Erdulden von Unrecht in ein höchst aktives „dem Gegner noch mehr entgegenkommen", ja, geradezu in ein „sich um den Gegner bemühen", „ihn zum Bruder machen wollen". Insofern wird hier immer auch bildhaft gesprochen. Wie an vielen anderen Stellen redet Jesus in prophetisch-provokativer Zuspitzung. Das ändert aber nichts daran, daß er auf *reale* Verhaltensweisen abzielt, die als solche einzulösen sind und die modellartig analoge Fälle beleuchten. Jesus verbietet tatsächlich das Anwenden von Gewalt, und er ist überzeugt, daß jeder, der sein Wort annimmt, ohne Gegengewalt und Wiedervergeltung leben kann.

4. Die Gewaltlosigkeit der Jesus-Boten

Wie sehr man sich zu hüten hat, die jesuanische Aufforderung zum Gewaltverzicht metaphorisch zu verflüchtigen oder mit Interpretationskünsten zu entschärfen, zeigt die sogenannte *Ausrüstungsregel*. Sie findet sich innerhalb der „Botenrede" Lk 10,2-16 par Mt 10,5-42 (vgl. Mk 6,7-11 par Lk 9,2-5). Dabei braucht uns die Rückführbarkeit der Ausrüstungsregel auf den historischen Jesus in diesem Fall gar nicht zu interessieren. Es genügt auch schon, wenn sie auf die ältesten palästinischen Gemeinden zurückgeht. Entscheidend ist: In der Ausrüstungsregel wird den Jüngern beziehungsweise den christlichen Boten, die durch Israel ziehen, um das Reich Gottes zu verkündigen, detailliert verboten, dabei Geld, einen Proviantsack, ein Untergewand zum Wechseln, Sandalen oder einen Reisestab mitzunehmen. Bei Lukas lautet das *so:*

> *Nehmt nichts mit auf den Weg; keinen Stock, keinen Proviantsack, kein Brot, kein Geld, kein zweites Untergewand (Lk 9,3; vgl. Mt 10,10).*

Nun kann man natürlich auch diese Ausrüstungsregel metaphorisch interpretieren, und manche Ausleger haben das bewußt getan. Man kann von der *inneren Anspruchslosigkeit* der ausgesandten Boten oder ähnlichem sprechen. Aber damit verfehlt man den realen Sinn des Textes. Erstens liegt hier die Gattung der *Instruktion* vor, die sehr konkrete und völlig verbindliche Weisungen gibt. Zweitens aber wissen wir aus der Antike und dem frühen Judentum, daß die Ausrüstung von Wanderphilosophen, von Wanderpredigern oder von Mitgliedern bestimmter religiöser Gruppen oft sorgfältig gewählt und nicht selten sogar genau festgelegt war. Es sei erinnert an Pythagoras, an die kynischen Wanderphilosophen, an die Essener, an Johannes den Täufer.

Die Gewandung beziehungsweise Ausrüstung hatte in solchen Fällen zeichenhafte Bedeutung. Sie sollte etwas über das Wesen des betreffenden Menschen oder der betreffenden Gruppe aussagen[11]. Nun ist die Ausrüstungsregel in ihrer ältesten Form außerordentlich rigoros. Sie ist gar nicht denkbar ohne die Voraussetzung herzlichster Gastfreundschaft, mit der die Boten immer wieder aufgenommen werden, wenn sie abends in ein Haus einkehren.

In unserem Zusammenhang viel wichtiger ist allerdings die absolute Wehrlosigkeit, die durch die Ausrüstung – genauer: durch die fehlende Ausrüstung – angezeigt wird. Der Stock diente ja in Palästina nicht nur als Stütze beim Wandern, sondern er war zugleich die Waffe des Armen gegen Räuber und wilde Tiere. Und ohne Schuhwerk war eine schnelle Flucht unmöglich. Der Verzicht auf Stock und Sandalen führte also zur Wehrlosigkeit und zwang zur Gewaltlosigkeit, ja er mußte zum demonstrativen Signal für absolute Friedensbereitschaft werden. Deshalb heißt es auch im Kontext: „Seht, ich sende euch wie Lämmer mitten unter die Wölfe" (Mt 10,16 par Lk 10,3).

Es wäre ein schwerer exegetischer Mißgriff, die Ausrüstungsregel in ihrer Konkretheit nicht wörtlich zu interpretieren. Insofern gibt sie uns einen wichtigen methodischen Hinweis, wie man Mt 5,39b–42 zu deuten hat – gleichgültig, ob die Ausrüstungsregel von Jesus selbst stammt oder von urchristlichen Wanderaposteln, die Jesus sehr genau verstanden haben. Man kann die Ausrüstungsregel freilich nur dann wörtlich interpretieren, wenn man den gesellschaftlich-sozialen Kontext der Botenrede kennt und ernst nimmt: das zu sammelnde Israel und die Gastfreundschaft und Hilfsbereitschaft der ersten christlichen Gemeinden. In diesem Kontext ist die Botenrede entstanden, und in diesem Kontext wurde sie zunächst überliefert.

Vermutlich können wir die jesuanische Aufforderung zum Gewaltverzicht nur deshalb nicht ernst nehmen, weil uns auch hier der gesellschaftliche Kontext, nämlich die Art von Gemeinschaft beziehungsweise Gemeinde, für die diese Forderung einst gedacht war, entglitten ist.

Aber damit sind wir bei unserem eigentlichen Thema: Was ist der Sitz im Leben der jesuanischen Aufforderung zum Gewaltverzicht? Was ist der gesellschaftliche Kontext dieser Forderung? Wem gilt sie? Gilt sie der gesamten Menschheit, gilt sie einer bestimmten Gruppe oder gilt sie dem je Einzelnen?[12]

Es ist ein entscheidendes Defizit der bisherigen Diskussion über Mt 5,39b–42, daß sie nicht konsequent genug nach den Adressaten gefragt hat[13]. Genau an dieser Frage hängt aber alles.

Die Thematik des Gewaltverzichts muß deshalb integriert werden in die prinzipielle Thematik, wem überhaupt die Predigt und das Wirken Jesu galten.

5. Die Adressaten der Predigt Jesu

In dieser allgemeineren Frage beginnt sich heute ein Konsens abzuzeichnen. Völlig zu Recht wird von immer mehr Forschern betont: Der Adressat der Predigt Jesu war *Israel*. Es ging Jesus um das Schicksal des *Gottesvolkes*. Jesus wollte Israel angesichts der nahen Gottesherrschaft zurüsten und sammeln. Am klarsten zeigt sich diese Grundintention Jesu in der Auswahl und Aussendung von zwölf Jüngern. Daß Jesus gerade *zwölf* Jünger auswählt, ist deutlich eine Zeichenhandlung, die seinen Anspruch auf ganz Israel als das Zwölfstämmevolk ausdrücken soll.

Wir müssen aber noch weitergehen: Jesus wendet sich mit seiner Verkündigung nicht nur betont an Israel, er wendet sich sogar *ausschließlich* an Israel. Eine Heidenmission hat Jesus nicht ins Auge gefaßt. Dem Matthäusevangelium zufolge gebietet er denen, die er aussendet: „Geht nur zu den verlorenen Schafen des Hauses Israel" (Mt 10,6; vgl. 15,24).

Um das Heil der Heiden macht sich Jesus dabei keine Sorgen: „Ich sage euch: Viele werden von Osten und von Westen kommen und mit Abraham, Isaak und Jakob im Reich der Himmel zu Tische liegen" (Mt 8,11 par Lk 13,28f). Jesus greift mit diesem Wort prophetische Vorstellungen auf, die mit einer „Völkerwallfahrt" nach Jerusalem rechnen, sobald Israel zum wahren Gottesvolk geworden ist. Die prophetische Vorstellung von der Völkerwallfahrt kommt ganz ohne den Missionsgedanken aus: Die Heiden werden, fasziniert von dem Heil, das in Israel sichtbar wird, ganz von selbst zum Gottesvolk hingetrieben. So zeigt gerade die Vorstellung von der Völkerwallfahrt, mit welcher Selbstverständlichkeit sich Jesus auf die Sammlung Israels konzentriert. Alles andere wird Gott dann schon herbeiführen.

Jesus ist ganz auf Israel ausgerichtet. Immer wieder stößt man bei ihm auf den Willen zur Sammlung Israels. Hierfür sei wenigstens noch *ein* wichtiger Text angeführt – das Vaterunser. Dort beten wir: „Geheiligt werde dein Name" (Mt 6,9). Viele Christen verstehen das so: Sie – die Beter – sollen den Namen Gottes heiligen. In Wirklichkeit ist hier jedoch gar nicht der Mensch das logische Subjekt, sondern Gott. *Gott selbst* soll seinen Namen heiligen. Aber was heißt das? Die Antwort gibt das 36. Kapitel bei Ezechiel: Dort ist davon die Rede, daß durch die Zerstreuung Israels unter die Heiden der Name Gottes entweiht worden ist. Denn die Heiden sagen ja jetzt überall: Das also ist das Volk Jahwes! Dieser Jahwe muß ein ohnmächtiger Gott sein, da er sein eigenes Volk nicht vor dem Verlust seines Landes bewahren konnte (vgl. Ez 36,20)! Angesichts dieser Situation heißt es in einer Gottesrede:

> *Nicht euretwegen handle ich, Haus Israel, sondern um meines heiligen Namens willen, den ihr bei den Völkern entweiht habt, wohin ihr auch gekommen seid. Meinen großen, bei den Völkern entweihten Namen, den ihr mitten unter ihnen entweiht habt, werde ich wieder heiligen. Und die Völker – Spruch Gottes, des Herrn – werden erkennen, daß ich der Herr bin, wenn ich mich an euch vor ihren Augen als heilig erweise. Ich hole euch heraus aus den Völkern, ich sammle euch aus allen Ländern und bringe euch in euer Land (Ez 36,22–24; vgl. 20,41–44).*

Der Text und sein Kontext zeigen deutlich: *Gott selbst* heiligt seinen Namen. Und zwar heiligt er seinen Namen dadurch, daß er Israel in der Endzeit von überallher sammelt, es erneuert und es wieder zu einem heiligen Volk macht. „Geheiligt werde dein Name" – das heißt also nichts anderes als: „Sammle und erneuere dein Volk! Laß es wieder zum wahren Gottesvolk werden!" Offensichtlich ist Jesus überzeugt, daß diese endzeitliche Sammlung des Volkes durch Gott *schon jetzt* begonnen hat, genauso wie das Kommen des Reiches *bereits jetzt* geschieht. Und Jesus ist überzeugt, daß die Sammlung des Volkes und das Kommen des Reiches *durch ihn selbst* geschehen. Denn wo er handelt, da handelt Gott. Gerade das ist das Geheimnis Jesu.

Unsere letzten Überlegungen haben wohl gezeigt: Es geht Jesus um die endzeitliche Sammlung und Zurüstung des Gottesvolkes. Seine gesamte Praxis und Verkündigung lassen sich nur so wirklich begreifen und einordnen.

Wenn die uns überlieferten Jesusworte die Sammlung Israels kaum explizit zum Thema machen (vgl. allerdings Mt 23,37 par Lk 13,34; Mt 12,30 par Lk 11,23), so ist dies allein dadurch zu erklären, daß für Jesus offenbar der Reich-Gottes-Gedanke die Sammlung des Volkes als Selbstverständlichkeit impliziert.

6. Israel als Zeichen des Heils

Nun wird in der exegetischen Diskussion immer wieder betont, daß Jesus den Reich-Gottes-Begriff ganz *universal* verstanden und ihn von allen *jüdisch-nationalen* Inhalten gereinigt habe. Das ist prinzipiell richtig. Es gibt bei Jesus keinerlei national-restaurative Züge. Jesus läßt zum Beispiel im Vaterunser nicht um die Befreiung des Landes beten. Im Begriff des Reiches Gottes ist auch wirklich *Universalität* angelegt; nur so wird später das Phänomen „Heidenmission" überhaupt möglich. Trotzdem darf aber nicht übersehen werden, daß der jesuanische Begriff des Gottesreiches seinen Sitz im Leben nirgendwo anders als in der Zuwendung Jesu zu Israel hat. Es geht ja darum, daß sich die Herrschaft Gottes ganz durchsetzt, daß sie *sichtbar* in Erscheinung tritt. Wo aber kann sich diese Sichtbarkeit, diese Wahrnehmbarkeit der Herrschaft Gottes passender realisieren als am Volk Gottes? In den Heilstaten Jesu an Israel, in seinen Dämonenaustreibungen, in seinen Krankenheilungen, in seiner Annahme der Sünder leuchtet die Gottesherrschaft schon jetzt auf.

Es muß nachdenklich machen, mit welcher Selbstverständlichkeit Matthäus später formulieren kann, daß das Reich Gottes Israel weggenommen und einem anderen Volk gegeben wird (Mt 21,43; vgl. 8,12). Das Auffällige an dieser Formulierung ist die eindeutige Bindung der Gottesherrschaft zuerst an Israel und später an ein anderes Volk (Singular!). Die Gottesherrschaft setzt also offenbar immer ein Volk, ein Gottesvolk voraus, in welchem sie sich durchsetzen und in welchem sie aufleuchten kann. Man darf die Texte des Neuen Testaments eben nicht mit der Brille jenes theologischen Individualismus lesen, der sich Reich Gottes nur als universale, innere Wirklichkeit in den Seelen gottgläubiger Menschen, die als Einzelne über die Welt zerstreut sind, vorstellen kann.

Grundlegend für zentrale Texte alttestamentlicher Theologie ist nun einmal, daß sich Gott aus den vielen Völkern, die es in der Welt gibt, ein einziges Volk aussucht, um dieses eine Volk zum *Zeichen des Heils* zu machen. Der Blick auf die übrigen Völker ist damit keineswegs verstellt. Die übrigen Völker werden ja dann, wenn das Gottesvolk als Zeichen unter den Völkern aufleuchtet (vgl. vor allem Jes 2, 1–3), vom Gottesvolk lernen, ja sie werden in Israel zusammenströmen, um in Israel und vermittelt durch Israel an der Herrlichkeit Gottes Anteil zu bekommen. Das alles kann aber nur dann geschehen, wenn Israel als *Zeichen des Heils* wirklich erkennbar wird, wenn das Heil Gottes das Volk vernehmbar, greifbar, ja sichtbar verwandelt hat.

Gott setzt also, biblischer Theologie zufolge, seine Herrschaft, die prinzipiell die ganze Welt umfaßt, gerade in der Weise durch, daß er ganz klein anfängt: bei einer Familie (biblisch gesprochen: bei Abraham), bei einem Clan, bei einer Gruppe, bei einem kleinen Volk. Nur kraft dieser göttlichen Pädagogik bedeutet Gottesherrschaft nicht Vergewaltigung der Welt, sondern Ruf in die Freiheit; ein Ruf, ja geradezu eine Verlockung für die übrigen Völker, dem Beispiel derer zu folgen, die zuerst gerufen wurden.

Jesus muß sich diese prophetische Deutung der Geschichte Gottes mit der Welt, dieses Verständnis der Erwählungsgeschichte Israels, zutiefst zu eigen gemacht haben. Denn er gibt auch dann, als sich Israel als ganzes seinem Ruf versagt, den Gedanken, daß die Gottesherrschaft ein *Volk* haben muß, nicht auf, sondern konzentriert sich nun auf seinen Jüngerkreis. Er bindet also jetzt das Reich Gottes, ohne Gesamt-Israel aus dem Blick zu verlieren, an seine Jüngergemeinde: „Fürchte dich nicht, du kleine Herde, denn es hat eurem Vater gefallen, euch das Reich zu geben" (Lk 12,32; vgl. 22,29). Es muß an dieser Stelle nun also unbedingt über den Jüngerkreis gesprochen werden. Erst so kann verständlich werden, wo die jesuanische Forderung des Gewaltverzichts ihren genuinen Ort hat.

Eine wichtige Funktion des Jüngerkreises ist bereits zur Sprache gekommen: Die Jünger, vor allem die Zwölf, sind zunächst einmal Instrument der Sammlung Israels. Nachdem jedoch Israel *als ganzes* die Botschaft Jesu nicht annimmt, wächst dem Jüngerkreis noch eine andere Funktion zu. Er bekommt nun die Aufgabe, das zu realisieren, was eigentlich in Gesamt-Israel hätte geschehen sollen: Annahme des Evangeliums vom Gottesreich, Umkehr, Sammlung zu einer brüderlichen und schwesterlichen Gemeinschaft. Die Intention Jesu ist offensichtlich, daß sich der Jüngerkreis dabei nicht abschließt und sich auch nicht gegen Israel zusammenschließt, sondern daß er für Israel offen und ständig auf ganz Israel ausgerichtet bleibt.

Wegen dieser tiefgreifenden Korrelation zwischen dem Jüngerkreis und Israel ist es müßig zu fragen, ob die ethischen Weisungen Jesu nur für den Jüngerkreis oder für ganz Israel gedacht sind. Das Ethos der „Bergpredigt" soll im Jüngerkreis gelebt werden, es ist aber zugleich Ethos für das ganze Volk. Diese Spannung hängt eben damit zusammen, daß der Jüngerkreis auf Israel hin offen ist, daß er Israel präfiguriert, daß er Gesamt-Israel zeichenhaft darstellt.

Jedenfalls ist die „Bergpredigt" – dieser Begriff steht hier als Sammelbezeichnung für die gesamte ethische Unterweisung Jesu – nicht an den isolierten Einzelnen oder, was letztlich dasselbe ist, nicht an die Menschheit als ganze gerichtet. Der Adressat der „Bergpredigt" ist Israel beziehungsweise der Israel repräsentierende und präfigurierende Jüngerkreis. Das ist übrigens in den Rahmenbemerkungen zur Bergpredigt sowohl von Matthäus (vgl. Mt 5,1f; 7,28f) wie von Lukas (vgl. Lk 6,17–20; 7,1) ausdrücklich festgehalten. Es liegt aber bereits in der Natur der Sache selbst. Jesus spricht ja nicht zufällige Hörer an, sondern er verkündigt und lehrt *in Israel*.

Selbstverständlich steht im Hintergrund dieser Konzentration auf Israel die Zuversicht, daß schon bald *alle Völker* vom Gottesvolk lernen und mit Israel zusammen die neue Gesellschaftsordnung Gottes leben (vgl. das Motiv der Völkerwallfahrt!). Aber dieses Ziel ist nur über die Umkehr des Gottesvolkes zu erreichen.

So entsteht in den Handlungsanweisungen Jesu durchaus ein Ethos, das für eine bestimmte „Gruppe" gedacht ist – nämlich für die „Gruppe", die Jesus sammeln und die er für das Reich

Gottes zurüsten will, indem er sie unter die befreiende und heilmachende Botschaft von der nahen Basileia stellt. Die „Bergpredigt" formuliert das Ethos für das Gottesvolk, das sich aufgrund der Predigt vom Gottesreich sammeln läßt.

Moderne Begriffe wie „Zielgebote" oder „Gesinnungsethik" werden dem Phänomen dieses Ethos in keiner Weise gerecht, weil es Jesus durchaus um konkrete Praxis geht, von der er überzeugt ist, daß sie gelebt werden kann – allerdings nur dort, wo eine ganze Gruppe beziehungsweise ein ganzes Volk an das Reich Gottes glaubt und sich in freiem Konsens den Anforderungen des Reiches Gottes unterwirft. Wo das geschieht, werden die Jünger, wird Israel zum „Salz der Erde", zum „Licht der Welt" und zur „Stadt auf dem Berg" (Mt 5,13–16).

7. Die neue Familie

Wo im Sinne Jesu an das Wunder des Reiches Gottes geglaubt und das Reich Gottes als unverdientes Geschenk angenommen wird, entsteht aber nicht nur ein neues *Ethos,* sondern dort entsteht auch eine neue Form von *Gemeinschaft.* Die alten Bindungen an die Familie, an den Clan, an die Nation treten dann zurück, werden unwichtig oder werden zumindest relativiert. An ihre Stelle tritt die neue Familie der Brüder und Schwestern Jesu.

Es scheint exegetisch wenig wahrscheinlich, daß diese neue Familie nur aus denen besteht, die Jesus wortwörtlich nachfolgen, indem sie hinter ihm hergehen, wenn er in Palästina unterwegs ist. Die neue Familie besteht vielmehr aus allen, die bereit sind, jetzt, in dieser Stunde, das Reich Gottes anzunehmen und so den Willen Gottes zu tun. Am deutlichsten zeigt sich die Programmatik der neuen Familie in Mk 3,31–35: Jesus befindet sich in einem Haus, und er ist von vielen Menschen umlagert – nicht nur von seinen Jüngern (vgl. Mk 3,20). Als man ihm sagt: „Deine Mutter und deine Brüder sind draußen und fragen nach dir", antwortet Jesus: „Wer ist meine Mutter, und wer sind meine Brüder?" Und er blickt auf die Menschen, die im Kreis um ihn herumsitzen, und sagt: „Das hier ist meine Mutter und das sind meine Brüder. Wer den Willen Gottes tut, der ist mir Bruder, Schwester und Mutter."

Offensichtlich bedeutet „den Willen Gottes tun"[14] in diesem Zusammenhang: das Reich Gottes, das Jesus verkündet, annehmen, und zwar mit absoluter Offenheit und mit einer letzten Bereitschaft, sein Leben verändern zu lassen. Geschieht dies aber, dann entsteht notwendig eine neue Art von brüderlicher und schwesterlicher Gemeinschaft. Bei anderer Gelegenheit kann Jesus deshalb sagen:

> *Jeder, der um meinetwillen ... Haus oder Brüder oder Schwestern oder Mutter oder Vater oder Kinder oder Äcker verlassen hat, wird das Hundertfache dafür erhalten – und zwar schon jetzt in dieser Stunde Häuser, Brüder, Schwestern, Mütter, Kinder und Äcker ... (Mk 10, 29f).*

Man muß das Unerhörte in solchen Jesusworten herausspüren: Vater und Mutter – dahinter steht die uralte, heilige, im Dekalog bestätigte Ordnung der patriarchalischen Familie. Brüder und Schwestern – das sind die Blutsverwandten; das ist der Clan, dem der Orientale angehört und dem er Rechenschaft schuldig ist, der ihn dafür aber auch schützt. Kinder – das ist die größte Freude des orientalischen Menschen; das ist sein Stolz, aber auch seine soziale Sicherheit, sozusagen seine Lebensversicherung für später. Und Äcker – das ist ein Stück des „Landes"; das ist der Anteil des Israeliten an dem heiligen, von Gott zugesicherten Erbe.

Dies alles aber wird nun von Jesus relativiert – die Eltern, der Clan, die soziale Sicherheit, das Land ... Es ist möglich, unter Umständen sogar notwendig, das alles zu verlassen. Allerdings nicht um des Verlassens willen, nicht weil das Verlassen an sich schon etwas Positives wäre. Vielmehr deshalb, weil jetzt Neues entsteht: Diejenigen, die auf Jesus und seine Botschaft hören, diejenigen, die um des Gottesreiches willen das Alte hinter sich zurücklassen, werden zu einer neuen Familie, zu einer Familie, in der es in einer paradoxen Weise wieder Brüder, Schwestern, Mütter, Kinder und Äcker gibt – allerdings keine Väter mehr.

Die Väter werden in dem zweiten Teil des Logions wohl bewußt nicht mehr genannt, denn sie sind allzusehr Symbole der patriarchalischen Herrschaft. „Ihr sollt niemanden auf Erden euren Vater nennen", wird es später bei Matthäus heißen, „denn nur einer ist euer Vater, der im Himmel" (Mt 23,9). Menschliche „Herrschaft" soll es also in der neuen Familie der Brüder und Schwestern Jesu nicht mehr geben, sondern nur noch Brüderlichkeit, Schwesterlichkeit und Mütterlichkeit.

Wie ernst Jesus gerade diesen Punkt genommen hat, zeigt die Perikope Mk 10,35-45, in der von der Bitte der Zebedäussöhne erzählt wird. Die Perikope schließt mit einer kleinen Redekomposition, die programmatischen Charakter hat:

Ihr wißt, daß diejenigen, die als Herrscher der Völker gelten, ihre Völker unterdrücken und daß ihre Großen sie vergewaltigen. Bei euch aber darf es nicht so sein. Wer unter euch groß sein will, soll euer Diener sein, und wer unter euch der Erste sein will, soll der Sklave aller sein. Denn auch der Menschensohn ist nicht gekommen, daß er sich dienen lasse, sondern daß er diene und sein Leben als Lösegeld für die Vielen dahingebe (Mk 10,41-45).

Dieser Text spricht genau das an, was heute oft als *Herrschaftsstrukturen* bezeichnet wird. Sie sind das Übliche in den Gesellschaften dieser Welt. In der Jüngergemeinde hingegen darf es keine Herrschaftsverhältnisse mehr geben. Wer dort der Erste sein will, soll der Sklave aller sein. Jesus fordert offensichtlich von seinen Jüngern eine völlig andere Art des Miteinanderumgehens, als sie sonst in der Gesellschaft üblich ist. Das heißt aber: Er fordert eine *Gegengesellschaft,* oder vielleicht besser: eine *Kontrastgesellschaft.*

8. Das Volk Gottes als Kontrastgesellschaft

Jesus versteht das zu sammelnde Gottesvolk, aus dem dann später die Kirche geworden ist, als eine wirkliche Kontrastgesellschaft. Das heißt keineswegs: als einen *Staat* oder als eine *Nation.* Wohl aber als Gemeinschaft, die einen eigenen Lebensraum bildet, als Gemeinschaft, in der man anders lebt und anders miteinander umgeht, als dies sonst in der Welt üblich ist. Man könnte das Gottesvolk, das Jesus sammeln will, durchaus als *alternative* Gesellschaft bezeichnen. In ihr sollen nicht die Gewaltstrukturen der Mächte dieser Welt herrschen, sondern Versöhnung und Brüderlichkeit. Das radikale Ethos der Bergpredigt richtet sich weder an den Einzelnen noch an die gesamte Welt, sondern präzis an dieses von der frohen Botschaft geprägte Volk Gottes.

Und genau in diesen gesellschaftlichen Kontext des von Jesus gesammelten Gottesvolkes ist nun auch der Gewaltverzicht einzuordnen, den Jesus im Angesicht der Gottesherrschaft verlangt[15]. Er ist nicht nur von dem Einzelnen, der keine Verantwortung für andere trägt, gefordert. Das wird zwar ständig behauptet. Vor Jahren hatten wir in der Bundesrepublik ja eine ziemlich scharfe Diskussion über die Geltung der Bergpredigt in der Politik – und dabei wurde genau dies immer wieder vorgebracht: Gewaltverzicht könne sich nur der *Einzelne* leisten, der keinerlei Verantwortung für andere trage. Diese These ist aber falsch; sie entspricht nicht dem Evangelium, und sie entspricht nicht dem Willen Jesu, der in einem eminenten Maß gesellschaftsbezogen denkt: sein Blick geht stets auf *Israel* beziehungsweise auf die *Jüngergemeinde* als die Präfiguration Israels, in der die Gottesherrschaft aufleuchten soll. Jesu Forderung nach absoluter Gewaltlosigkeit ist also durchaus gesellschaftsbezogen. Sie hat Öffentlichkeitscharakter.

Sie richtet sich allerdings auch nicht an die Adresse der Völker, der Staaten, der Gesellschaft im allgemeinen. Um diese Adressaten hat sich Jesus niemals gekümmert; sie hat er nicht angeredet. Er hat weder versucht, mit Herodes Antipas noch mit Pontius Pilatus Verbindung aufzunehmen, um ihnen zu sagen, wie sie regieren müßten. Solchen Leuten hätte er höchstens das gesagt, was der Verfasser des Johannesevangeliums ganz sachgerecht folgendermaßen formuliert: „Mein Reich ist nicht von dieser Welt. Wäre mein Reich von dieser Welt, dann hätte ich Diener, die für mich kämpften, damit ich den Juden nicht ausgeliefert würde" (Joh 18,36). Achten wir genau auf die Formulierung: Hier wird nicht vom *Himmel* gesprochen. Jesu Reich ist durchaus *in* dieser Welt. Aber es ist nicht *von* dieser Welt, das heißt, es entspricht nicht den Strukturen dieser Welt.

Entspräche es den Strukturen dieser Welt, dann müßte man

auch in diesem Reich um sein Recht kämpfen – und zwar notfalls mit Gewalt. Dort, wo das Reich Gottes anbricht, dort wo es jetzt schon aufleuchtet, gelten aber nach Jesus andere Gesetze. Das wahre Gottesvolk, die wahre Familie Jesu, darf nichts mehr mit Gewalt durchsetzen – *weder nach innen noch nach außen.* Im Gottesvolk darf man sich sein Recht nicht mehr erkämpfen mit den Mitteln der Gewalt, die in der Gesellschaft üblich und oft sogar rechtens sind. Dort soll man lieber Unrecht erleiden, als daß man Gewalt mit Gegengewalt beantwortet. Dort soll man jedem geben, der bittet. Dort soll man sich ruhig nötigen lassen. Dort soll man nicht nur das einzige Gewand, sondern auch noch den einzigen Mantel hergeben. Dort soll man sich lieber ins Gesicht schlagen lassen, als daß man zurückschlägt.

Noch einmal sei es gesagt: Jesus wollte mit all dem nicht nur eine innere Gesinnung ausdrücken, sondern er zielte auf konkrete Praxis innerhalb einer neuen gesellschaftlichen Ordnung. Er war allerdings überzeugt, daß man so nur in einer Gemeinschaft von Brüdern und Schwestern leben kann, die sich in Freiheit zusammenfinden, die an das Reich Gottes glauben, die einen Lebensraum des gemeinsamen Glaubens bilden, die einander Kraft geben und in denen die Kräfte des Reiches Gottes schon jetzt am Werke sind.

Wenn ich in einer solchen Gemeinde von Brüdern und Schwestern lebe, kann ich mich schlagen lassen, denn ich werde dadurch meine Ehre nicht verlieren. Wenn ich in einer solchen neuen Familie lebe, kann ich meinen Mantel hergeben, denn dann gibt mir einer, der zwei Mäntel hat, seinen überflüssigen Mantel. Wenn ich in einem solchen Volk Gottes lebe, brauche ich nicht mehr ständig um mein Recht und um die mir gebührende Anerkennung besorgt zu sein, weil meine Situation dann nicht mehr durch das übliche Feld von Rivalitäten bestimmt ist.

Mit all dem soll keineswegs gesagt sein, daß es in einer solchen Gemeinschaft keine Konflikte, kein Leid, kein Versagen und keine Schuld mehr gäbe. Im Gegenteil! Jesus setzt – in allem, was wir gehört haben – die Konflikte ja geradezu voraus. Entscheidend ist für ihn, daß diese Konflikte anders ausgetragen werden als in der übrigen Gesellschaft: nicht indem „Herrschaft" durchgesetzt wird, nicht indem Rechte erkämpft werden, sondern gerade im Verzicht auf das gute Recht und im Verzicht auf jede Gewalt.

Zu Beginn dieses II. Teils war betont worden, daß man die Forderung Jesu nach Gewaltverzicht überhaupt nicht begreifen kann, wenn man nicht genauestens die Adressaten beachtet, denen diese Forderung gesagt wird. Wir haben gesehen: Der Adressat ist Israel, ist das zu sammelnde Gottesvolk, ist die neue Familie Jesu – also das, was heute die Kirche sein sollte.

Damit ist an die Kirche, damit ist an unsere Gemeinden ein ungeheurer Anspruch gestellt. Wir würden uns ja ins Gesicht lügen, wenn wir behaupteten, daß unsere Gemeinden heute so wären: ein Lebensraum des Glaubens, in welchem man brüderlich und schwesterlich miteinander umgeht, in welchem man seine Rechte nicht durchsetzt, in welchem es keine Herrschaftsstrukturen und keine Gewalt gibt. Die ekklesiologische Relevanz der Aufforderung Jesu zum Gewaltverzicht sollte jedoch deutlich geworden sein. Allein diese Forderung zwingt uns immer neu, das konkrete Erscheinungsbild der Kirche beziehungsweise die konkrete Erscheinungsform unserer Gemeinden in Frage zu stellen.

Wenn wir das, was Jesus über die Gewaltlosigkeit gesagt und durch sein Leben und seinen wehrlosen Tod ratifiziert hat, ernst nähmen, müßte sich die Kirche ändern, müßten sich unsere Gemeinden ändern, müßten wir selbst uns ändern. Insofern ist Mt 5,39b–42 eine gefährliche Erinnerung, ein hochbrisanter Sprengsatz mitten in der kirchlichen Tradition, der uns ständig zwingt, darüber nachzudenken, ob die Gemeinden, die wir heute haben, wirklich Gemeinden im Sinne Jesu sind. Sind sie wirklich Gegengesellschaft – göttliche Kontrastgesellschaft, in deren faszinierender Andersartigkeit das Reich Gottes aufleuchten kann? Wenn es so wäre, dann würde sich durch die bloße Existenz solcher Gemeinden die Welt verändern. Dann würde die Kirche zur Stadt auf dem Berge und zum Licht der Welt.

9. Die Christen und der Staat

Es bleibt freilich ein schwerwiegendes Problem, das zum Schluß dieses II. Teils wenigstens noch angedeutet werden soll.

Alles, was bisher gesagt wurde, war ja so formuliert, als würde der Jünger Jesu ausschließlich im Volk Gottes leben. Aber in Wirklichkeit lebt er bis zur Wiederkunft Christi gleichzeitig in einer höchst pluralistischen Gesellschaft, die gar nicht daran denkt, nach den Weisungen der Bergpredigt zu handeln. Sie darf es nicht einmal uneingeschränkt, denn daß ein Richter nicht nach Mt 5 Recht sprechen kann, liegt auf der Hand. Analoges gilt für viele andere Funktionen innerhalb der Gesellschaft.

Solange unsere Welt im ganzen so ist, wie sie ist, kann kein Staat ohne kanalisierte und legitimierte Gewalt existieren. Auch ein Rechtsstaat muß die Gesetzesbefolgung notfalls durch staatliche Gewalt erzwingen. Genau an dieser Stelle liegt die – einseitige – Wahrheit des Zitats aus jenem Schweizer Katechismus: Wenn ein Staat sein eigenes Recht nicht mehr mit dem Einsatz von Gewalt durchsetzen kann, öffnet er dem Chaos Tür und Tor. (Genau an dieser Stelle liegt übrigens auch die – relative – Wahrheit der Position Solschenizyns, die oben beschrieben wurde.) Im Staat Verantwortung übernehmen impliziert also Teilnahme an der Gewalt. Es ist eine kanalisierte, eingegrenzte, rechtlich definierte und damit rational durchleuchtete Gewalt – *aber es ist Gewalt.*

Was soll nun der Christ tun? Nicht nur, daß er der Gesellschaft insgesamt nicht entfliehen kann: er muß darüber hinaus im Staat Verantwortung übernehmen – andernfalls würde er sich in einer Nische der Gesellschaft ansiedeln und könnte von den anderen kaum ernst genommen werden. Übernimmt er aber Verantwortung, so beteiligt er sich, ob er will oder nicht, an der kanalisierten Gewalt. Was soll er also tun?

Wenn im folgenden – zögernd und vorsichtig – eine Antwort auf diese drängende Frage versucht wird, so überschreitet sie teilweise die Kompetenz des Neutestamentlers. Denn das Neue Testament gibt auf die gestellte Frage noch keine Antwort. Das Neue Testament schärft zwar das Recht des Staates ein und fordert zur Loyalität gegenüber der Obrigkeit auf (vgl. vor allem

Röm 13,1–7; 1 Petr 2,11–17) – aber es rechnet nicht damit, daß Christen Verantwortung im Staat übernehmen.

Noch der Christengegner Celsus kann die scharfe Frage formulieren, ob die Christen denn nicht die Absicht hätten, dem Kaiser in dem, was rechtens sei, beizustehen, für ihn zu kämpfen, mit ihm zu Felde zu ziehen und öffentliche Ämter zu übernehmen, um die Gesetze zu schützen. *Origenes* antwortet Celsus folgendermaßen: Die Christen nähmen als Priester und Diener Gottes *dadurch* an den kaiserlichen Feldzügen teil, daß sie zu Gott für die gerechte Sache beteten; und Ämter übernähme man nicht im Staat, sondern in der Kirche und diene gerade so dem Wohl aller Menschen. Wenn die Christen die Übernahme staatlicher Ämter ablehnten, dann nicht deswegen, weil sie sich öffentlichen Verpflichtungen entziehen wollten, „sondern um sich für den göttlicheren und notwendigeren Dienst an der Kirche Gottes *zum Heil der Menschen* zu erhalten"[16].

Diese Antwort ist höchst beachtlich, weil sie genau im Sinn des Neuen Testaments die eigentliche Funktion der Kirche herausstellt: Die Kirche dient der Welt am besten, wenn sie ihre Aufgabe, ein *heiliges Volk* im Sinn von 1 Petr 2,9f zu sein, radikal ernst nimmt. Gerade indem sie selbst die Gesellschafts- und Sozialordnung Gottes (sprich: Bergpredigt) zeichenhaft lebt, ist sie das „Salz der Erde". Es ist äußerst fragwürdig, wenn nicht wenige engagierte Christen heute so tun, als seien Weltverantwortung und Weltveränderung *nur jenseits und außerhalb von Kirche* möglich.

10. Gewaltlosigkeit in pluralistischer Gesellschaft

Trotzdem kann uns die Antwort des Origenes heute nicht mehr genügen. Die meisten Christen haben de facto weltliche Berufe und realisieren gerade in diesen Berufen ihre Verantwortung für die Welt. Wie sollen sie dann mit der Forderung nach Gewaltlosigkeit zurechtkommen? Es gilt hier wohl, drei verschiedene Möglichkeiten ins Auge zu fassen:

Eine erste Möglichkeit ist ganz sicher die, daß Christen auch in der Welt radikale Zeichen ihres Glaubens setzen und die Beteiligung an Gewalt, dort wo sie in die Augen springt, bewußt verweigern. Das bedeutet dann freilich Verzicht auf bestimmte Funktionen, Verzicht auf bestimmte Tätigkeiten, Verzicht auf bestimmte Berufe. In der Praxis der frühen Kirche war diese Form der *partiellen gesellschaftlichen Verweigerung* eine Selbstverständlichkeit. Am Ende des 20. Jahrhunderts gewinnt solche Verweigerung wenigstens in *einem* Bereich wieder zunehmend an Bedeutung: bei der Kriegsdienstverweigerung aus Gewissensgründen.

Eine zweite Möglichkeit, der Forderung des Gewaltverzichts mitten in der Welt mindestens approximativ zu entsprechen, wäre der ständige Versuch, den *Geist der Bergpredigt,* soweit es nur immer geht, in die Strukturen, Institutionen und Entscheidungen der Gesellschaft einzubringen, um dort eine *Minimierung von Gewalt* zu erreichen. Diese Form des Dienstes der Kirche an der Welt wird in diesem Buch als selbstverständlich vorausgesetzt. Die Würzburger Synode sagt zu Recht [17]:

Die Kirche muß durch Gebet und Handeln die ihr eigene Friedenskraft mobilisieren, indem sie – nicht an Staatsinteressen und Ländergrenzen gebunden – überall für Gerechtigkeit und Freiheit, für das Recht auf Leben und Entfaltung der Menschen und der Gruppen eintritt, sich gegen Verletzungen der Menschenrechte wendet, wo immer sie geschehen, friedensgefährdende Zustände und Vorgänge beim Namen nennt, zur Kenntnis und Aufarbeitung geschichtlich gewordener nationaler Gegensätze aufruft sowie der Versöhnung, Verständigung und internationalen Zusammenarbeit den Weg bereiten hilft.

Schließlich ist noch eine dritte Form des Verhaltens angesichts der Forderung nach Gewaltverzicht ins Auge zu fassen: Es muß für den Christen – wenigstens prinzipiell – die Möglichkeit geben, aus Verantwortung gegenüber der Gesellschaft für die Durchsetzung des Rechts in eben dieser Gesellschaft mit den Zwangsmitteln, die der Rechtsstaat zur Verfügung hat, einzutreten. Auch das ist dann prinzipiell eine sittlich zu rechtfertigende Entscheidung. Schon *Augustinus* hat gewußt, daß die *civitas Dei* der *civitas terrena* bedarf, weil diese die Ordnung und die Gerechtigkeit sichert. *Luther* hat sich in seiner Zwei-Reiche-Lehre ganz ähnlich entschieden. Die katholische *Naturrechtslehre* will das gleiche Problem lösen. Es darf nicht dazu kommen, daß die Christen die oft schmutzige und mühselige Arbeit des Herstellens von Recht und Ordnung in der Gesellschaft ausschließlich den anderen überlassen.

Das *Nebeneinander* dieser drei Möglichkeiten ist selbstverständlich ein idealtypisches Konstrukt. Im konkreten Leben werden sie nie ungemischt begegnen. Es kann sein, daß sich der einzelne Christ in einem bestimmten Bereich der Gewalt absolut verweigert, daß er in einem anderen Bereich lediglich eine Minimierung von Gewalt anstreben kann und daß er gleichzeitig in einem dritten Bereich rechtsstaatlich sanktionierte Gewalt anwendet, um anderen und schlimmeren Formen von Gewalt zu wehren.

Die gegenwärtige Diskussion über Gewalt und Gewaltverzicht leidet freilich erheblich darunter, daß meist überhaupt nur die drei genannten Möglichkeiten bewußt sind und daß allein über sie diskutiert wird. *Tatsächlich werden aber alle drei Möglichkeiten, so gut, so richtig und so notwendig ihre Realisierung ist, der Botschaft des Neuen Testaments noch keineswegs völlig gerecht.* Die dritte Möglichkeit am allerwenigsten:

So notwendig es ist, die Ordnung der Gerechtigkeit in der Gesellschaft durchsetzen zu helfen – das spezifisch Christliche ist damit noch nicht erreicht.

So notwendig und richtig es ist, den „Geist der Bergpredigt" durch Minimierung von Gewalt in die Strukturen der Welt einzubringen – er kann dort doch immer nur so weit zur Geltung kommen, wie die Welt ihn zuläßt.

So notwendig, richtig und gut es ist, in der Welt radikale Zeichen der Gewaltlosigkeit zu setzen – solange diese Zeichen lediglich von Einzelnen gesetzt werden, haben sie nur eine begrenzte Wirkung. Es käme darauf an, daß ein ganzes „Volk" zum Zeichen der absoluten Gewaltlosigkeit wird.

Genau das will Jesus. Er will, was Gott schon immer mit Israel gewollt hat: daß die Herrschaft Gottes in einem bestimmten Volk aufleuchten und über dieses Volk alle Welt erleuchten soll; daß es eine „Gesellschaft" in der Welt gibt, an der man ablesen kann, wie die Lebensordnung Gottes aussieht; daß es eine Jüngergemeinde gibt, die zur Stadt auf dem Berg und zum Licht der Welt wird. Gewaltlosigkeit muß deshalb zunächst einmal in der Kirche gelebt werden. Wenn in den christlichen Gemeinden aus der Gnade Christi und der Kraft des Evangeliums heraus die Rivalitäten abgebaut würden, wenn auf jede Form von Gewalt (auch sublimer Gewalt) verzichtet und brüderlich-schwesterliche Gemeinschaft gelebt würde, dann gäbe es Hoffnung, daß eine solche Lebensordnung auf die Welt ansteckend wirken würde und dadurch auch in der Welt immer mehr Gewalt abgebaut werden könnte. Der beste Dienst, den die Christen der Welt leisten können, ist deshalb der Aufbau lebendiger Gemeinden, in denen die Bergpredigt gelebt und die Aufforderung Jesu zum Gewaltverzicht wörtlich genommen wird.

TEIL III
Worin besteht die Radikalität der Bergpredigt?

1. Radikalität – ein ungeklärter Begriff

Wenn die Exegeten des Neuen Testaments über das Ethos Jesu sprechen, gehören „radikal", „Radikalität" und „Radikalisierung" zu ihren Lieblingswörtern. Da ist dann immer wieder die Rede von der Radikalität der Bergpredigt, vom Radikalismus Jesu, von dem radikalen Gehorsam, den er gefordert habe, von seiner Radikalisierung der Tora, von radikaler Nachfolge und radikaler Sorglosigkeit, von der radikalen Umkehr des Menschen, aber auch von der radikalen Hinkehr Gottes zum Menschen[1]. *Helmut Merklein* zum Beispiel verwendet auf den letzten fünf Seiten seines Buches „Die Gottesherrschaft als Handlungsprinzip" die Wörter „radikal" und „Radikalität" nicht weniger als 35mal[2]. Er steht damit durchaus nicht allein. Offenbar ist „radikal" für die Exegeten dieser Jahrzehnte ein äußerst beliebtes und noch ganz und gar unverwelktes Wort. Glauben sie, wenigstens mit dem *Wort* an den radikalen und revolutionären Bewegungen des Jahrhunderts partizipieren zu können? Wie immer es sich damit verhält – die Beliebtheit des Wortes wäre unerklärbar, wenn ihm nicht eine heimliche Sehnsucht entgegenkäme und es nicht in den Evangelien selbst eine sachliche Entsprechung hätte. Aber worin genau besteht diese Sache des Evangeliums, die Wörter wie „radikal" und „Radikalität" in der Exegetensprache möglich macht?

Die Neutestamentler selbst sind bei der Suche nach dieser Sache nicht eben hilfreich. Sie sind meist von ihrem Lieblingswort so berauscht, daß sie eine nähere Erklärung für überflüssig halten. Und versucht man, das *Wortfeld* zu analysieren, innerhalb dessen sie „radikal" verwenden, so stößt man auf neue Wörter, die genauso unscharf sind. Da ist dann etwa die Rede von den „rigorosen Geboten der Bergpredigt", von den „extremen sittlichen Weisungen" Jesu, von der „absoluten" oder „totalen Forderung Gottes" oder von der „bedingungslosen und kompromißlosen Nachfolge"[3]. „Rigoros", „extrem", „absolut", „total", „bedingungslos", „kompromißlos" – das alles sind Adjektive im kontextuellen Umfeld von „radikal", welche die Frage nach dem, was die Exegeten denn nun eigentlich unter Radikalität verstehen, keineswegs erleichtern, sondern eher noch erschweren.

Es ist das Verdienst von *Bruno Schüller,* zum ersten Mal und gleich mit größtem Nachdruck auf die Unklarheit des Gebrauchs von „radikal" bei Exegeten und Moraltheologen hingewiesen zu haben. Sein Artikel, der 1971 in der Zeitschrift „Theologie und Philosophie" erschien[4], hat ein ganz konkretes Interesse: B. Schüller wittert in der Rede von der radikalen sittlichen Forderung eine mögliche Basis für eine *deontologische*[5] Erklärung der Forderungen Jesu[6]. Gerade das bringt ihn dazu, aufs genaueste zu analysieren, was „radikal" in ethischem Kontext überhaupt bedeuten könne. Am Ende dieser Analyse nennt er selbst fünf verschiedene Möglichkeiten. Eine *radikale* Forderung – das könne meinen[7]:

1. eine kategorische, das heißt eine unbedingte Forderung,
2. eine Forderung von besonderem ethischen Gewicht,
3. eine „Forderung im Sinne einer deontologischen Norm",
4. eine „Forderung, deren Erfüllung ein besonderes Maß an persönlichen Opfern und Verzichten mit sich bringt",
5. die „Forderung einer seinshaft vollkommeneren Liebe" wie sie nur der durch Glaube und Taufe begnadete Mensch leben kann.

B. Schüller bleibt allerdings gegenüber diesen fünf möglichen Bedeutungen ethischer Radikalität skeptisch. Wenn die Exegeten von der Radikalität der Forderungen Jesu sprächen, kämen eigentlich nur die 1. und die 5. Bedeutung in Frage[8]. Aber auch dort sei der Begriff „Radikalität" genau besehen sinnlos. Denn selbst für die durch Gnade erhöhte Liebe könnten keine anderen Handlungsnormen gelten als für die natürliche Liebe[9]. Heiße radikal aber soviel wie kategorisch, so sei lediglich eine Selbstverständlichkeit gesagt, denn seit Kant seien sich viele Ethiker darüber einig, daß es gerade das Proprium der *sittlichen* Forderung ausmache, „unbedingt, kategorisch oder absolut zu gelten"[10]. Die Aussage, eine sittliche Forderung sei radikal im Sinne von kategorisch, sei deshalb rein explikativ, das heißt, sie erkläre nur, was eine sittliche von einer nicht-sittlichen Forderung unterscheide. Und all diejenigen, die sagten, die sittliche Forderung Jesu sei radikal, wollten doch wohl nicht behaupten, nur *Jesu* sittliche Forderung sei wirkliche sittliche Forderung, während das, was anderswo, zum Beispiel im Alten Testament, als sittliche Forderung erhoben werde, lediglich dem äußeren Anschein nach als sittliche Forderung auftreten könne[11].

Mit derselben analytischen Schärfe werden von B. Schüller auch die übrigen der genannten Möglichkeiten ethischer Radikalität destruiert. Was am Ende bleibt, ist eine gewisse Ratlosigkeit[12]:

Möglicherweise verstehen sie (sc. die Exegeten und Moraltheologen) unter Radikalität nichts von alldem, was sich uns als eventuelle Bedeutung angeboten hat. Dann verbliebe einem nur das Eingeständnis, man sei wenigstens einstweilen außerstande, die Rede von der radikalen Forderung Jesu zu verstehen.

B. Schüller hat mit seinem Aufsatz nicht nur an die Neutestamentler, sondern vor allem auch an das Neue Testament selbst eine weitreichende, ja sogar entscheidende Frage gestellt. Seine Frage verdient eine gründliche Diskussion, denn an ihr hängt vieles andere. Die folgende Erörterung geht von der Annahme aus, daß es in den Evangelien tatsächlich etwas gibt, das die Rede von der radikalen Forderung Jesu rechtfertigt, ja sogar notwendig macht.

2. *Der Sprachgebrauch Rudolf Bultmanns*

Kehren wir zunächst noch einmal zur Sprache der Exegeten zurück! So selbstverständlich und unreflektiert sie in den meisten Fällen das Wort „radikal" verwenden – bei genauerem Zusehen wird dennoch ein ganz bestimmter sachlicher Kontext und sogar eine gewisse Konstanz des Sprachgebrauchs sichtbar. Am deutlichsten zeigt sich dies bei *Rudolf Bultmann,* und zwar in seinem Jesusbuch. R. Bultmann sagt dort, daß bei Jesus im Gegensatz zu aller bloß formalen Gesetzlichkeit der Gedanke des Gehorsams gegenüber Gott *radikal* gedacht sei [13]:

> *Radikaler Gehorsam ist nur dort vorhanden, wo der Mensch von sich aus bejaht, was von ihm gefordert ist, wo das Gebotene einsichtig ist als Gottes Forderung; wo der Mensch g a n z zu dem steht, was er tut; ja besser: wo der Mensch ganz i n dem ist, was er tut, das heißt wo er nicht gehorsam e t w a s tut, sondern in seinem S e i n gehorsam ist. Aber es kommt noch eins hinzu. Innerhalb jener Anschauung, nach der der Gehorsam die Beugung unter eine formale Autorität ist, zu der das Ich sich entschließen kann, ohne daß es in seinem S e i n gehorsam ist, gibt es für das Ich gleichsam eine neutrale Stellung. Es ist sozusagen nur zufällig und gelegentlich von Gott beansprucht, und es ließe sich denken, daß das auch anders wäre, daß diese Beanspruchung durch Gott vielleicht einmal aufhört, weil sie ja nicht das Sein des Ich vor Gott charakterisiert. Ja, es i s t tatsächlich auch anders, nämlich überall da, wo das Ich sich in einer Lebenslage befindet, für die sich in der formalen Autorität, in der Schrift, kein Gebot verzeichnet findet. Deshalb ist ja der Mensch nach rabbinischer Ansicht in der glücklichen Lage, m e h r z u t u n, als verlangt ist, überpflichtige Werke zu tun, nämlich d a etwas Gottgefälliges zu tun, wo nichts Besonderes von Gott geboten ist. Deshalb gibt es aber auch Situationen, in denen für den Menschen ein Nichttun möglich ist, neutrale Situationen. Und eben dies wird von Jesus in einem Kampfworte ausdrücklich abgelehnt. Gegenüber dem Vorwurf, daß er den Sabbat breche, um einem Menschen zu helfen, antwortet er: „Darf man am Sabbat Gutes tun oder Böses? Ein Leben retten oder töten?" Die Voraussetzung ist, daß es kein Drittes gibt neben Gutes tun und Böses tun; ein Nichttun wäre in diesem Falle gleichbedeutend mit Böses tun. Es gibt also keinen neutralen Ort; der Gehorsam ist radikal gedacht und umspannt den Menschen in seinem Sein.*

R. Bultmann ist hier ausführlicher zitiert worden, weil nirgendwo sonst in der exegetischen Literatur die Radikalität des Ethischen bei Jesus so eindeutig bestimmt wird. R. Bultmann zufolge ist also die Forderung Jesu insofern radikal, als sie radikalen *Gehorsam* fordert. Radikaler Gehorsam aber ist ein Gehorsam, der in Gegensatz zu einem bloß *partiellen* oder *legalistischen* Gehorsam den gesamten Menschen mit allen Dimensionen seiner Existenz beansprucht [14].

Genau dies ist die Bedeutung, die auch sonst von seiten der Neutestamentler dem Wort „radikal" im ethischen Sinn gegeben wird, falls sie es überhaupt in einen eindeutigen sprachlichen Kontext bringen [15]. Vermutlich meinen auch all diejenigen Exegeten, die das Wort völlig unreflektiert verwenden, mit ihm eben dies: die *umfassende* und *ganzheitliche* Beanspruchung des Menschen durch die Forderung Jesu.

3. Radikalität als Ungeteiltheit

Sucht man in den Evangelien ein unmittelbares sprachliches Äquivalent für „radikal" im gerade beschriebenen Sinn, so bietet sich am deutlichsten das Wort *teleios* (= vollkommen) in Mt 5,48 an [16]:

*Seid also ihr vollkommen
wie euer himmlischer Vater vollkommen ist.*

Das Logion Mt 5,48 ist für eine ethische Diskussion durchaus zentral: Es steht in der Bergpredigt und dort außerdem noch an hervorgehobener Stelle, denn es schließt nicht nur die 6. Antithese, also das Gebot von der Feindesliebe (5,43–47), sondern gleichzeitig die gesamte Antithesenreihe 5,21–47 ab [17]. 5,20 (der Satz von der „besseren Gerechtigkeit") und 5,48 bilden für die 6 Antithesen eine *inclusio*. Matthäus nennt die „bessere Gerechtigkeit" von 5,20 in 5,48 „Vollkommenheit" [18].

Im ersten Augenblick könnte freilich die Behauptung einer ausdrücklichen Äquivalenz zwischen „radikal" und „vollkommen" befremden. Es ist jedoch zu beachten, daß hinter dem *teleios* von Mt 5,48 nicht das Vollkommenheitsideal des griechischen Menschenbildes steht. Gemeint ist also bei Matthäus nicht die auf der Höhe ihres Lebens angekommene, autarke Persönlichkeit, deren Tugenden *(aretai)* so ausgereift sind, daß keine weitere Steigerung mehr möglich ist[19]. Hinter dem matthäischen *teleios* steht mit Sicherheit das hebräische Adjektiv *tamim*[20]. Und *tamim* bedeutet „ganz", „ungeteilt", „vollständig", „unversehrt", „heil". Wenn den Jüngern und Nachfolgern Jesu in Mt 5,48 gesagt wird, sie sollten *teleioi* sein, so heißt das deshalb nichts anderes, als daß sie sich ungeteilt und ausschließlich Gott zuwenden sollen[21].

Eine der wichtigsten alttestamentlichen Vorgaben für Mt 5,48 ist wohl Dtn 18,13: „Vollkommen *(tamim)* sollst du sein vor Jahwe, deinem Gott." Angeredet ist Israel, das seinem Gott ungeteilt dienen soll und sich auf das heidnische Zauber- und Götzenwesen nicht einlassen darf. Die Einheitsübersetzung überträgt treffend: „Du sollst ganz und gar bei dem Herrn, deinem Gott, bleiben." Die innere Verbindung mit dem *Hauptgebot* (Dtn 6,5) ist nicht zu übersehen. Dieses sagt, Israel solle Jahwe „lieben mit ganzem Herzen, mit ganzer Seele und mit ganzer Kraft". In anderer Terminologie formuliert Jos 24,14 dieselbe Sache:

Und nun fürchtet Jahwe und dient ihm in Vollkommenheit (tamim) und Treue. Schafft die Götter fort, denen gedient haben eure Väter jenseits des Stroms und in Ägypten, und dient Jahwe.

In solchen alttestamentlichen Texten liegen die Wurzeln des matthäischen Wortes *teleios*[22]. Freilich ist damit der Sitz im Leben, den das Wort bei Matthäus hat, noch offen.

Dieser wird erst klar, wenn man beachtet, daß *tamim* in den Spätschichten des Alten Testaments und im Frühjudentum in immer stärkeren Konnex zum Thema „Gesetzeserfüllung" gerät. Der „vollkommene Weg" (bzw. „vollkommen vor Gott wandeln") meint die vollständige und untadelige Befolgung der Tora[23]. In Qumran wird der „vollkommene Weg" geradezu zum Schlüsselbegriff für das Selbstverständnis der Gemeinde[24]. Ihre Mitglieder nennen sich selbst „die Männer vollkommener Heiligkeit" (1 QS 8,20). Sie müssen „vollkommen sein in allem, was offenbart ist aus dem ganzen Gesetz" (1 QS 8,1). Auch bei Matthäus gehört *teleios* eindeutig in den Bereich der Gesetzessprache; auch bei ihm spricht *teleios* von der richtigen Erfüllung der Tora. Allerdings geht es bei ihm nun gerade nicht um rigoristisch verschärfte Gebotserfüllung wie in Qumran, sondern um die ungeteilte und ganzheitliche, sagen wir jetzt ruhig: um die radikale Erfüllung der Tora [25].

Wie aber kann man nach Matthäus die Tora vollkommen, also ganz, ungeteilt und radikal erfüllen? Zunächst einmal, indem man nach der Weisung der 6 Antithesen (5, 21-47) und der Bergpredigt überhaupt lebt. Wenn 5, 20 und 5, 48 die Antithesenreihe rahmen, dann besagt das nach Meinung des Matthäus: Die Gesetzespraxis, die von den Schriftgelehrten und Pharisäern gelehrt wird, ist keine wirkliche Gebotserfüllung (matthäisch: keine wahre Gerechtigkeit [26]) und verhindert den Eintritt in das Reich Gottes. In der von Jesus geforderten „besseren Gerechtigkeit" lebt man erst, wenn man das Gesetz vom Sinai nach dem Muster der in der Bergpredigt vorgelegten Antithesen ungeteilt und ganzheitlich erfüllt. Die wichtigste der 6 Antithesen ist dabei die letzte. Sie enthält die Forderung der Feindesliebe, die nach Matthäus „nicht eine Forderung neben anderen, sondern Mitte und Spitze aller Gebote" ist, die zur Vollkommenheit führen [27].

Allerdings wird in der Bergpredigt ein entscheidender Aspekt vollkommener Tora-Erfüllung noch nicht genügend deutlich: nämlich die Nachfolge Jesu [28]. Diesen Aspekt reflektiert Matthäus ausführlich erst an späterer Stelle, und zwar in der Geschichte von dem jungen Reichen (19, 16-30). Die Geschichte beginnt mit der Frage: „Was muß ich Gutes tun, um das ewige Leben zu gewinnen?" (19, 16). Diese Frage entspricht der Sache nach genauestens 5, 20. Die Wendung „eingehen in das Reich der Himmel" ist nun transformiert in „ewiges Leben gewinnen".

Auch der weitere Verlauf der Geschichte zeigt eindeutig, daß es um das Problem der richtigen Tora-Erfüllung geht [29]. Der junge Mann befolgt – das wird zunächst einmal klargestellt – die Tora durchaus, und zwar im Sinn der üblichen Gebotserfüllung. Matthäus bringt gegenüber der Gebotsaufzählung in Mk 10, 19 noch zusätzlich Lev 19, 18 in den Text ein. Das heißt: Der junge Mann erfüllt sogar das Gebot: „Du sollst deinen Nächsten lieben wie dich selbst." Trotzdem erfüllt er die Tora nicht so, wie Jesus es verlangt. Er lebt nicht die „bessere Gerechtigkeit", die allein den Eingang in das Reich Gottes ermöglicht. Das zeigt der zweite Teil der Geschichte. Hier (und nur hier) taucht im Matthäusevangelium noch einmal das Wort *teleios* auf [30]. Der reiche Mann ist noch nicht *teleios* in bezug auf das Gesetz. Das heißt: Er lebt die Tora, den heiligen Willen Gottes, noch nicht ganzheitlich und ungeteilt. Er lebt vielmehr geteilt, weil er sein Vermögen aus dem Tun des Willens Gottes heraushält. Ungeteilt und bis in die Wurzeln seiner Existenz hinein würde er die Tora erst leben, wenn er alles verkaufte, den Erlös den Armen gäbe und Jesus nachfolgte. Darauf läuft die ganze Geschichte hinaus. Matthäus stellt in ihr klar, daß das, was Gott in der Tora vom Sinai wollte, erst dann wahrhaft und ganz gelebt werden kann, wenn man Jesus nachfolgt[31] – und das ist ohne Exodus aus dem bisherigen Leben und ohne radikales Teilen mit den Armen des Gottesvolkes nicht möglich. Erst wenn der Jünger Jesu das alles tut, erfüllt er die Tora vollkommen. Erst dann erfüllt er das Gesetz radikal. Man muß also sagen: Die Forderung an den Reichen, alles zu verkaufen, ist nicht eine Überschreitung oder Überbietung der zuvor in 19,18f ausgesprochenen Gesetzesforderung, sondern deren *sachgerechte Interpretation*[32]. Es geht vom Anfang bis zum Ende der Geschichte um die richtige Gesetzeserfüllung.

Diese eigentümliche Argumentationsstruktur des Textes tritt noch deutlicher zutage, wenn man beachtet[33], daß im Hintergrund der Erzählung das mit dem Gebot der Nächstenliebe (Lev 19,18) kombinierte Hauptgebot (Dtn 6,4f) steht[34]. In Mk 10,18, aber auch noch in Mt 19,17, wird ja deutlich auf Dtn 6,4 (der „Eine") angespielt. Und wir sahen bereits, daß Matthäus Lev 19,18 zusätzlich in den Text einbringt. Der genannte Hintergrund spielt in der Perikope vom jungen Reichen also auch für ihn eine entscheidende Rolle. Nun heißt es in Dtn 6,5, Israel solle Gott lieben „aus ganzer Kraft". „Kraft" *(me'od)* in Dtn 6,5 wird aber vom Judentum der Zeit Jesu als „Vermögen", „Kapital", „Geld" verstanden[35]. Dieses zeitgenössische Verständnis muß den urchristlichen Erzählern der Perikope (und wahrscheinlich auch noch Matthäus selbst[36]) geläufig gewesen sein. Für sie war klar: Wenn der reiche Mann die Gebote erfüllte, dabei aber sein Vermögen aus dem Spiel ließ, so liebte er Gott noch gar nicht „mit ganzer Kraft", nämlich „mit seinem ganzen Kapital". Jesu Weisung an ihn, er solle seine Güter verkaufen und ihm dann nachfolgen, mußte deshalb gerade vor dem Hintergrund des Hauptgebots als plausibel und sachgerecht erscheinen.

Mt 19,16-30 macht also innerhalb der Gesamtkomposition des Matthäusevangeliums endgültig klar: *Radikale Gesetzeserfüllung geschieht durch Nachfolge Jesu und durch nichts anderes*[37]. „Nachfolge und radikale Erfüllung des Gesetzes ist ein und dasselbe."[38] Damit ist im Grunde auch schon klar, daß nach Matthäus diese radikale Gesetzeserfüllung durch Nachfolge prinzipiell von allen Christen verlangt ist[39]. Man darf sich da durch das anscheinend anheimstellende „wenn du vollkommen sein willst..." nicht irritieren lassen. Die Vollkommenheit ist bei Matthäus – entgegen einer langen Auslegungsgeschichte[40] – durchaus kein *Rat,* sondern *Notwendigkeit* für jeden, der dem Gottesreich angehören will.

Das zeigt zunächst einmal die Frage „Was fehlt mir noch?" in Vers 20. Gemeint ist: Was fehlt mir noch, um das ewige Leben zu erlangen? Es geht also um das für jeden *zum Heil Notwendige*[41]. Das zeigt weiterhin die sorgfältig durchgeführte Parallelität zwischen den Versen 17 und 21:

wenn du in das Leben eingehen willst ... (19,17)
wenn du vollkommen sein willst ... (19,21)

Die Parallelität in der Formulierung beweist, „daß der Wille zur Vollkommenheit so wenig ins Belieben gestellt ist, wie der nach dem ewigen Leben"[42]. Es geht vielmehr um eine strikte Notwendigkeit, die jeden betrifft, der den Ruf Jesu gehört hat, also prinzipiell jeden Jünger. Daß die Vollkommenheit bei Matthäus kein „Rat" ist, zeigt aber auch 5,48 – der Text, von dem wir ausgegangen sind[43]. Denn hier wird ja den Jüngern, in denen sich nach Matthäus die spätere Kirche im vorhinein abbildet[44], und dem gesamten Volk Israel gesagt:

Seid also ihr vollkommen
wie euer himmlischer Vater vollkommen ist.

So bestürzend diese matthäische Universalierung der Nachfolge auf die gesamte Kirche sein mag, der Parallelismus von Mt 5,48 macht doch zugleich deutlich, was der Ermöglichungsgrund einer derart radikalen Forderung ist: Die Vollkommenheit, die von der Jüngergemeinde Jesu verlangt wird, hat ihre Ermöglichung in der Vollkommenheit Gottes. Damit aber zeigt sich nun endgültig, daß *teleios* nicht von der griechischen Philosophie her interpretiert werden darf. Denn die *perfectio absoluta* des göttlichen Seins anstreben zu müssen, wäre keine Ermöglichung wahrer Gerechtigkeit, sondern eher Grund zur Verzweiflung. Matthäus meint etwas anderes: Der Jünger kann sich ganz und ungeteilt dem Willen Gottes hingeben, weil sich Gott schon zuvor ganz und ungeteilt und ohne Unterschiede zu machen den Menschen zugewandt hat. „Gott läßt seine Sonne aufgehen über Bösen und Guten", heißt es ja im unmittelbaren Kontext, „er schenkt Regen Gerechten und Ungerechten" (5,45). Man muß sich freilich hüten, diese Sätze von dem bedingungslos und grundlos schenkenden Gott im Sinne einer ewigen göttlichen Eigenschaft zu verstehen. Matthäus spricht nicht vom Gott der Philosophen, sondern von dem Vater im Himmel (5,44.48), der sich in Jesus seinem Volk – und damit der Welt – endgültig zugewandt hat[45]. Diese *heilsgeschichtliche* Grundstruktur darf aus Mt 5,48 schon allein deshalb nicht ausgeklammert werden, weil ja im Hintergrund deutlich Lev 19,2 steht:

> *Sprich zu der ganzen Gemeinde der Israeliten*
> *und sage ihnen:*
> *Heilig*[46] *sollt ihr sein,*
> *weil ich, Jahwe, euer Gott, heilig bin.*

Hier meint die Heiligkeit Jahwes mit Sicherheit keine ewig-zeitlose Eigenschaft Gottes, sondern sein Anderssein, welches sich erwies, als er Israels Gott wurde, indem er es aus allen anderen Völkern aussonderte (Lev 20,26) und aus dem Land Ägypten befreite (Lev 19,36). Diesem Anderssein Jahwes, das Israel als Volk konstituiert hat, muß das Anderssein des Volkes entsprechen[47]. Israel muß im *Kontrast* zu allen übrigen Völkern leben. Eben das ist mit „heilig" gemeint[48]. Es muß in seinem Handeln das seine Existenz begründende Handeln Gottes widerspiegeln. Genau dieselbe heilsgeschichtliche Grundstruktur verbirgt sich in Mt 5,48: Gott hat sich seinem Volk in Jesus ganz und unbedingt und ungeteilt zugewandt und er fordert deshalb von seinem Volk die ganze, unbedingte und ungeteilte Nachfolge. Erst in solcher Nachfolge wird die Tora wahrhaft erfüllt.

Zusammengefaßt: Radikalität meint in Mt 5,48 und 19,21

ganzheitliche Gesetzeserfüllung in Form der Nachfolge. Diese Nachfolge ist vom gesamten Gottesvolk gefordert und ist nur deshalb möglich, weil Gott zuvor in ungeteilter Treue an seinem Volk gehandelt hat.

4. Die Ermöglichung von Radikalität

Matthäus hat also bei dem Wort *teleios* nicht das griechische Vollkommenheitsideal vor Augen, sondern die in alttestamentlicher Tradition gründende Forderung ganzheitlicher Hingabe Israels an Gott. Trotzdem wird man selbst bei dieser Konstellation noch fragen müssen: Ist dem Menschen solch radikale Ganzheitlichkeit überhaupt möglich? Ist er hierbei nicht schlechthin überfordert?

Auch dieses Problem wird von Matthäus in 19, 16–30 anhand der Gestalt des jungen Reichen behandelt. Der Reiche steht ja exemplarisch für den Menschen, der zwar alle Gebote der Tora befolgt – in irgendeiner Weise sogar das Liebesgebot –, der aber nicht in der Lage ist, Jesus nachzufolgen und so die Tora ganzheitlich zu erfüllen. Er muß traurig zu seinem Reichtum zurückkehren (19, 22). Genau das ist nach Matthäus die wahre Situation des Menschen. Daß hier nicht nur, wie es zunächst den Anschein hat, ein spezifisches Standesproblem der reichen Leute reflektiert wird, zeigt die bestürzte Reaktion der Jünger in Vers 25: „Wer kann dann noch gerettet werden?"[49] Jesus stimmt dieser Ausweitung des Problems von den Reichen auf prinzipiell alle Menschen zu, indem er antwortet: „Für Menschen ist das unmöglich, für Gott aber ist alles möglich" (19, 26). Das heißt vom Kontext her: Nachfolge, die so radikal ist, daß sie ins Reich Gottes führt, ist dem Menschen tatsächlich unmöglich. Er ist von sich aus gar nicht in der Lage, sich ganz der Sache Gottes hinzugeben. Wo ganzheitliche und wahrhaft ungeteilte Nachfolge geschieht, ist sie als Wunder allein von Gott her möglich geworden. Damit ist im Grunde schon alle „Machbarkeit" sittlicher Radikalität ausgeschlossen.

Die Bedingungen der Möglichkeit ganzheitlicher Nachfolge werden im Matthäusevangelium aber noch an anderer Stelle reflektiert. Nach Matthäus hat Radikalität nicht nur nichts mit *Machbarkeit und Moralismus*[50], sondern auch nichts mit *Heroismus* zu tun. Das Motiv des „alles Verkaufens" aus der Geschichte vom jungen Reichen wird ja bereits im Doppelgleichnis vom Schatz im Acker und der kostbaren Perle (13,44-46) angeschlagen[51]: Das erste Gleichnis erzählt, wie ein armer Taglöhner, wahrscheinlich beim Pflügen, auf einen versteckten Schatz von unermeßlichem Wert stößt. Er weiß, daß er sich den Fund juristisch nur sichern kann, wenn er zuvor den ganzen Acker erwirbt. Und so geht er hin und macht alles, was er besitzt, zu Geld und kauft den Acker. Dieses „alles Verkaufen" ist zwar ein radikaler, aber keineswegs ein heroischer Akt. Geht es doch, genau wie in dem anschließend erzählten Gleichnis von der kostbaren Perle (13,45f), um ein glänzendes Geschäft. Der Mann braucht gar nicht zu überlegen. Er handelt nicht heroisch, sondern aus tiefer Faszination. *Joachim Jeremias* schreibt völlig zu Recht[52], man habe die beiden Gleichnisse überhaupt noch nicht verstanden, wenn man in ihnen an erster Stelle eine zu heroischer Tat aufrufende Forderung sehe. Die entscheidenden Worte seien vielmehr: „vor Freude" (13,44):

Wenn die große, alles Maß übersteigende Freude einen Menschen faßt, dann reißt sie ihn fort, erfaßt sie das Innerste, überwältigt sie den Sinn. Alles verblaßt vor dem Glanz des Gefundenen. Kein Preis erscheint zu hoch. Die besinnungslose Hingabe des Köstlichsten wird zur blanken Selbstverständlichkeit. Nicht die Besitzhingabe der beiden Männer des Doppelgleichnisses ist das Entscheidende, sondern der Anlaß zu ihrem Entschluß: das Überwältigtwerden durch die Größe ihres Fundes. So ist es mit der Königsherrschaft Gottes. Die frohe Botschaft von ihrem Anbruch überwältigt, schenkt die große Freude, richtet das ganze Leben aus auf die Vollendung der Gottesgemeinschaft, wirkt die leidenschaftlichste Hingabe.

Das Doppelgleichnis 13,44-46 handelt im Sinn des Matthäus sowohl vom Reich Gottes als auch von der Nachfolge. Wenn man Mt 13,44-46 und 19,16-30 miteinander verbindet, darf man sagen: Radikale Nachfolge ist dem Menschen von sich aus unmöglich. Wenn er aber auf die Faszination des Reiches Gottes stößt, wird ihm Nachfolge nicht nur möglich, sondern sogar leicht. Damit ist von Matthäus selbst ein entscheidendes Korrektiv gesetzt, das davor schützen kann, die radikalen Forderungen der Bergpredigt *moralistisch* mißzuverstehen. Auch auf die dem Matthäus eigene Fortsetzung des *Dankes Jesu an den Vater* (11,25-27) ist in diesem Zusammenhang zu verweisen:

Kommt zu mir alle,
die ihr euch plagt und schwere Lasten tragt,
und ich werde euch Ruhe verschaffen.

Nehmt mein Joch auf euch und lernt von mir,
daß[53] *ich demütig und niedrig vor Gott*[54] *bin,*
und ihr werdet Ruhe finden für euer Leben.

Denn mein Joch ist angenehm und meine Last ist leicht.
(11,28-30)

Wieder geht es um das Problem der rechten Gesetzeserfüllung, denn die an Sir 51,23-27 anklingenden Sätze dieses sogenannten „Heilandsrufs" greifen die jüdische Rede vom „Joch der Gebote" und vom „Joch der Tora" auf[55]. Was mit den „schweren Lasten" gemeint ist, wird in Mt 23,4 ausdrücklich formuliert: Die Schriftgelehrten und Pharisäer „schnüren schwere Lasten zusammen und legen sie den Menschen auf die Schultern". Der „Heilandsruf" will vor diesem gesetzlichen Hintergrund verstanden sein[56]: Wenn man das Joch Jesu, das heißt seine Weisung, wie sie in der Bergpredigt zusammengefaßt ist, auf sich nimmt, braucht man gerade nicht mehr unter der Last eines legalistisch und moralistisch praktizierten Gesetzes zusammenzubrechen. Das gelingt freilich nur, wenn man bei Jesus selbst in die Schule geht, indem man „zu ihm kommt" und „von ihm lernt". Beides sind exakte Umschreibungen für Nachfolge und Jüngerschaft[57]. Erst in der Nachfolge Jesu läßt sich das Gesetz so erfüllen, daß es angenehm wird und in die „Ruhe" des Reiches Gottes führt. Wenn gesagt wird, daß Jesus „ein Demütiger und Niedriger vor Gott" ist, so liegt eine Anspielung auf die dritte und die erste Seligpreisung[58] vor, die nun christologisch gewendet werden: Jesus selbst ist derjenige, der radikal demütig und arm vor Gott ist, das heißt, der für sich selbst nichts will, sondern alles von Gott erwartet[59]. Wer in solcher Gesinnung ihm nachfolgend ganz in den Willen Gottes einschwingt, der kann die Tora erfüllen, ja, dem wird sie sogar zu einer sanften und angenehmen Last. So wird auch im „Heilandsruf" (11, 28–30), der neben 13, 44–46 und 19, 16–30 der wichtigste hermeneutische Schlüssel für die Bergpredigt ist, jede heroische oder moralistische Einstellung gegenüber dem Gesetz zurückgewiesen. Die Radikalität der christlichen Gebotserfüllung ist *christologisch* verankert[60] und steht deshalb jenseits von allem Moralismus.

5. *Radikalität und Bergpredigt*

Ausgangspunkt unserer bisherigen Überlegungen war Mt 5, 48. Zur Ergänzung wurden dann noch die Texte 11, 28–30; 13, 44–46 und 19, 16–30 herangezogen. Diese Textbasis ist allerdings noch zu schmal, um ein fundiertes Urteil über die Radikalität des Ethischen im Matthäusevangelium zu erhalten. Andererseits ist es natürlich unmöglich, hier das gesamte Erste Evangelium zum Thema „Radikalität" zu befragen. Wir schlagen deshalb einen Mittelweg ein und richten im folgenden noch den Blick auf die Bergpredigt des Matthäus *im ganzen*[61], also auf den weiteren Kontext von Mt 5, 48. Das ist durchaus sachgerecht. Denn einerseits läßt sich auf diese Weise nachprüfen, ob das Ergebnis, das anhand von 5, 48 gewonnen wurde, im Matthäusevangelium eine breitere Basis hat. Andererseits aber kommt mit der Bergpredigt gerade jener Textkomplex ins Spiel, bei dessen Auslegung weitaus am häufigsten von der „radikalen Forderung Jesu" gesprochen wird.

Eines sei als These sofort vorausgeschickt. Auch bei der *Gesamtkomposition* der Bergpredigt, zu der ihr Rahmen unbedingt hinzugerechnet werden muß, ist das Hauptinteresse, das Matthäus leitet, die Tora und die vollkommene, ganzheitliche Tora-Erfüllung. Aber das ist nun im einzelnen zu zeigen. Inwiefern steht die Bergpredigt in Beziehung zur Tora vom Sinai?

1. Wie die Tora Israels vom Sinai herab verkündet wurde, so wird Mt 5–7 von „dem Berge" aus verkündet. Und wie Mose in

Ex 24 mit den Ältesten des Volkes auf den Sinai stieg[62], so steigt Jesus mit seinen Jüngern auf den Berg in Galiläa. Das heißt nun freilich nicht notwendig, daß Jesus von Matthäus als „zweiter Mose" gesehen wird[63]. Es heißt zunächst einmal nur, daß die Bergpredigt in einer deutlichen Relation zur Sinai-Tora steht.

2. Integraler Bestandteil der Gesetzgebung am Sinai ist das Volk, das sich um den Gesetzesberg versammelt[64]. Ohne dieses Volk wäre die Proklamation der Tora nicht denkbar, denn ein Gesetz muß ja „veröffentlicht" werden. Nach alttestamentlicher Auffassung ist *das* Volk, in dessen Mitte die Tora promulgiert wird, Israel. Die Tora ist die Gesellschaftsordnung Israels, das sich durch sein Gesetz und seine Gesetzespraxis von allen anderen Völkern unterscheiden und so zur göttlichen Kontrastgesellschaft in der Welt werden soll[65].

Entsprechend hat auch im Matthäusevangelium die Bergpredigt ihr Volk. Wie wir bereits sahen, stellt Matthäus in einer sorgfältig komponierten Rahmung heraus, daß der Adressat der Bergpredigt Gesamt-Israel ist. Er tut dies konkret, indem er Menschen aus ganz Israel um den Berg versammelt sein läßt. Dabei sind alle Landesteile des *Israels der Väter* vertreten. Für den Nordwesten steht Galiläa, für den Nordosten das Gebiet der Dekapolis, für den Südosten Peräa und für den Südwesten Judäa mit Jerusalem (Mt 4,23–25). Heidnische Hörer werden von Matthäus bewußt ausgeschlossen. Das beweist die Streichung von Tyrus, Sidon und Idumäa aus seiner Markus-Vorlage.

3. Sehr wichtig ist die Frage, ob die Bergpredigt „neue Tora"[66] oder „Neuinterpretation" der Sinai-Tora ist[67]. Gegen die Möglichkeit „neue Tora" spricht bereits, daß der Messias nach jüdischer Auffassung überhaupt keine *neue* Tora bringt; wesentlich für die messianische Zeit ist vielmehr das vollkommene und endgültige Verstehen der Tora vom Sinai[68]. So sagt ein Midrasch im Targum zum Hohen Lied 8,1[69]:

In dieser Zeit (gemeint ist die Endzeit) wird der König Messias der Versammlung Israels offenbar werden, und die Kinder Israels werden zu ihm sagen: Komm, sei uns ein Bruder, und wir wol-

len nach Jerusalem hinaufsteigen und mit dir die Gründe der Tora saugen, so wie der Säugling an den Brüsten seiner Mutter saugt.

Gegen die Möglichkeit „neue Tora" sprechen aber noch viel eindeutiger die Antithesen der Bergpredigt. In ihnen wird eben nicht eine „neue Tora" vorgelegt, sondern die alte Sinai-Tora autoritativ neuinterpretiert[70] und konsequent auf das Liebesgebot hin ausgelegt[71]. Die Radikalisierung der Tora in den Antithesen – mit einem unglücklichen Ausdruck oft Tora-Verschärfung genannt[72] – besteht gerade darin, daß jede gesetzliche Deutung der Tora gesprengt und der Mensch ganzheitlich beansprucht wird. Diese ganzheitliche Beanspruchung gipfelt im Liebesgebot (5,43–47), das uneingeschränkte Liebe fordert, und wird am Ende der Antithesenreihe in dem oben ausführlich besprochenen Logion 5,48 noch einmal ausdrücklich thematisiert. Die Bergpredigt enthält aber noch weitere Logien, die in je verschiedener Weise die ganzheitliche Hingabe Israels fordern[73].

Am deutlichsten zeigt dies das Logion: „Niemand kann zwei Herren dienen" (6,24). Für den Jünger darf es nur ungeteilten Dienst an Gott und seiner Sache geben. Dient er neben Gott gleichzeitig seinem Vermögen oder setzt er sein Vermögen nicht ganz für die Sache Gottes ein, so lebt er bereits gespalten und geteilt. Er lebt aber auch geteilt, wenn er seine Mitmenschen einteilt in Menschen, die man lieben muß, und in Menschen, die man hassen darf (5,43–47). Er lebt geteilt, wenn er bei seinen Urteilen mit zweierlei Maß mißt: wenn er den Splitter im Auge des anderen sieht und den Balken im eigenen Auge nicht bemerkt (7,3–5). Er lebt geteilt, wenn er zu Gott als seinem Vater betet und sich gleichzeitig um Nahrung und Kleidung Sorge macht (6,25–34). Er lebt geteilt, wenn bei ihm Wort und Tat, Bekenntnis und Lebensführung nicht übereinstimmen (7,21–23). Er lebt geteilt, wenn er seine guten Werke (6,2–4), seine Gebete (6,5f) und sein Fasten (6,16–18) öffentlich zur Schau stellt, weil es ihm dann nicht nur um die Anerkennung durch Gott, sondern gleichzeitig um die Anerkennung durch Menschen geht. Er will doppelten Lohn: den von Gott und den von Menschen, und eben das macht sein Tun zwiespältig. Gespalten und geteilt wäre der Jünger aber auch, wenn er seinen Bruder zwar nicht töten würde, ihm aber zürnte (5,21f), oder wenn er einen Ehebruch zwar scheute, aber mit seinen Augen und in seiner Phantasie Ehebruch beginge (5,27f). Das erschreckende Wort, schon der begehrliche Blick auf die fremde Frau sei Ehebruch – also todeswürdiges Verbrechen (Dtn 22,22) –, wendet sich gegen eine geteilte und gespaltene Liebe. Der Jünger darf nur ungeteilt lieben, eben weil seine Existenz ganzheitlich und ungeteilt sein soll. Es liegt auf der Hand, daß solche Ganzheitlichkeit nur dann durchzuhalten ist, wenn sie ein Zentrum, eine innerste Mitte hat. Für die Bergpredigt ist die Mitte aller Ganzheitlichkeit das menschliche Herz. „Selig, die ein reines Herz haben" (5,8) ist deshalb nichts anderes als Aufforderung zu radikaler Ganzheitlichkeit[74]. Die Bergpredigt hat für diese Mitte, die überhaupt erst ungeteilte Existenz ermöglicht, noch zwei andere Bilder: das klare, lautere Auge (6,22) und das Licht im Innern (6,23). Ist das Herz des Jüngers ungeteilt, sein Auge lauter, und leuchtet das „Licht in ihm", so kann er nur noch Gutes tun. Hier gilt dann: „Ein guter Baum kann keine schlechten Früchte hervorbringen" (7,18).

Der Jünger braucht also eine *Mitte,* aus der heraus er überhaupt erst ganzheitlich existieren kann. Ganzheitlichkeit braucht aber auch ein *Ziel,* dem der Jünger sich ganz und ungeteilt hingeben kann. Sonst bliebe sein Herz leer und würde sich bald in neue Zerrissenheit verlieren. Der Jünger muß das Reich Gottes als „Schatz" haben, dem er sich mit ganzem Herzen und mit ganzer Kraft zuwenden kann. Dann gilt: „Wo dein Schatz ist, da ist auch dein Herz" (6,21). Wer den faszinierenden Schatz des Gottesreiches noch nicht gefunden hat, schafft es gar nicht, sein Herz ausschließlich und ungeteilt an eine einzige Sache zu hängen.

Doch kehren wir zurück zu unserem Ausgangspunkt! Es sollte gezeigt werden: Die Bergpredigt ist geradezu durchzogen von Logien, die letztlich die Ganzheitlichkeit des Jüngers und damit zugleich die Ganzheitlichkeit Israels zum Thema haben[75]. Entscheidend ist nun freilich, daß all diese Logien dem umfassenden Thema „Gesetzeserfüllung" dienen. Es geht nicht um eine allgemeine Anthropologie, obwohl sich von den angeführten Logien her vieles zu einer sachgerechten Anthropologie sagen ließe, sondern es geht um die Frage, wie die Sinai-Tora im Israel der messianischen Endzeit zu erfüllen ist.

4. Im Alten Testament geht der Proklamation der Tora die Proklamation des machtvollen Handelns Gottes voraus, der sein Volk aus dem Sklavenhaus Ägypten befreit hat (Ex 20,2). Vor dem Imperativ steht der Indikativ. Genauso verfährt nun aber auch Matthäus. In der groß angelegten und sorgfältig systematisierten Komposition der Kapitel 5–9 schildert er Jesus nicht nur als den „Messias des Wortes", sondern auch als den „Messias der Tat"[76]. Die *Taten* des Messias, der das Gottesvolk von seinen Krankheiten heilt (8,15f; 9,33), werden im einzelnen zwar erst nach der Bergpredigt erzählt, aber bereits mit Hilfe eines genau durchdachten Summariums im Vorbau der Bergpredigt vorweggenommen (4,23–25). Die definitive Auslegung der Sinai-Tora richtet sich also an ein Israel, an dem Gott durch seinen Messias bereits neu und wunderbar gehandelt hat[77].

5. Matthäus hat das ihm vorgegebene Erzählmaterial aus Markus so arrangiert, daß zwischen dem öffentlichen Auftreten Jesu in 4,12 und der Proklamation der Bergpredigt nur eine einzige Erzählung steht: die Berufung der Jünger in die Nachfolge (4,18–22). Diese Jünger bilden dann bei der Bergpredigt den engeren Zuhörerkreis um Jesus. Sie sind damit derjenige Teil Israels, der bereits in die Nachfolge eingetreten ist. Das übrige Volk ist gerufen, denselben Weg der Nachfolge zu gehen, um so zum wahren Israel zu werden. Tatsächlich folgen Jesus, als er vom Berg herabsteigt, große Volksscharen (8,1). Ob daraus *Nachfolge* im eigentlichen Sinn wird, bleibt zwar offen. Auf jeden Fall ist die Bergpredigt vom Thema der Nachfolge gerahmt[78].

Implizit ist das Thema aber auch in 5,17 gegeben. Denn dort wird ja gesagt, daß Jesus das Gesetz und die Propheten und damit alle Gerechtigkeit, die das Gesetz fordert (vgl. 3,15), erfüllt hat[79]. Damit ist doch auch gesagt, daß von da an alle Gesetzeserfüllung an der Gemeinschaft mit Jesus hängt. Sie ist gar nicht anders zu verwirklichen als in der Nachfolge Jesu[80]. Wir hatten gesehen, daß die Verbindung: *vollkommene Gesetzeserfüllung – Nachfolge* dann in der Perikope vom jungen Reichen (19,16–30) aufgegriffen und explizit weiterreflektiert wird. Sie ist aber bereits in der Bergpredigt selbst gegeben.

Daß Matthäus das Thema der vollkommenen Gesetzeserfüllung schon von Anfang an mit derartiger Konsequenz an das Thema der Nachfolge bindet, ist von außerordentlicher Bedeutung. So tritt nämlich die *geschichtliche Dimension* vollkommener Tora-Erfüllung zutage. Radikaler Gesetzesgehorsam hat nach Matthäus eine eindeutige *Situierung*: Er ist unlösbar an die Nachfolge Jesu von Nazaret gebunden. In Jesus hat sich Gott seinem Volk endgültig zugewandt, um es von seinen Sünden zu erlösen (1,21), und deshalb ist erst in der Nachfolge Jesu vollkommene Hinwendung Israels zu Gott, also radikale Tora-Erfüllung, möglich.

6. Wenn man so formuliert, wird allerdings deutlich, daß „vollkommene Hinwendung zu Gott" mit „radikaler Tora-Erfüllung" noch gar nicht hinreichend beschrieben sein kann. Denn die definitive Zuwendung Gottes zu seinem Volk, die in Jesus geschieht, ist mehr als nur eschatologische Neuinterpretation der Sinai-Tora. Die Antwort Israels auf die radikale Zuwendung Gottes kann deshalb auch nicht allein radikale Gesetzeserfüllung sein. Das hat Matthäus gewußt, und gerade deshalb bestimmt er alle Gesetzeserfüllung zusätzlich durch den Begriff der Nachfolge. Er tut aber noch ein weiteres: Er verwendet nicht nur den Begriff der „Gerechtigkeit", der bei ihm ganz in die Koordinaten „Gesetz" und „Gesetzeserfüllung" hineingehört, sondern macht darüber hinaus den „Willen des Vaters" zu einem besonderen Thema seines Evangeliums[81]. Vgl. 6,10; 7,21; 12,50; 18,14; 21,28-32; 26,39.42. Mit dem *Tun des Willens Gottes* ist zwar das Thema „Gesetzeserfüllung" noch mitumfaßt (vgl. vor allem 7,21 par Lk 6,46), andererseits aber doch auch entscheidend überschritten[82]. Denn der Wille Gottes ist letztlich der *Heilswille*, ja sogar der *Heilsplan* Gottes, in den sich Israel hineinbegeben muß. Jüngersein ist bei Matthäus identisch mit „den Willen des Vaters tun" – das zeigt die Perikope von den wahren Verwandten Jesu (12,46-50) in ihrer matthäischen Gestaltung[83]. Der Jünger aber muß einschwingen in den Willen Gottes, damit dieser sich durchsetzen kann – so wie Jesus sich in Getsemani in

den Willen Gottes hineinbegab (26, 39.42). Genau darum wird im Vaterunser gebetet (6, 10)[84], und das Vaterunser steht nicht nur exakt in der Mitte der Bergpredigt, es ist ihre Mitte.

6. Die gesellschaftliche Dimension der Bergpredigt

Der vorangegangene Abschnitt ist etwas ausführlicher auf das Gesamt der Bergpredigt eingegangen – nicht nur, weil so die vorgelegte Exegese von Mt 5, 48 bestätigt und auf eine breitere Basis gestellt wird, sondern vor allem auch deswegen, weil die aktuelle Diskussion um die Bergpredigt, die uns seit dem Aufbruch der Friedensbewegung in Atem hält, entscheidende Aspekte von Mt 5–7 übersieht, die eigentlich gar nicht zu übersehen sind. Gemeint ist folgendes:

Die Bergpredigt gilt nicht dem isolierten Einzelnen, sie gilt aber auch nicht primär der Menschheit im allgemeinen. Sie ist keine „Allerweltsforderung". Ihr eindeutiger Adressat ist das Gottesvolk, das von Jesus als ganzes in die Nachfolge gerufen wird. Damit ist bereits klar, daß man die Bergpredigt unserer pluralistischen Gesellschaft nicht als Gesetz überstülpen kann: Nachfolge läßt sich nicht verordnen[85].

Nun zeigt Matthäus, daß die Nachfolge, in die das Volk Gottes gerufen ist, gerade darin besteht, die von Jesus neu interpretierte Sinai-Tora zu leben. Diese, vom Evangelisten so klar herausgearbeitete Relation von Mt 5–7 zur Sinai-Tora ist für das richtige Verständnis der Bergpredigt von eminenter Bedeutung. Es hat nämlich Konsequenzen, wenn die Bergpredigt keine *neue* Tora, sondern die definitive Auslegung der *alten* ist:

Dann sind zum Beispiel die provozierenden Worte Jesu in der Bergpredigt keine *Normen* (wogegen ja auch noch manches andere spricht), sondern Maßstäbe und Richtlinien für die sachgerechte Auslegung und Aktualisierung der Sinai-Tora, die in der Kirche unter der Führung des Heiligen Geistes ständig neu zu geschehen hat.

Weiterhin: Wenn die Bergpredigt Auslegung der Sinai-Tora ist, wäre es ein schlimmes Mißverständnis, ihr die soziale und gesellschaftliche Relevanz abzusprechen. Die Bergpredigt ist durchaus gesellschaftlich relevant; Jesus will ja die Tora, die Sozialordnung Israels, nicht aufheben, sondern erfüllen (5,17). „Erfüllen" meint im Zusammenhang von 5,17-20 und vor dem Hintergrund der matthäischen Theologie insgesamt „zur Ganzheit bringen", „zum Abschluß bringen", „endgültig Wirklichkeit werden lassen", in ihrer „innersten Intention realisieren"[86]. Es ist zwar unbedingt richtig, daß Matthäus die eigentliche Intention der Tora gerade dadurch herausstellt, daß er sie auf das Liebesgebot konzentriert[87] und ihre vollkommene Erfüllung vom Begriff der Nachfolge her bestimmt. Aber das heißt keineswegs, daß er Teile der Tora herauslöst und für abgeschafft erklärt[88]. Es geht Matthäus um die Tora als ganze; kein Jota und kein Häkchen darf von ihr weggenommen werden (5,18). Matthäus versteht das aus einer extrem judaistischen Tradition übernommene Logion 5,18 zwar nicht mehr legalistisch; er interpretiert es durch 5,17. Aber sein hartnäckiges Festhalten am Gesamt der Tora ist doch ein deutlicher Hinweis, daß diese *als Gesellschaftsordnung* nicht in Frage gestellt werden darf. Sie muß zwar im Licht der Weisungen Jesu (besonders der Antithesen der Bergpredigt) interpretiert werden, aber sie verliert keineswegs ihren sozialen Charakter[89]. Gesellschaftlich relevant ist die Bergpredigt dann freilich nicht für die weltliche Gesellschaft – jedenfalls nicht unmittelbar –, sondern für die Kirche, die als die *Kontrastgesellschaft Gottes* die Sozialordnung der Bergpredigt für die Welt transparent machen müßte. Genau das meint Matthäus, wenn er die Jünger als das Salz der Erde, als das Licht der Welt und als die Stadt auf dem Berg bezeichnet (5,13f). Die Bergpredigt hat also durchaus universale Bedeutung für die Völker, aber sie hat sie nur vermittelt über die Kirche, die zeichenhaft mit dem vorangeht, was Gott für die gesamte Welt will.

7. Radikalität und Geschichte

Soviel zur Bergpredigt im ganzen! Die bereits von Mt 5,48 her gewonnenen Ergebnisse haben sich bestätigt. Das von den Exegeten so gern und häufig verwendete Wort „Radikalität" trifft einen Sachverhalt, der bei Matthäus eine äußerst wichtige Rolle spielt. Die ethische Forderung der Bergpredigt ist radikal. Und zwar in dem Sinn, daß für die von Jesus definitiv auf das Liebesgebot hin ausgelegte Tora eine *ganzheitliche* und *ungeteilte* Gesetzeserfüllung in der Form der Nachfolge verlangt ist. Diese ausschließliche und unbedingte Hinwendung des ganzen Menschen zu Gott ist nach Matthäus nur möglich in dem zur Jüngergemeinde gewordenen Volk Gottes. Und sie ist nur möglich, weil Gott selbst die Initiative ergreift, sich seinem Volk vorbehaltlos zuwendet und durch die Faszination des Reiches Gottes die Menschen bewegt.

Die Frage ist nun freilich: Darf man diese an das Gottesvolk ergehende Forderung zur ganzheitlichen Tora-Erfüllung in Form von Nachfolge wirklich eine *radikale* sittliche Forderung nennen? Nach B. Schüller nicht, und deshalb müssen wir nun noch einmal auf seinen so wichtigen und anregenden Artikel zurückkommen. Erinnern wir uns: B. Schüller betont nachdrücklich, daß mit der Rede von der radikalen Forderung keineswegs eine *kategorische* Forderung gemeint sein könne, denn dann sei eine bare Selbstverständlichkeit ausgesagt: Jede sittliche Forderung sei ihrem Wesen nach kategorisch, weil es gerade das Proprium der sittlichen Forderung sei, unbedingt und absolut zu gelten. Genau in diesem Zusammenhang geht B. Schüller nun auch auf die Bergpredigt ein und schreibt[90]:

> *Aller Wahrscheinlichkeit nach ist es der Skopus der beiden ersten Antithesen, den wirklichen Sinn der ethischen Forderung, ihren fundamentalen Unterschied von der bloß rechtlichen Forderung wieder klar zum Bewußtsein zu bringen. Heißt das die sittliche Forderung „radikalisieren"? Keineswegs. Gewiß, die Forderung menschlichen Rechts beansprucht nur die Tat, die sittliche Forderung Gesinnung und Tat, den ganzen Menschen in seiner Substanz. Aber das aussprechen bedeutet nur, die der sittlichen Forderung als solcher eigene Radikalität zum Bewußtsein bringen.*

Falls B. Schüller mit dieser Überlegung recht hat, dann muß die Rede von der Radikalisierung des Ethos durch Jesus in Zukunft vermieden werden, denn wir haben ja gesehen, daß bei Matthäus mit Radikalität genau das gemeint ist, was Schüller hier anspricht: die Beanspruchung des „ganzen Menschen in seiner Substanz".

Hat B. Schüller also recht? Offenbar hat er auf einer Ebene recht und auf einer anderen Ebene unrecht. Auf der abstrakten Ebene einer Analyse des Begriffs „sittlich", welche längst die christlichen Erfahrungen voraussetzt, sich dessen an dieser Stelle aber nicht immer und nicht notwendig bewußt ist, hat er recht: Es gehört für uns heute tatsächlich zum Wesen der sittlichen Forderung, daß sie den ganzen Menschen bis in die letzte Tiefe seiner Existenz hinein beansprucht. Insofern ist jede sittliche Forderung – ist sie wirklich sittlich – auch radikal, und insofern kann es, immer auf dieser abstrakten, zeitlosen Ebene gesprochen, in der Bergpredigt keine Radikalisierung des Ethos geben.

Aber bekommt man, wenn man nur auf dieser abstrakt-zeitlosen Ebene argumentiert, überhaupt die ganze Wirklichkeit des Menschen zu Gesicht? Auffällig ist ja bereits, daß bei solch abstrakten Feststellungen der Moraltheologie meist vom *Einzel*menschen oder vom Menschen *schlechthin* gesprochen wird. Daß jeder Einzelne verstrickt und hineingebunden ist in eine ganz bestimmte Gesellschaft und daß diese Gesellschaft in einer ganz bestimmten Unheils- oder Heilsgeschichte steht, müßte gerade auch an dieser Stelle verhandelt werden.

Aber die Abstraktion geht oft noch viel weiter: Eine allzusehr abstrahierende Ethik ist nicht nur in Gefahr, den Einzelnen aus der ihn tragenden, seine Freiheit ermöglichenden oder verhindernden Gesellschaft herauszulösen, sondern ihn darüber hinaus auch noch in einzelne sittliche Akte zu atomisieren, die dann je für sich in ihrer ethischen Qualität betrachtet werden. Diese Vereinzelung und Atomisierung des sittlichen Subjekts wird in einer teleologischen Betrachtungsweise zwar erfreulich durchbrochen, aber noch keineswegs überwunden.

Um nicht mißverstanden zu werden: Die Notwendigkeit solcher Abstraktionen ist nicht zu bestreiten. Auch die Bibel kann ja in dieser Weise abstrahieren. Sie verliert aber – selbst in ihrer diffizilsten Rechtskasuistik, die durchaus eine hohe Abstraktion darstellt – die gesellschaftliche und geschichtliche Dimension des Menschen niemals aus dem Blick. Sie weiß, daß es eine Unheilsgeschichte der Welt und der Völker gibt. Sie weiß, daß die menschlichen Gesellschaften krank und korrupt sind. Sie behauptet, daß Gott in immer neuen Anläufen den Versuch gemacht hat, sich unter den Völkern ein Volk zu schaffen, das Gesellschaft in seinem Sinne wäre – bis ihm in Jesus dieses Wunder gelungen ist. Sie weiß, daß der Mensch, seitdem dieses Wunder in der Welt ist, immer dann, wenn er in der Gemeinschaft des Gottesvolkes Jesus nachfolgt, seine eigenen Interessen um der Sache Gottes willen vergessen kann. Ja, sie behauptet in geradezu anstößiger Weise: Wer an das in Jesus geschehene Wunder glaubt und ihm nachfolgt und dabei sein eigenes Leben verliert, gewinnt schon mitten in dieser Welt sein Leben, das heißt, er gelangt zu jener neuen Ganzheit, in der endlich Freiheit möglich ist und in der dann eben auch *das* möglich ist, was die Ethiker später den wahrhaft sittlichen Akt genannt haben [91].

Die Bibel ist zutiefst überzeugt, daß diese wahre Freiheit, in welcher der Mensch sich überhaupt erst selbst findet, nur dort gelingen kann, wo er sich zuvor selbst vergessen konnte – und zwar deshalb, weil er sich ganz vom Reich Gottes faszinieren ließ. Die Bibel ist aber auch überzeugt, daß sich das Reich Gottes nicht im luftleeren Raum ereignet und erst recht nicht allein und ausschließlich in der Innerlichkeit des Einzelnen. Die Faszination des Reiches Gottes und damit das Aufblühen wahrer Freiheit kann sich nur dort ereignen, wo Menschen in Einmütigkeit als Volk Gottes jene neue Gesellschaft leben, die Gott will. Erst dann kann jeder Einzelne radikal vom anderen her denken, weil alle gemeinsam von der Sache Gottes her denken. Erst dann erfüllt sich das, was die Tora immer gewollt hat.

Was B. Schüller über den sittlichen Akt sagt, ist also von der Bibel her durchaus richtig. Dort, wo sich das eigentlich Sittliche ereignet, ist stets der ganze Mensch mit Gesinnung und Tat bis in seine letzte Tiefe hinein betroffen. Insofern ist jede wahrhaft sittliche Tat radikal und damit natürlich auch jede wahrhaft sittliche Forderung. Was bei seinem Versuch, die Radikalität der Forderungen Jesu zu analysieren, aber entschieden zu kurz kommt, ist die Situiertheit dieser Forderungen an einer ganz bestimmten Stelle der menschlichen Heils- beziehungsweise Unheilsgeschichte. Jesus ist zutiefst überzeugt – der Kürze halber sei hier einmal die an sich notwendige Unterscheidung zwischen dem historischen Jesus und dem Jesus der Evangelien übergangen –, daß sich *jetzt*, in der Stunde seines Auftretens, Gott selbst in einer letzten und radikalen Liebe den Menschen zuwendet. Und deshalb ist für Jesus erst *jetzt* die völlig ungeteilte Hinwendung des Menschen zu Gott möglich – in einer Radikalität, die von der Faszination getragen ist, die endlich voller Freiheit ist und die ihren bleibenden Ort im Gottesvolk hat[92]. Vor Jesus fliehen die Dämonen der Unfreiheit, und sie müssen auch überall dort fliehen, wo an ihn geglaubt wird. Der Begriff der Radikalität hat von diesem Augenblick an eine neue Tiefe, ja sogar erst seinen eigentlichen Sinn bekommen. Man könnte auch sagen: Er hat seinen eschatologischen Ort erhalten. Erst in Jesus hat sich enthüllt, was der radikale sittliche Akt schon immer sein sollte. Diese *heilsgeschichtlichen* beziehungsweise *eschatologischen* Koordinaten nimmt B. Schüllers Beitrag von 1971 nicht genügend ernst. Die Aporien sind deshalb unvermeidbar.

B. Schüller verwendet erst in späteren Veröffentlichungen zwei Begriffe, die ihm zumindest die Möglichkeit böten, die Dimension des Geschichtlichen in sein analytisches Denken einzubringen. Er unterscheidet nämlich sorgfältig zwischen der *Genese* und dem *Wahrheitswert* (beziehungsweise der *Geltung*) einer sittlichen Einsicht[93]. Diese Unterscheidung soll sicherstellen, „daß die von Jesus gelebte und ausgelegte sittliche Forderung den Bereich möglicher Vernunfterkenntnis" keineswegs übersteigen muß[94]. B. Schüller macht damit die *Genese* sittlich bedeutsamer Einsichten von geschichtlichen Bedingungen abhängig: etwa von der Wertblindheit oder der existentiellen Aufgeschlossenheit eines Menschen, von der Intensität seiner Umkehr, von seiner sittlichen Gesamtbefindlichkeit[95]. Man könnte noch hinzufügen: Relevant für die Genese sittlicher Einsichten sind auch die Wertblindheit oder Aufgeschlossenheit von Epochen, die Umkehrbereitschaft ganzer Völker, die sittliche Gesamtbefindlichkeit der jeweiligen Gesellschaft.

Ist nach B. Schüller die richtige Einsicht aber einmal erreicht, wobei „die Bedeutung der jüdisch-christlichen Offenbarung schwerlich überschätzt werden" kann[96], so öffnet sich diese sittliche Einsicht prinzipiell der natürlichen Vernunft, ja sie *ist* dann gnoseologisch stets eine Einsicht der natürlichen Vernunft.

Man braucht nun diese Unterscheidung in *Genese* und *Geltung* einer sittlichen Einsicht nur auf das Problem der Radikalität anzuwenden, so lösen sich die von B. Schüller so scharf herausgestellten Aporien: Die Einsicht, daß der Mensch in jedem sittlichen Akt ganz und unteilbar gefordert ist, hätte dann ihre Geschichte (Genese) gehabt. Höhepunkt dieser Geschichte war die von Jesus gelebte Ganzheitlichkeit der Hingabe an den Willen des Vaters. Insofern konnte erst von Jesus an der sittliche Akt in einem letzten und tiefsten Sinn als unbedingter (= radikaler) Akt gedacht werden, und insofern darf von einer Radikalisierung der sittlichen Forderung durch Jesus gesprochen werden. Jesus hat somit definitiv aufgedeckt, was der Mensch und seine Sittlichkeit eigentlich ist. Er hat das, was der Mensch schon immer war beziehungsweise schon immer sein sollte, zur Einsicht gebracht. Man darf wohl ruhig sagen, daß diese definitiv aufgedeckten Strukturen des Sittlichen dann auch natürlich-philosophisch erkannt werden können. Sie gehören ja zum wahren Wesen des Menschen, das nun endlich offenliegt.

Nur wird man sofort hinzufügen müssen, daß die von Jesus bewirkte Erschließung des wahren Wesens oder der wahren Natur des Menschen auch sofort wieder zugeschüttet und verdunkelt werden kann: durch Sünde, mangelnde Umkehr und Trennung von der Kirche, die seit Jesus der bleibende Ort der Aufdeckung der eigentlichen Möglichkeiten des Menschen ist. Das, was B. Schüller die Genese einer sittlichen Einsicht nennt, ist also nicht ein zeitlich begrenzter Vorgang, der irgendwann abgeschlossen ist und dessen Ergebnis von da an wie eine technische Erfindung ständig zur Verfügung steht, sondern ein permanenter Prozeß, dessen Ergebnis immer wieder neu errungen werden muß. Die „natürliche" Intelligibilität sittlicher Erkenntnisse ist stets aufs höchste gefährdet. Sie braucht einen „Ort", wo jene Geschichte, die einst zur definitiven Einsicht geführt hatte, bleibend aufbewahrt ist, konkret: wo die Worte Jesu ständig erinnert und seine Taten unablässig weitererzählt werden, wo seine Hingabe an den Willen des Vaters in der *memoria* vergegenwärtigt und wo seine Nachfolge gelebt wird. Dieser „Ort" aber kann nur die Kirche sein. Sie ist der geschichtliche Ort, der es überhaupt erst ermöglicht, daß die Natur des Menschen und das wahre Wesen seiner Sittlichkeit „natürlich"-intelligibel bleibt. Deshalb leben alle Einsichten der christlichen Ethik, mögen sie noch so „natürlich"-intelligibel erscheinen und auch sein, letztlich von den Nachfolge-Erfahrungen christlicher Gemeinden.

8. *Radikalität und Kompromiß*

Erst nach all diesen Überlegungen können wir es wagen, den in der neueren theologischen Ethik vieldiskutierten Begriff des Kompromisses[97] mit dem aus dem Matthäusevangelium gewonnenen Begriff der Radikalität zu konfrontieren. Eines muß dabei von vornherein gesagt werden: Wenn die radikale Forderung Jesu Forderung zur Ganzheit der Jünger in der Nachfolge ist, so kann es gerade hierin keinen Kompromiß geben. Aus der *ganzen Hingabe* dürfte niemals eine *Teilhingabe* werden. Insofern ist man berechtigt, ja gezwungen, von *kompromißloser* Nachfolge zu sprechen. Und deshalb müssen gegenüber dem Begriff „Kompromiß" Bedenken angemeldet werden, zumindest wenn er im Kontext einer an der Bibel orientierten Sprache undifferenziert verwendet wird. Die Rede vom Kompromiß kann dann allzuleicht im Sinne einer nur *partiellen* Antwort des Menschen auf den Ruf Gottes mißverstanden werden.

Freilich ist damit noch längst nicht alles gesagt. Denn der Begriff „Kompromiß" läßt sich differenziert verwenden. Für seine differenzierte Verwendung sollte man von vornherein zwei Bereiche auf das strikteste unterscheiden: die *Entscheidungsfindung* einerseits und die *Praxis*, in der die gefundenen Entscheidungen realisiert werden, andererseits. Für den Bereich der Entscheidungsfindung ist erneut zu unterscheiden: Es kann sich hier nämlich um die *intrapersonale* Urteils- und Entscheidungsfindung im einzelnen Subjekt, es kann sich aber auch um die *interpersonale* Entscheidungsfindung in einem Sozialgebilde handeln[98]. Für diesen letzten Fall ist noch einmal zu unterscheiden. Wir müssen nämlich mit ganz verschiedenen Formen von Sozialgebilden rechnen: auf der einen Seite mit pluralistischen Sozialgebilden wie der modernen Gesellschaft, auf der anderen Seite mit einem Sozialgebilde, wie es die Kirche nach neutestamentlichem Verständnis darstellt. Hier ist durch Glaube und Nachfolge eine Form von Sozialisation gegeben, bei welcher der Interessenausgleich, wie er in komplexen Gesellschaften notwendig ist, keine Rolle spielt oder (vorsichtiger gesagt) keine Rolle spielen dürfte [99]. Die aufgezählten Unterscheidungen ergeben folgendes Schema:

A. Entscheidungsfindung
  1. intrapersonal, das heißt im Einzelsubjekt
  2. interpersonal, das heißt in einem Sozialgebilde
     a) in einem pluralistischen Sozialgebilde
     b) in der Kirche
B. Entscheidungspraxis

Anhand dieses Schemas läßt sich nun die Frage, wie weit der Begriff des Kompromisses sinnvollerweise reichen kann, differenziert beantworten: Für den Bereich der bereits getroffenen und nun zu praktizierenden Entscheidung (B) kommen Kompromisse sittlich nicht in Frage, denn sie bedeuten ja an dieser Stelle Halbherzigkeit, fehlendes Engagement, Inkonsequenz, Bruch von Vereinbarungen, kurz: das, was wir an früherer Stelle Mangel an Ganzheitlichkeit genannt haben. Positiv formuliert: Ist eine Entscheidung nach allen Regeln richtiger Entscheidungsfindung getroffen worden, so muß sie auch ganzheitlich (= radikal) vollzogen werden. Vorausgesetzt ist dabei selbstverständlich, daß keine neuen Umstände auftreten, welche die Sachgerechtheit der getroffenen Entscheidung in Frage stellen. Wäre dies der Fall, so müßte die Entscheidung selbst annulliert oder zumindest modifiziert werden. Aber die der Entscheidung folgende Ausführung hat stets radikal zu sein; hier kann es überhaupt keine Kompromisse geben.

Anders liegen die Dinge im Bereich der Entscheidungsfindung selbst (A): Hier sind Kompromisse wenigstens prinzipiell möglich, denn sie schließen die spätere Radikalität im Bereich der praktizierten Entscheidung, von der gerade die Rede war, ja keineswegs aus. Selbstverständlich muß Radikalität auch auf der Ebene der Entscheidungsfindung ihren Ort haben. Aber nicht in der Weise, daß sie eine Güterabwägung ausschließt, sondern daß sie den Horizont der möglichen Entscheidungen radikal erweitert: Die neuen Möglichkeiten, die sich aus der Nachfolge Jesu für den Einzelnen oder für die Gemeinschaft ergeben, müßten als verheißungsvolle, reale Möglichkeiten klar vor Augen stehen und in allen zu treffenden Entscheidungen erwogen werden. Eine solche Güterabwägung könnte, je nach den Umständen, sehr wohl auf einen Kompromiß hinauslaufen; ist dieser eine sachgerechte, sittlich verantwortete Entscheidung, so kann und muß er anschließend radikal gelebt werden. Insofern hat man mit Recht behauptet, daß Radikalität und Kompromiß durchaus zusammengehen könnten [100]. Eine ganz andere Frage ist freilich, ob die Rede vom Kompromiß glücklich und empfehlenswert ist, selbst wenn man sie – wie es hier geschieht – streng auf den Bereich der Entscheidungsfindung (A) einschränkt.

Im Falle der *intrapersonalen* Urteils- und Entscheidungsfindung (A 1) wird die Problematik in der traditionellen katholischen Moraltheologie nämlich unter einer anderen Nomenklatur diskutiert [101] – zum Beispiel in der Lehre vom kleineren Übel *(minus malum)* oder von den Handlungen mit doppelter Wirkung *(actus duplicis effectus)*, aber auch bei all dem, was unter dem Stichwort „Probabilismus" behandelt wird. Nun könnte man natürlich diese gesamte Diskussion auch unter der Überschrift „Lehre vom sittlichen Kompromiß" führen. Man muß jedoch sehen, daß der Begriff des intrapersonalen Kompromisses vor allem durch *Helmut Thielicke* massiv von Axiomen spezifisch protestantischer Dogmatik geprägt worden ist. Nach H. Thielicke kann der Mensch keine der absoluten und unbedingten Forderungen Gottes, die in der Bergpredigt verkündet werden, erfüllen. Die sündige Wirklichkeit der Welt zwingt ihn bei prinzipiell allem, was er tut, zu schlechten Kompromissen. So ist der Mensch ständig und in allem Sünder [102]. Ein solches Verständnis der Bergpredigt ist von der Bibel her unhaltbar. Darüber hinaus generalisiert und pervertiert die Position Thielickes aber auch den Begriff „Kompromiß" in einer unerträglichen Weise [103]. Doch gerade H. Thielicke hat dem Begriff in der theologischen Ethik zum Durchbruch verholfen [104], und es ist die Frage, ob die Rede vom Kompromiß, wenigstens im intrapersonalen Bereich, die damit erhaltene Prägung je los wird. Sollte man deshalb nicht schlicht und theologisch unmißverständlich für diesen Bereich wie bisher von „Güterabwägung" sprechen?

Ganz anders liegt der Fall bei der Entscheidungsfindung in pluralistischen Sozialgebilden (A 2 a). Hier wird der Begriff seit langem verwendet, hier ist er sinnvoll, und von hier aus ist er auch in die theologische Ethik übernommen worden[105]. Sein eigentlicher Sitz im Leben ist die Rechts- und Verfassungsdiskussion sowie der Interessenausgleich innerhalb des neuzeitlichen Verfassungsstaates. Im Hintergrund steht dabei folgendes Modell: Die moderne komplexe Gesellschaft impliziert ein Nebeneinander der heterogensten Gruppen und Wertpositionen. Aus diesem Nebeneinander kann nur dann eine funktionsfähige Gesellschaft werden, wenn jede Gruppe ein Stück der eigenen Interessen zurückstellt. Das *Recht* auf die eigenen Interessen bleibt dabei prinzipiell bestehen. Die Interessen werden lediglich partiell zurückgenommen, damit überhaupt so etwas wie Gesellschaft möglich wird. Diese Zurücknahme geschieht im Kompromiß.

Genau das ist nun aber nicht das biblische Bild von Gesellschaft. Die Kontrastgesellschaft Gottes, von der die alttestamentlichen Propheten gesprochen haben und von der Jesus und die Apostel sprechen, wird gerade dadurch möglich, daß alle von den Interessen Gottes her denken und so ihre eigenen Interessen vergessen. Anders formuliert: Indem alle einmütig von Gott beziehungsweise vom Reich Gottes her denken, machen sie die Interessen der anderen zu ihren eigenen Interessen. Es findet also kein Interessenausgleich statt[106], sondern ein radikales Denken von Gott und vom anderen her, was dann freilich *de facto* auch für die eigenen Interessen das Beste ist.

Nun ist allerdings zu vermuten, daß in irgendeiner Form in jedem einigermaßen funktionierenden Gemeinwesen die Dinge – wenigstens teilweise – schon immer ähnlich verlaufen. Sonst würde es sehr schnell auseinanderbrechen. Wahrscheinlich ist ein Sozialverhalten ausschließlich nach dem Muster des *do ut des* für eine Gesellschaft auf die Dauer tödlich. Jede Gesellschaft wird wohl immer mitgetragen von den vielen, die solidarisch nach den Interessen der anderen fragen. Trotzdem spielen in der komplexen modernen Gesellschaft jene Kompromisse, in denen reiner Interessenausgleich stattfindet, eine außerordentliche Rolle. Hier jedenfalls hat das Wort „Kompromiß" seinen Sitz im Leben; von hier aus ist es geprägt. Deshalb muß man sich fragen, ob es für die christliche Ethik ein gutes Wort ist. Es mag gut und unentbehrlich sein für eine *naturrechtlich* orientierte Sozialethik. Aber ist es auch gut für eine *christliche* Ethik? Diese sollte sich doch primär mit dem spezifischen Ethos des Gottesvolkes beschäftigen, das als *Glaubensethos* die neue Erfahrung christlicher Gemeinden voraussetzt.

9. *Radikalität und Barmherzigkeit*

Wir hatten nach dem möglichen Sinn von Radikalität im Evangelium gefragt. Ausgangspunkt aller Überlegungen war Mt 5,48 gewesen. Von diesem Text her konnte Radikalität bei Matthäus als ganzheitliche und ungeteilte Gesetzeserfüllung in Form von Nachfolge definiert werden. Bei unseren Erörterungen ergab sich, daß Radikalität von Heroismus, Moralismus und, was die Entscheidungspraxis angeht, auch vom Kompromiß zu unterscheiden ist.

Am Ende bleibt nun noch die Aufgabe, Radikalität von *Rigorismus* abzugrenzen. An sich ist das sogar ansatzweise schon geschehen. Wir waren ja auf den Text Mt 11,28–30 mit seiner christologischen Transformation der 1. und 3. Seligpreisung gestoßen. Mt 11,28–30 sagt, daß das Gesetz eine sanfte Last ist, wenn man in der Nachfolge Jesu ein Demütiger und Niedriger vor Gott wird, das heißt, wenn man von sich und für sich selbst nichts erwartet, sondern ganz für Gott lebt und alles von ihm erhofft. Damit ist im Grunde bereits jeder ethische Rigorismus ausgeschlossen.

Zu betonen ist in diesem Zusammenhang aber auch noch die Rolle, die das Thema der *Barmherzigkeit* im Matthäusevangelium spielt. Die 5., wohl von Matthäus selbst formulierte Seligpreisung lautet:

Selig die Barmherzigen,
denn sie werden Barmherzigkeit finden (5, 7).

Und allein Matthäus erzählt die Parabel von dem unbarmherzigen Beamten, der von seinem Herrn größte Barmherzigkeit erfährt und sofort danach gegenüber seinesgleichen brutal unbarmherzig ist (18,23-35). Zu vergleichen sind darüber hinaus die Texte 6,14f; 9,13; 12,7; 18,21f; 23,23 und 25,31-46 [107]. In 23,23 heißt es in einem Kontext, in welchem es ausdrücklich um die richtige Erfüllung der Tora geht [108]:

Weh euch,
ihr Schriftgelehrten und Pharisäer,
ihr Heuchler!
Ihr verzehntet Minze, Dill und Kümmel
und laßt das Gewichtigste im Gesetz außer acht:
Gerechtigkeit, Barmherzigkeit und Treue.

Schließlich zeigt ein Blick in die Synopse, daß jenes für uns so entscheidende Logion Mt 5,48 bei Lukas die Form hat:

Seid barmherzig,
wie euer Vater barmherzig ist (6,36).

Die Ausleger neigen dazu, die lukanische Fassung als ursprünglich anzusehen [109]. Das ist nicht mehr so selbstverständlich, wie es scheinen möchte, wenn man begriffen hat, was das Wort „vollkommen" eigentlich meint: die radikale, ungeteilte Hinwendung des Menschen zu Gott. Dieses Motiv ist so sehr jesuanisch, daß man sich ernsthaft fragen muß, ob nicht vielleicht doch Matthäus die ältere Fassung des Logions bietet [110]. Andererseits steht *teleios* bei Matthäus im Zentrum einer problembewußten Reflexion über das Wesen wahrer Gesetzeserfüllung und der bleibenden Geltung der Tora. Diese Reflexion aber dürfte matthäisch sein. Falls dies richtig ist, dann hat Matthäus oder ein vormatthäischer Tradent in unserem Logion „barmherzig" durch „vollkommen" ersetzt. Auch dies wäre dann noch einmal ein Indiz, wie wenig Radikalität und Barmherzigkeit einander ausschließen. Wer Nachfolge radikal lebt, lebt aus der unbedingten Liebe Gottes, der sich dem Menschen voll Barmherzigkeit zugewandt hat, und muß deshalb mit allen anderen und zuletzt auch noch ein Stück mit sich selbst barmherzig sein. Radikalität hat mit Rigorismus zutiefst nichts zu tun.

10. Zusammenfassende Thesen

Zum Schluß seien die wichtigsten Ergebnisse zum Thema „Radikalität" knapp zusammengefaßt:

1. Radikalität im Sinne des Matthäusevangeliums ist die ganzheitliche Erfüllung des Gesetzes in der Form der Nachfolge Jesu. Solch ganzheitliche Hingabe an Gott und an das Reich Gottes bis in die tiefste Tiefe der Existenz ist für den Menschen aus eigenen Kräften unmöglich. Wo sie geschieht, ist sie als Wunder von Gott her möglich geworden. Radikalität hat deshalb nichts mit *Machbarkeit* und *Moralismus* zu tun.

2. Radikalität im Sinne des Matthäusevangeliums setzt das Handeln Gottes voraus. Sie hat deshalb ihren geschichtlichen Kairos. Sie ereignet sich nicht *beliebig* und *jederzeit*. Matthäus macht das auf narrativer Ebene deutlich, indem er den Forderungen der Bergpredigt die Taten des Messias vorangehen läßt.

3. Radikalität im Sinne des Matthäusevangeliums setzt die Faszination am Reich Gottes voraus. Weil sie aus der Faszination entspringt, hat sie nichts mit *Heroismus* zu tun. Matthäus macht diesen Bezug zwischen Faszination und Radikalität im Gleichnis vom Schatz im Acker deutlich. Der Mann, der hingeht und alles verkauft, damit ihm der Acker mitsamt dem Schatz gehört, handelt nicht heroisch, sondern voll *Freude*. Er kann gar nicht anders, oder besser: Er will gar nicht anders. Er kann sich gar nichts Besseres denken.

4. Die Faszination am Reich Gottes ist nur in der Gemeinschaft freiwilliger Nachfolge vermittelbar: Das Reich Gottes setzt ein Volk Gottes voraus. Deshalb ist der genuine Ort biblischer Radikalität das *Volk Gottes* beziehungsweise die *Kirche*. Radikalität ist nicht die Sache von Einzelkämpfern. Matthäus läßt demgemäß die Bergpredigt an das Volk Gottes gerichtet sein.

5. Wenn im Volk Gottes einer des anderen Last mitträgt, werden die radikalen Forderungen der Bergpredigt erfüllbar. Matthäus wagt es sogar, die Forderungen Jesu als *leichte Last* zu bezeichnen (11, 28-30). Das sind sie allerdings nur dann, wenn die Jünger nicht mehr sich selbst verwirklichen, sondern in „De-

mut und Niedrigkeit vor Gott" nur noch dessen Willen tun wollen.

6. Die Radikalität der Nachfolge bezieht sich deshalb nicht allein auf das Halten der Gebote. Hinter allen Geboten steht der Plan, den Gott mit der Welt hat. Wenn im Neuen Testament vom Willen Gottes die Rede ist, ist oft der Heilsplan Gottes gemeint. Die Vaterunserbitte „Dein Wille geschehe!" meint nicht in erster Linie: „Laß uns deine Gebote erfüllen!", sondern: „Setz deinen Plan mit der Welt durch!" Radikal handeln heißt deshalb nicht allein Gebote erfüllen, sondern auf den Plan Gottes mit der Welt eingehen. Auch aus diesem Grund ist Radikalität kein *Moralismus* und die Kirche keine *moralische Anstalt*.

7. Radikalität und Barmherzigkeit sind keine Gegensätze. Radikalität der Nachfolge heißt immer auch, daß der Jünger Jesu radikal barmherzig sein muß. Deshalb hat Radikalität im biblischen Sinn nichts mit *Rigorismus* oder *Fanatismus* zu tun.

TEIL IV
Weshalb verlangt die Bergpredigt notwendig eine Kontrastgesellschaft?

1. *Auslegungsaporien der Bergpredigt*

Über die Berufung der Kirche, Kontrastgesellschaft zu sein, spricht das Neue Testament vom Anfang bis zum Ende[1]. Wo immer die Verfasser der neutestamentlichen Schriften von der Kirche reden, setzen sie voraus, daß sie anders ist als die heidnische Gesellschaft – nicht nur in ihrem Ursprung, sondern auch in ihrem Wesen und in ihrem Ziel. Die neutestamentlichen Autoren verwenden zwar nicht das Wort „Kontrastgesellschaft" – aber die Sache, die das Wort meint, ist in ihren Texten ständig gegenwärtig. Es gäbe viele Wege, die Allgegenwärtigkeit dieser einen Sache im Neuen Testament aufzuweisen. Man könnte bei fast jeder neutestamentlichen Schrift ansetzen, zum Beispiel beim letzten Buch des Neuen Testaments, das von der Kirche als der neuen, endzeitlichen Weltgesellschaft im Bilde einer *Stadt* spricht, die vom Himmel auf die Erde herabkommt (Offb 21,1 – 22,5)[2]. Wir wählen hier jedoch um des Themas unseres Buches willen das Matthäusevangelium mit seiner Bergpredigt (Mt 4,23 – 8,1). Im folgenden soll gezeigt werden: Die *Bergpredigt fordert eine Kontrastgesellschaft.*

Die Bergpredigt fordert Kontrastgesellschaft zunächst einmal in dem Sinn, daß man sie, ohne den Begriff der Kontrastgesellschaft einzuführen, nicht sachgerecht auslegen kann. Die Existenz von Kirche als Kontrastgesellschaft ist also die Bedingung der Möglichkeit, die Bergpredigt überhaupt verstehen und leben zu können. Mit dem Satz „Die Bergpredigt fordert eine Kontrastgesellschaft" sind aber nicht nur die Implikationen der matthäischen Bergpredigt gemeint. Gemeint ist darüber hinaus: Der Text der Bergpredigt spricht auch explizit von der Kirche als einer Kontrastgesellschaft: Er fordert die Jüngergemeinde dazu auf, Kontrastgesellschaft zu sein. Allerdings tut er das in der ihm eigenen *biblischen* Sprache.

Wenn wir uns in dieser Weise auf die Bergpredigt konzentrieren, hat das einen großen Vorteil: Wir beschäftigen uns dann mit einem Text, der in den vergangenen Jahren öffentliche Aufmerksamkeit erregt hat. Solche Aufmerksamkeit ist in einer Gesellschaft, die mehr und mehr heidnisch wird, alles andere als selbstverständlich. Der Grund für die neue Sensibilität gegenüber der Bergpredigt ist klar: Seit es die Menschheit in der Hand hat, sich selbst zu vernichten, müssen an die Art, wie in der Welt Politik gemacht wird, kritischere und radikalere Fragen gestellt werden als je zuvor. Läßt sich die globale Katastrophe bei einer Weltpolitik, die weitgehend auf massiver Gewaltandrohung beruht, noch aufhalten? Die Bergpredigt bietet hier ein Kontrastprogramm: Gewaltverzicht statt Vergeltung, Feindesliebe statt Haß, Wahrhaftigkeit statt Lüge, Vertrauen und Sorglosigkeit statt Angst, Versöhnung statt Durchsetzen des eigenen Rechts. Die Frage ist nur: Kann man mit einem solchen Programm Politik machen? Noch grundlegender gefragt: Kann man mit solchen Prinzipien gesellschaftliche Wirklichkeit bauen? In dieser Frage stehen sich heute trotz einer langen Diskussion nach wie vor zwei Positionen unversöhnt gegenüber:

Die eine Position drängt darauf, die Bergpredigt endlich in allen gesellschaftlichen Bereichen und nicht nur im Privaten ernst zu nehmen, damit die Trennung von Religion und Politik beendet wird. Sie fordert deshalb radikale Umkehr der gesamten Gesellschaft und eine Politik im Geist der Bergpredigt. In nahezu reiner Form hat diese Position zuletzt *Franz Alt* in seinem Buch „Frieden ist möglich. Die Politik der Bergpredigt" vorgetragen. F. Alt ist überzeugt[3]:

Man kann vielleicht eine gewisse Zeit Religion und Politik, Politik und Privatleben und Beruf voneinander trennen, aber auf Dauer kann man nicht schizophren leben. Die heute in der Politik so beliebte Trennung von Gesinnungs- und Verantwortungsethik ist eine Schizophrenie mit bösen Folgen. Diese Trennung ist eine Spaltung. Sie ermöglicht, daß sich viele Politiker in ihrem

Privatleben als Christen verstehen, aber mit Jesus von Nazaret in der Politik nichts anzufangen wissen. Sie glauben sentimental an ihn, erklären ihn aber politisch zum Deppen. Er ist gut für Sonntagsreden und Weihnachtsansprachen, im politischen Alltag sei er aber leider nicht zu gebrauchen, heißt es. So kommt es, daß manche Politiker den Meister der Gewaltlosigkeit im Munde führen und zugleich den atomaren Holocaust vorbereiten.

An anderer Stelle behauptet F. Alt[4]:

Die Geschichte der Bergpredigt hat nicht stattgefunden. Sie ist die Geschichte der Verdrängung ihrer Forderungen. Interessant und verständlich ist, daß bis heute versucht wird, die Bergpredigt zu entschärfen: Kirchenführer und Theologen entschuldigen sich noch immer für die Konsequenz des jungen Nazareners.

Die zweite Position wurde klassisch von *Max Weber* in seiner Schrift „Politik als Beruf" formuliert. Sie besagt: Mit der Bergpredigt ist keine Politik zu machen und erst recht keine Gesellschaft zu bauen. Denn politisches Handeln heißt gerade, für andere *verantwortlich* tätig zu werden. Verantwortungsethos aber verträgt sich nicht mit dem Gewaltverzicht der Bergpredigt. M. Weber schreibt[5]:

Mit der Bergpredigt – gemeint ist: die absolute Ethik des Evangeliums – ist es eine ernstere Sache, als die glauben, die diese Gebote heute gern zitieren. Mit ihr ist nicht zu spaßen. Von ihr gilt, was man von der Kausalität in der Wissenschaft gesagt hat: sie ist kein Fiaker, den man beliebig halten lassen kann, um nach Befinden ein- und auszusteigen. Sondern: ganz oder gar nicht, das gerade ist ihr Sinn, wenn etwas anderes als Trivialitäten herauskommen soll. Also z. B. der reiche Jüngling: „Er aber ging traurig davon, denn er hatte viele Güter." Das evangelische Gebot ist unbedingt und eindeutig: gib her, was du hast – alles, schlechthin. Der Politiker wird sagen: eine sozial sinnlose Zumutung, solange es nicht für alle durchgesetzt wird. Also: Besteuerung, Wegsteuerung, Konfiskation, – mit einem Wort: Zwang und Ordnung gegen alle. Das ethische Gebot aber fragt danach gar nicht, das ist sein Wesen. Oder: „Halte den anderen Backen hin!" Unbedingt, ohne zu fragen, wieso es dem anderen zu-

kommt, zu schlagen. Eine Ethik der Würdelosigkeit – außer: für einen Heiligen: Das ist es: man muß ein Heiliger sein in allem, zum mindesten dem Wollen nach, muß leben wie JESUS, die Apostel, der heilige FRANZ und seinesgleichen, dann ist diese Ethik sinnvoll und Ausdruck einer Würde. Sonst nicht. Denn wenn es in Konsequenz der akosmistischen Liebesethik heißt: „dem Übel nicht widerstehen mit Gewalt", – so gilt für den Politiker umgekehrt der Satz: du sollst dem Übel gewaltsam widerstehen, sonst – bist du für seine Überhandnahme verantwortlich.

Gewaltverzicht kann sich nach M. Weber also höchstens ein Heiliger leisten, auf jeden Fall immer nur ein Einzelner, der fern jeder öffentlichen Verantwortung seiner Gesinnung lebt[6]. Die Bergpredigt kann deshalb nur in einem privaten, individuellen Bereich Geltung beanspruchen.

Diese Position Max Webers, die genau wie die Franz Alts ihre lange Vorgeschichte hat, wurde in vielen Spielarten variiert, hat sich aber in einem erstaunlichen Maß durchgehalten. Da Theologen die Weltverantwortung des Christen nicht aufgeben wollen – sie dürfen es auch gar nicht –, sagen sie meist, die Bergpredigt fordere zunächst den Einzelnen, freilich solle der Einzelne dann in die Gesellschaft hineinwirken und sie nach den Weisungen Jesu zu verändern suchen[7]. Fragt man genauer nach, müssen sie allerdings zugeben, daß die Gesellschaft ganz anderen Gesetzen folgt. Für das „Hineinwirken in die Gesellschaft" bleibt daher bei dieser Lösung am Ende nur ein sehr flüchtiger und nebuloser „Geist der Bergpredigt" übrig.

Inzwischen ist es höchste Zeit für die Einsicht, daß beide Positionen in dieser Form falsch sind und unsere Not nicht beseitigen können. Sie haben die Bibel und vor allem den Text der Bergpredigt selbst gegen sich. Allerdings hätten sich beide Positionen niemals so hartnäckig halten können, wenn nicht jede von ihnen etwas völlig Richtiges gesehen hätte: Die erste Position hat darin recht, daß die Bergpredigt nicht auf Gesinnungsethik reduziert und nicht privatistisch auf den individuellen Bereich des Einzelnen eingeengt werden darf. Franz Alt ist deshalb unbedingt zuzustimmen, wenn er sich gegen die Verharmlosung der gesellschaftlichen Dimension der Bergpredigt wendet. Er trifft aufs genaueste die Intention der Bergpredigt, wenn er formuliert[8]:

Die neue Botschaft Jesu ist ein Angriff auf die alte Gesellschaft, sie fordert ein neues Sozialverhalten.

Wenn er allerdings die Forderungen der Bergpredigt vorschnell und völlig undifferenziert in der Politik befolgt sehen möchte und damit die Gesamtgesellschaft zum *unmittelbaren* Adressaten der Bergpredigt macht, verkennt er die viel präzisere Adressatenbestimmung der Bergpredigt und macht seine Position unannehmbar.

Denn darin hatte nun andererseits Max Weber völlig recht: Mit den Prinzipien der Bergpredigt, zum Beispiel mit dem Prinzip der Gewaltlosigkeit, läßt sich nicht regieren. Jedenfalls nicht in *der Art* von Gesellschaft, die normalerweise gemeint ist, wenn wir von Gesellschaft reden. In ihr kann das gesellschaftliche Chaos, der Kampf aller gegen alle, letztlich nur durch das Gewaltmonopol des Staates verhindert werden – im Idealfall durch das Gewaltmonopol eines Staates, der gerechte Gesetze durch eine rechtmäßig richtende Justiz und durch rechtmäßig handelnde Vollzugsorgane schützt. Um es ganz simpel zu sagen: Polizisten dürfen – entgegen Mt 5,39 – auf gar keinen Fall bei der Ausübung ihres Dienstes auch noch die andere Backe hinhalten, Richter müssen – entgegen Mt 5,39 – dem Bösen widerstehen, und Politiker müssen – entgegen Mt 6,34 – Vorsorge treffen: für den nächsten Tag und sogar langfristig für die kommenden Jahrzehnte. In all dem hat Max Weber, in all dem hat die zweite Position völlig recht.

Wenn aber nun die erste Position darin recht hat, daß die Bergpredigt gesellschaftlich gemeint ist, und wenn die zweite Position darin recht hat, daß die Prinzipien der Bergpredigt in der in der Welt üblichen Form von Gesellschaft gar nicht gelten dürfen, dann ist die Bergpredigt entweder utopisch und unrealisierbar[9], oder sie verlangt mit zwingender Notwendigkeit einen Realisierungsbereich, der nicht mit der Gesamtgesellschaft identisch ist, der aber doch so strukturiert ist, daß in ihm die gesellschaftliche Dimension der Bergpredigt öffentlich gelebt werden kann.

Dieser gesellschaftliche Bereich dürfte dann allerdings gerade kein *Teilbereich* der Gesamtgesellschaft sein. Er müßte nach einem anderen Bauplan gebaut sein als die übrige Gesellschaft. Diejenigen, die ihm angehörten, lebten ja ihr soziales Leben nach anderen Prinzipien. Um bei dem Beispiel der Gewaltlosigkeit zu bleiben: Ob eine Gesellschaft letztlich durch das Gewaltmonopol des Staates in Frieden gehalten wird oder ob sie ihren Frieden durch fortwährende Versöhnung findet, die immer wieder neu Einmütigkeit schenkt, ist ein radikaler Unterschied, der bis zu den tiefsten Wurzeln hinabreicht, aus denen sich Gesellschaft überhaupt entwirft. Wo Versöhnung, Liebe und Einmütigkeit maßgebender Anfang und bleibendes Grundprinzip menschlichen Handelns wären, entstünde von selbst Kontrastgesellschaft. Denn es würde ja dann eine andere Art von Welt errichtet, eine ganz andere Sinnwelt aufgebaut; was Wirklichkeit sein soll, würde anders bestimmt. Und die Soziologen *Peter L. Berger* und *Thomas Luckmann* sagen in ihrer Arbeit „Die gesellschaftliche Konstruktion der Wirklichkeit" zu Recht: „Kontrast-Bestimmungen von Wirklichkeit brauchen Kontrast-Gesellschaften"[10]. Sonst läßt sich die Kontrast-Bestimmung von Wirklichkeit nicht durchhalten.

2. Urchristliche Sprachmöglichkeiten für Kontrastgesellschaft

Ist das bisherige Ergebnis, das noch gar nicht unmittelbar anhand des Textes selbst, sondern anhand von Auslegungs-Aporien der Bergpredigt gewonnen wurde, exegetisch zu verifizieren? Fordert der matthäische Text selbst eine Kontrastgesellschaft? Bevor wir uns jetzt dieser Frage zuwenden, sei noch einmal betont: Wir haben keinerlei Berechtigung zu erwarten, daß das Wort „Kontrastgesellschaft", das erst im 20. Jahrhundert geschaffen wurde, schon im Neuen Testament begegnen könnte.

Das Phänomen „Gesellschaft" ist in neutestamentlicher Zeit zwar längst im Blick. *Aristoteles* nennt die von den Griechen entwickelte Gesellschaft der Polis eine *politikē koinōnia*[11], wovon sich – nebenbei gesagt – der neuzeitliche Begriff der „bürgerlichen Gesellschaft" ableitet. Cicero übersetzt mit *societas civilis* oder *communitas civilis*.

Der Begriff der *Gesellschaft* ist also in neutestamentlicher Zeit als sozialphilosophischer Begriff längst vorhanden. Aber es sollte nach Abschluß der neutestamentlichen Schriften noch über hundert Jahre dauern, bis die christlichen Theologen damit anfingen, ihr Kirchenverständnis in philosophischer Terminologie zu formulieren. Möglicherweise war *Hippolyt von Rom* der erste, der es versuchte. Er definiert in seinem um das Jahr 204 entstandenen Danielkommentar die Kirche als *systēma hagiōn en alētheiaj politeuomenōn* (In Dan I 18,7)[12]. Es ist kein Zufall, daß in dieser Definition mit dem Verb *politeuein* (= Bürger sein, als Glied einer Bürgerschaft leben) exakt jenes Stichwort wiederauftaucht, von dem alle griechischen Gesellschaftsdefinitionen ausgehen: die Polis. Aber noch aufschlußreicher ist das erste Wort der Definition: *systēma*. *Systēma* ist im Griechischen der Staat, in einem weiteren Sinn die Gesellschaft oder der Sozialverband, die Vereinigung oder die Genossenschaft, in einem noch weiteren Sinn jede Ganzheit, die durch eine Verfassung oder eine andere klar erkennbare Struktur geordnet ist[13]. Offenbar will Hippolyt sagen: Die Kirche ist „ein Sozialverband von Heiligen, die ihre Bürgerschaft in der Wahrheit leben" oder kürzer: Die Kirche ist „heilige Gesellschaft, die in der Wahrheit lebt"[14]. Wenn man beachtet, daß „heilig" in der jüdisch-christlichen Tradition der eigentliche Kontrastbegriff zum Profanen ist, so ist klar, daß Hippolyt mit diesem Satz die Kirche exakt als Kontrastgesellschaft definiert hat.

Eine vergleichbare Definition gibt es im Neuen Testament noch nicht, und sie ist auch gar nicht zu erwarten. Was in den neutestamentlichen Schriften zu erwarten ist, sind Erzähl- und Redestrukturen, die den Begriff der Kontrastgesellschaft voraussetzen, zum Beispiel das paränetische Schema „Einst – Jetzt"[15] oder aber Bilder und Begriffe, die der alttestamentlich-jüdischen Tradition entstammen und oft schon eine lange theologische Vorgeschichte hatten, bis die neutestamentliche Kirche sie dann übernahm. Ein solcher Begriff ist zum Beispiel der des „Gottesvolkes", der so stark geprägt ist, daß er in der Bibel meist in der einfachen Form *ho laos* – „das Volk" begegnet.

Wir haben uns seit dem 2. Vatikanischen Konzil derart an den Begriff „Gottesvolk" gewöhnt und verwenden ihn so häufig, daß er inzwischen schon wieder abzublassen beginnt. Wir kommen gar nicht auf die Idee, daß für die einstigen jüdischen und christlichen Rezipienten in dem theologischen Begriff des Volkes das mit ausgedrückt war, was wir heute als „Gesellschaft" bezeichnen. Selbst das Konzil war sich dessen nicht mehr bewußt: Es definiert nämlich im 1. Kapitel der Konstitution „Lumen gentium" die Kirche als *societas,* also als „Gesellschaft" (8), und dann, ganz neu ansetzend, im 2. Kapitel derselben Konstitution als „messianisches Volk Gottes" (9).

Von der Sache her gesehen gehören aber beide Begriffe in einen viel engeren Zusammenhang. Denn „Volk Gottes" ist im Alten Testament weder identisch mit jenem Staat, der unter König David entstanden war, noch ist es einfach gleichzusetzen mit so etwas wie einer *religiösen Gemeinschaft der Jahwegläubigen.* Mit den alttestamentlichen Staatenbildungen darf der Begriff des Volkes Gottes deshalb nicht gleichgesetzt werden, weil Israel über lange Phasen seiner Geschichte gar kein Staat gewesen ist [16]. Andererseits war es in seiner Geschichte mehr als nur eine Gemeinschaft im selben Glauben.

Der ausschlaggebende soziologische Indikator[17] dafür, daß wir den alttestamentlichen Begriff des Volkes Gottes als „Gesellschaft" zu interpretieren haben und daß Israel diesen Begriff selbst so verstand, ist das *Gesetz,* das nach jüdischem Verständnis den entscheidenden Teil der Schrift bildet. Nach *Norbert Lohfink*[18] ist die Tora

> *in einem uns Christen oft kaum ins Bewußtsein dringenden Ausmaß an Israel als gesellschaftlicher Größe interessiert. Sie sammelt Rechtssammlungen, die fast Gesellschaftsentwürfe sind, aus verschiedensten Jahrhunderten Israels und fügt sie zu einem mehrschichtigen und höchst komplizierten Gesamtsystem zusammen.*

Die Rechts- und Sozialordnung der Tora ist es, die Israel zur Gesellschaft formt und es so überhaupt erst zum Volk Jahwes, zur Gesellschaft Jahwes macht. Nach alttestamentlichem Verständnis schuf sich Gott sein Volk, indem er es aus Ägypten, dem Inbegriff der alten Gesellschaft, befreite, es durch die Wüste führte und ihm am Sinai die Tora gab.

Soviel zum Begriff des Volkes Gottes im Alten Testament! Die wenigen und viel zu knappen Bemerkungen sollten lediglich verdeutlichen, mit welchen sprachlichen Problemen man zu tun bekommt, wenn man das Phänomen der Kontrastgesellschaft in der Bibel untersucht. Man muß gerade in dem Zusammenhang, um den es hier geht, damit rechnen, daß jahrhundertealte Lesegewohnheiten den ursprünglichen Sinn eines Begriffes wie den des Volkes Gottes in Richtung einer spiritualisierenden Verinnerlichung oder aber einer vordergründigen Identifikation mit dem Staat verschoben haben.

Die Bemerkungen zum Begriff des Volkes Gottes sollten zugleich die exegetische Behandlung der Bergpredigt vorbereiten. Denn die nächste Frage muß nun lauten: In welchem Verhältnis steht die Bergpredigt zum Volk Gottes? Noch präziser gefragt: Ist das Volk Gottes der eigentliche Adressat der Bergpredigt?

3. Das Gottesvolk als Adressat der Bergpredigt

Matthäus hat in 4,23 – 5,2 die Bergpredigt mit einem relativ langen Vorbau versehen, in welchem er die äußeren Umstände der großen Rede und deren Publikum beschreibt. Dieser Vorbau ist von ihm sowohl literarisch als auch theologisch äußerst konsequent gestaltet worden, obwohl er dabei vorgegebenes Material aus dem Markusevangelium verwendet hat.

Von der ethnischen Situation Palästinas her gesehen wäre es für Matthäus ein leichtes gewesen, Vertreter der Heidenwelt unter das Publikum der Bergpredigt zu mischen und so die universale Relevanz der Rede vom Berg für alle Völker und alle Gesellschaften exemplarisch herauszustellen. Denn es gab ja in Galiläa selbst Großstädte mit gemischter Bevölkerung – man denke nur an Tiberias oder Sepphoris – und gar nicht weit entfernt im Norden begann das Gebiet der heidnischen Städte Tyrus und Sidon.

Aber auch vom Erzähltechnischen her hätte Matthäus sehr leicht ein Predigtpublikum mit Repräsentanten der Heidenwelt inszenieren können. Denn in dem Traditionsmaterial aus dem Markusevangelium, das er für den Vorbau der Bergpredigt versatzstückartig verwendete, kamen bereits Menschen aus Tyrus und Sidon und aus dem im Süden gelegenen Idumäa, das ebenfalls Assoziationen an das Heidentum wecken mußte, vor. Der entscheidende Text aus dem Markusevangelium lautet:

> *Jesus zog sich mit seinen Jüngern an den See zurück, und eine große Menge aus Galiläa folgte ihm. Auch aus Judäa, aus Jerusalem und Idumäa, aus dem Gebiet jenseits des Jordan und aus der Gegend von Tyrus und Sidon kam eine große Menge zu ihm, als man von all dem hörte, was er tat (Mk 3, 7f).*

Matthäus ist nun folgendermaßen vorgegangen: Er hat aus diesem ihm vorgegebenen Text die heidnischen Gebiete getilgt und nur die Gebiete des alten Israel übernommen. Was er damit erreicht, liegt auf der Hand: Die Bergpredigt richtet sich so an Hörer aus allen Landesteilen des alten Israel: *Galiläa* vertritt den Nordwesten, die *Dekapolis* den Nordosten, *Judäa* mit Jerusalem den Südwesten und das *Gebiet „jenseits des Jordan"* den Südosten. Das ganze Israel der Väter ist also bei der Bergpredigt vertreten, um die Forderung Gottes an das endzeitliche Israel zu hören. Und damit ganz deutlich wird, daß allein *Israel* der direkte Adressat der Bergpredigt ist, tut Matthäus noch ein Weiteres: Er verwendet in dem so sorgfältig komponierten Vorbau der Bergpredigt das Wort *laos,* den *terminus technicus* der Bibel für das Gottesvolk (Mt 4, 23).

Aufgrund dieser Beobachtungen haben wir nun ein erstes exegetisches Ergebnis gewonnen: Die matthäische Bergpredigt richtet sich nicht *unmittelbar* an die Heiden, sondern an Israel. Ihr *direkter* Adressat ist das Volk Gottes. Selbstverständlich denkt Matthäus universal. Er möchte durchaus, daß alle Völker der Welt von der Bergpredigt erfahren und sie leben (vgl. Mt 28, 19 f). Insofern gilt die Bergpredigt *mittelbar* auch allen Heiden. Die Heiden können über die Bergpredigt aber nur dann belehrt werden und sie können sie nur dann leben, wenn sie bereit sind, sich selbst dem Gottesvolk anzuschließen – konkret: Jünger zu werden (vgl. wiederum: Mt 28, 19 f). Insofern bleibt Matthäus trotz des universalen Horizonts seiner Theologie eindeutig bei dem, was er im Vorbau der Bergpredigt innerhalb konkreter Erzählung herausstellt: Die Bergpredigt richtet sich an Israel, das zum wahren, endzeitlichen Gottesvolk werden soll.

4. Das Gottesvolk der Bergpredigt als Gesellschaft

Damit stellt sich nun freilich noch einmal die Frage: Darf dieses Volk, dem die Bergpredigt gilt, als „Gesellschaft" verstanden werden? Es ist ja nicht von vornherein ausgemacht, daß die Überlegungen, die wir oben für das Alte Testament angestellt hatten, auch für das Neue gelten. Hat der neutestamentliche Glaube das „Gesellschaft-Sein" des Alten Testaments nicht gerade überwunden? Hat er die alttestamentlichen Gesellschaftsstrukturen nicht gerade hinter sich gelassen und schweigt er nicht zum Thema „Weltverantwortung"? So wird zum Beispiel von *David Seeber*[19] und *Heinz Schürmann*[20] gefragt. Und innerhalb der protestantischen Theologie gab und gibt es immer wieder Stimmen, die das neutestamentliche Gottesvolk primär als *societas in cordibus,* als rein geistige Gemeinschaft, verstehen wollen. Alles Sichtbare und Institutionelle sei der Kirche äußerlich und habe mit ihrem wahren Wesen nichts zu tun. Es war wohl kein Zufall, daß sich diese Stimmen in Deutschland besonders zu der Zeit verstärkten, als der Soziologe *Ferdinand Tönnies* gegen Ende des 19. Jahrhunderts scharf zwischen *Gemeinschaft* und *Gesellschaft* unterschied[21]. Für Tönnies war die Gesellschaft mit ihren zweckrationalen Strukturen gegenüber der bergenden und natürlich gewachsenen Gemeinschaft durchaus minderwertig. Wie leicht mußte es sich in einer Zeit, die so dachte, aufdrängen, auch das neutestamentliche Volk Gottes als Glaubensgemeinschaft von allem Gesellschaftlichen abzusetzen.

Hat Matthäus das Volk der Bergpredigt so verstanden? Oder hat er es als Gesellschaft verstanden? Das ist die eigentliche Frage, und ihr haben wir uns jetzt zuzuwenden.

Bei dem Versuch, diese Frage zu klären, soll jener soziologische Indikator für Gesellschaft ins Spiel gebracht werden, von dem bereits die Rede war: die Existenz einer umfassenden Rechtsordnung in der betreffenden „Gruppe"[22]. Selbstverständlich gab es in der Geschichte der Menschheit Gesellschaften ohne Rechtsordnungen. Man darf also nicht behaupten: Gesellschaft gibt es ausschließlich dort, wo eine Rechtsordnung (oder gar: wo eine kodifizierte Rechtsordnung) vorliegt. Wohl aber darf man sagen: Jede „Gruppe", die eine eigene Rechtsordnung besitzt, ist auf jeden Fall und a fortiori als Gesellschaft zu betrachten.

Nun liegt für das alttestamentliche Gottesvolk die Existenz einer solchen Rechtsordnung klar auf der Hand: Die Tora vom Sinai ist ein ganzer Kosmos von Gesetzen; sie stellt eine umfassende Rechts- und Sozialordnung dar. Gibt es eine vergleichbare Rechtsordnung auch für das neutestamentliche Gottesvolk? Sollte dies der Fall sein, dürfte man es „Gesellschaft" nennen. In unserem konkreten Zusammenhang müßte sich beweisen lassen, daß nach Auffassung des Matthäus die Hörer der Bergpredigt auf eine wirkliche Rechts- und Sozialordnung verpflichtet werden. Läßt sich das zeigen?

Anscheinend nicht, denn die Bergpredigt selbst ist ja alles andere als eine Rechts- und Sozialordnung. Nicht nur, daß sie weite Bereiche des sozialen Lebens übergeht – sie scheint darüber hinaus sogar das Recht selbst prinzipiell in Frage zu stellen. Kann es noch Recht geben, wenn gilt: „Ihr sollt dem Bösen nicht widerstehen" (Mt 5,39)? Die Schwierigkeiten, die gesellschaftliche Struktur des neutestamentlichen Gottesvolkes mit Hilfe des soziologischen Indikators „Rechtsordnung" zu beweisen, scheinen also unüberwindbar. Trotzdem soll im folgenden nichts weniger als dies gezeigt werden: Das Gottesvolk der Bergpredigt wird auf eine umfassende Rechts- und Sozialordnung verpflichtet – und dies herauszustellen ist sogar eine der wichtigsten Zielsetzungen des Matthäus.

5. Die Bergpredigt und das Gesetz vom Sinai

Man verbaut sich von vornherein jede Lösung der gerade geschilderten Problematik, wenn man die für das neutestamentliche Gottesvolk gesuchte Rechtsordnung *in der Bergpredigt selbst* finden möchte. Die Bergpredigt ist tatsächlich keine Rechtsordnung. Sie ist aber eine höchst prägnante Zusammenstellung von Interpretationsprinzipien *für eine bereits vorgegebene Rechts- und Sozialordnung,* nämlich für die Sinai-Tora. Die von uns für das neutestamentliche Gottesvolk gesuchte Gesellschaftsordnung ist also nichts anderes als das Gesetz vom Sinai – aber nicht einfach in der Form, wie es im Pentateuch vorliegt, sondern in seiner eschatologischen Neuinterpretation durch die Interpretationsregeln der Bergpredigt. Das ist natürlich zunächst nicht mehr als eine unbewiesene These. Diese These soll nun im folgenden in drei Schritten bewiesen werden.

1. Die Bergpredigt steht in einem unlösbaren Bezug zum Gesetz vom Sinai. Das zeigt sich bereits an der unmittelbaren Einleitung der Bergpredigt. Sie lautet:

> *Als er* (sc. Jesus) *die Scharen sah, stieg er auf den Berg. Und nachdem er sich gesetzt hatte, traten seine Jünger zu ihm (Mt 5, 1).*

„Er stieg auf den Berg" ist eine Reminiszenz an das Buch Exodus. Dort wird an mehreren Stellen mit genau derselben Wendung gesagt, daß Mose vor der Gesetzgebung den Gesetzesberg bestieg. Wie einst die *Proklamation* der Tora erfolgt also jetzt die eschatologische *Interpretation* der Tora von „dem Berg" aus. Und wie damals das Gottesvolk um den Gesetzesberg versammelt war, sind jetzt um den Berg der messianischen Tora-Auslegung Vertreter aus allen Landesteilen Israels versammelt. Die endzeitlich-definitive Tora-Auslegung Jesu geschieht in voller Öffentlichkeit. Sie wird ver-öffentlicht, wie das alttestamentliche Gesetz ver-öffentlicht wurde.

Daß die Bergpredigt tatsächlich diesen Bezug zur Sinai-Tora aufweist, zeigen dann weiterhin ihre sogenannten *Antithesen.* Nicht weniger als sechsmal wird in diesen Antithesen die Formel variiert:

> *Ihr habt gehört, daß zu den Alten gesagt wurde ...*
> *Ich aber sage euch ...*

Gemeint ist: „Ihr habt gehört, daß Gott am Sinai zu der Wüstengeneration Israels gesagt hat ... ich selbst aber sage euch jetzt ..."

Über den ungeheuerlichen Anspruch, den diese Formel impliziert, ist in unserem Zusammenhang nicht zu reden – für uns ist jetzt nur wichtig, daß hier ein klarer Bezug zwischen Sinaigesetz und Bergpredigt hergestellt wird. Allerdings wäre dieser Bezug allein aufgrund der Antithesen noch nicht völlig eindeutig zu bestimmen. Man könnte ja immer noch schwanken: Ist die Bergpredigt autoritative Auslegung der alten Tora oder ist sie eine völlig neue Tora, die der alten scharf entgegengesetzt wird? Auch diese Frage wird von Matthäus thematisiert und klar entschieden. Wir sind damit bei unserem zweiten Schritt angelangt:

2. Die Bergpredigt verlangt die Beobachtung des gesamten Gesetzes vom Sinai. Matthäus macht das im Text noch vor den sechs Antithesen deutlich, damit diese nicht in Richtung „neue Tora" verstanden werden können. Der entscheidende Text lautet:

Glaubt ja nicht, ich sei gekommen, das Gesetz oder die Propheten aufzuheben. Ich bin nicht gekommen, um aufzuheben, sondern um zu erfüllen. Amen, ich sage euch: Bis Himmel und Erde vergehen, wird kein Jota und kein Zierstrich vom Gesetz vergehen – bis ans Weltende nicht (wörtlich: bis alles geschehen ist). Wer auch nur eines von den kleinsten Geboten aufhebt und die Menschen entsprechend lehrt, der wird im Himmelreich als der Kleinste gelten. Wer die Gebote (der Tora) aber hält und zu halten lehrt, der wird als Großer gelten im Himmelreich (5,17–19).

Matthäus verwendet in diesem Abschnitt teilweise älteres Traditionsmaterial, das bereits kirchliche Debatten um die Weitergeltung der Tora voraussetzt. Die Position, die hinter Vers 18 steht, ist extrem judaistisch: Bis ans Weltende darf in der Kirche auch nicht der kleinste Buchstabe der Tora außer Geltung gesetzt werden. Die Position hinter Vers 19 ist ebenfalls judaistisch, aber vielleicht etwas moderater: Sie rechnet mit der Aufhebung bestimmter Teile der Tora in bestimmten kirchlichen Gruppen. Diese Gruppen werden in der Kirche zwar als Randgruppen toleriert, aber es wird doch klargestellt, daß sie einst im vollendeten Gottesreich einen minderen Rang haben werden. Auch die Position hinter Vers 19 setzt also die Geltung der gesamten Tora in der Kirche voraus. Wenn Matthäus beide Positionen zitiert, dann gewiß nicht, um sie zurückzuweisen. Wenn er das gewollt hätte, hätte er sie einfach verschweigen können. Er zitiert beide Positionen, weil er selbst größten Wert darauf legt, daß in der Kirche weiterhin die gesamte Rechts- und Sozialordnung Israels in Geltung bleibt. Kein Jota und kein Zierstrich an der Tora darf außer Kraft gesetzt werden. Ja, Matthäus verschärft das Ganze sogar zunächst noch. Er legt Jesus nämlich in dem sich anschließenden Vers 20 die Worte in den Mund:

Denn ich sage euch: Wenn eure Gerechtigkeit (das heißt: eure Gesetzesbeobachtung) nicht (noch) viel besser (wörtlich: überfließender) ist als die der Schriftgelehrten und Pharisäer, werdet ihr in das Himmelreich nicht hineinkommen.

Auch Vers 20 zeigt also: Die matthäische Bergpredigt verlangt die Beobachtung des gesamten Gesetzes vom Sinai[23]. Nirgendwo in seinem Evangelium wird Matthäus die in 5, 17–20 programmatisch formulierte Position wieder zurücknehmen[24].

Vor einer Deutung dieses doch äußerst anstößigen Tatbestandes sei vorausgeschickt: Die matthäische Bergpredigt fordert zwar die Beobachtung der gesamten Tora, aber eben *in einer neuen Weise*. Damit soll sich unser dritter Schritt beschäftigen. Doch ehe der dritte Schritt getan werden kann, ist unbedingt festzuhalten: Die Bergpredigt verlangt die Befolgung des gesamten Gesetzes vom Sinai – nicht nur von bestimmten Teilen dieses Gesetzes, nicht nur von bestimmten Gesetzeskomplexen, nicht nur (wie oft behauptet wurde) die Befolgung der Zehn Gebote.

Diese These steht dem normalen christlichen Verständnis so diametral entgegen, daß wenigstens kurz auf ihre theologische Relevanz eingegangen werden muß. Um der Anschaulichkeit willen soll dies anhand eines konkreten Beispiels geschehen.

Es gibt im Alten Testament umfangreiche Reinheits- und Heiligkeitsgesetze. Wir lächeln aufgeklärt über die Unmenge von seltsamen Vorschriften, die sie enthalten. Kein Christ würde auf die Idee kommen, diese Reinheitsgesetze heute noch für verpflichtend zu halten. Die Theologen haben dafür auch eine Formel parat. Sie sagen: Sämtliche Reinheits- und Heiligkeitsgesetze sind durch Jesus abrogiert. Das heißt schlicht: Sie sind abgeschafft. Die Theologen können sich hierfür sogar auf ein Jesuswort berufen, das auch Matthäus in sein Evangelium aufgenommen hat:

> *Aus dem Herzen kommen die bösen Gedanken: Mord, Ehebruch, Unzucht, Diebstahl, falsche Zeugenaussage und Lästerung. Das ist es, was den Menschen unrein macht; aber essen mit ungewaschenen Händen macht ihn nicht unrein (Mt 15,19f).*

Dieses Jesuswort ist gegenüber den Reinheitsvorstellungen des Alten Testaments und des Judentums tatsächlich revolutionär. Man hat gesagt, hier werde alle äußerlich-rituelle Heiligkeit aus einer dinglich-vorpersonalen Sphäre auf ihren eigentlichen Sinn, auf innerlich-personale Heiligkeit zurückgeführt. Mit solchen Formulierungen sollte man jedoch vorsichtig sein. Denn auch die vom Äußerlich-Dinglichen gelöste Heiligkeit meint im Neuen Testament entscheidend mehr als lediglich eine der Seele oder dem sittlichen Individuum innerliche Qualität.

Das ganze Gottesvolk soll ja ein heiliges Volk sein (vgl. Lev 20,26). Heiligkeit umfaßt also immer auch die gesellschaftlich-soziale Dimension, die untrennbar mit der Personalität des Einzelnen verknüpft ist. Heilig muß nicht nur das Herz des Menschen sein, heilig müssen auch die Lebensverhältnisse, die sozialen Strukturen und die Formen der Umwelt sein, in denen der Mensch lebt und in denen er sich ständig selbst entwirft. Genau das haben die dinglich-rituellen Reinheitsvorschriften des Alten Testaments schon immer gemeint.

Daß wir diese Reinheitsvorschriften seit Jesus nicht mehr einfach in ihrer alttestamentlichen Form und erst recht nicht mehr in ihrer jüdischen Interpretation übernehmen können, ist klar. Damit ist aber noch längst nicht gesagt, daß die alttestamentlichen Heiligkeitsgesetze abgeschafft sind. Sie sind nicht abgeschafft, sondern sie müssen im Lichte der Botschaft und Praxis Jesu neu interpretiert werden. Diese Interpretation kann nur inmitten des Volkes Gottes geleistet werden und sie müßte ein nie abreißender Prozeß sein.

De facto ist aber diese eschatologische Neuinterpretation der alttestamentlichen Heiligkeitsgesetze im Gottesvolk der Kirche bis heute nur sehr fragmentarisch geleistet worden. Wenn wir die alttestamentliche Vorstellung, daß nicht nur das Herz des Menschen, sondern auch seine Umwelt heilig sein muß, wirklich ernst genommen und christlich übersetzt hätten, würden wir unsere Umwelt heute mit Sicherheit anders behandeln. Dann hätte das Abendland nicht jenes Umweltdesaster hervorgebracht, angesichts dessen uns heute die Augen überlaufen. Aber hier hat eben die theologisch viel zu simple Formel von der Abrogation der alttestamentlichen Heiligkeitsgesetze verheerend gewirkt.

Vielleicht war es doch nicht ganz so töricht, wenn Matthäus Wert darauf legte, daß kein einziges Jota des Gesetzes aufgehoben werden dürfe. Auf diese Weise sollte die Kirche davor bewahrt bleiben, sich geschmäcklerisch und eklektizistisch nur dasjenige aus der Tora auszuwählen, was ihr gerade paßte. Auf diese Weise sollte aber auch deutlich werden, daß die Tora als ganze – und das heißt: als umfassende Rechts- und Sozialordnung – neu interpretiert werden muß. Diese eschatologische Neuinterpretation heißt dann gerade nicht, daß die Tora ihren Charakter als Sozial- und Gesellschaftsordnung des Volkes Gottes verliert, sondern daß sie *als ganze* mit all ihren gesellschaftlichen Dimensionen im Lichte der Bergpredigt neu ausgelegt und zum „Gesetz Christi" transformiert werden muß. Aber damit sind wir nun schon bei unserem dritten Schritt angekommen. Er lautet:

3. Die Bergpredigt verlangt eine neue Art von Gehorsam gegenüber dem Gesetz vom Sinai. Diese dritte These ist unbedingt notwendig, denn erst sie formuliert das unterscheidend Christliche, das mit der Bergpredigt gegeben ist.

Wir hatten bereits gesehen: Die Bergpredigt selbst ist nicht die Rechts- und Sozialordnung des neutestamentlichen Gottesvolkes. Sie ist vielmehr eine prägnante und provozierende Zusammenstellung von Interpretationsprinzipien, mit deren Hilfe das alttestamentliche Gesetz als ganzes in einem fortwährenden Prozeß in die Rechts- und Sozialordnung des neutestamentlichen Gottesvolkes transformiert werden muß. Der Christ hat die gesamte Tora zu befolgen, aber er hat sie zu befolgen in der eschatologisch-kritischen Interpretation Jesu[25].

Man darf also durchaus vom Gesetzesgehorsam des Christen sprechen – Matthäus hat jedenfalls keinerlei Hemmungen, es zu tun –, aber man muß sich dann stets darüber im klaren sein, daß es eine neue Art von Gesetzesgehorsam ist. Matthäus würde sagen: Er ist anders als der Gesetzesgehorsam der Schriftgelehrten und der Pharisäer (vgl. Mt 5,20). Um diese Andersartigkeit zu charakterisieren, stellt Matthäus zwei kritische Prinzipien auf:

Das *erste* kritische Prinzip, das den Gesetzesgehorsam der Christen bestimmen muß, ist das *Liebesgebot* (Mt 5,43–47). Es schließt die Reihe der sechs Antithesen ab und bildet ihren Höhepunkt. Damit ist klar: Das Liebesgebot ist nicht eines unter vielen Geboten, es ist auch nicht nur ein Hauptgebot, sondern es ist zugleich das maßgebende Interpretationsprinzip, von dem her alle Gebote der Sinai-Tora beurteilt und gelebt werden müssen. Vom Liebesgebot her verändern sich noch einmal sämtliche Inhalte des Gesetzes.

Das *zweite* kritische Prinzip, das nach Matthäus den Gesetzesgehorsam der Christen bestimmen muß, ist die *vollkommene* Beobachtung des Gesetzes. Unmittelbar nach dem Liebesgebot bringt Matthäus als Abschluß sowohl des Liebesgebotes wie als Abschluß der gesamten Antithesenreihe den Satz:

Seid also ihr vollkommen,
wie euer himmlischer Vater vollkommen ist
(5,48).

Man versteht diesen Satz nur, wenn man weiß, was „vollkommen" in der alttestamentlich-jüdischen Tradition bedeutet. Zur Zeit Jesu ist das Wort, vor allem in Qumran, *terminus technicus* für die vollständige und untadelige Befolgung der Tora. Vollkommen ist, wer das Gesetz vom Sinai bis ins kleinste erfüllt.

Diese Bedeutung ist auch in Mt 5,48 durchaus da. Wir haben ja gesehen, daß es Matthäus um die Erfüllung der *gesamten* Tora geht. Aber er meint mit dem Wort „vollkommen" noch mehr: Hinter diesem Wort steht nämlich das hebräische Adjektiv *tamim*. Und *tamim* bedeutet „ganz", „unversehrt", „ungeteilt", „vollständig". Wenn den Adressaten der Bergpredigt in Mt 5,48 gesagt wird, sie sollten „vollkommen" sein, so heißt das deshalb nicht nur, sie sollten die Tora *quantitativ* gesehen vollständig erfüllen, sondern auch, sie sollten sie *qualitativ* in einer neuen Weise erfüllen. Das endzeitliche Volk Gottes soll sich in seiner

Tora-Erfüllung dem Willen Gottes vollständig, ganz und ungeteilt hingeben.

Diesen *qualitativen* Aspekt der Vollkommenheitsforderung verdeutlicht Matthäus in der Geschichte vom jungen Reichen (19, 16–30); dort taucht bei ihm der Begriff *teleios* ein zweites Mal auf. Der junge Mann hat sämtliche Gebote der Tora erfüllt, selbst das Gebot der Nächstenliebe. Er ist also in den Augen der damaligen jüdischen Theologie ein „Gerechter" und kann sich des ewigen Lebens sicher sein. Jesus hingegen sagt ihm: Wenn du vollkommen sein willst, das heißt, wenn du die Tora ganzheitlich erfüllen willst, so verkaufe deinen Besitz und folge mir nach! (19, 21) Der junge Reiche vermag das nicht. Er geht traurig weg, denn er kann sich von seinem Vermögen nicht trennen.

Matthäus stellt mit dieser Fassung der Perikope prinzipiell klar, daß im neutestamentlichen Gottesvolk neben der Liebe die *Nachfolge Jesu* das Kriterium wahrer Gesetzesobservanz ist. Der reiche Mann erfüllt zwar äußerlich alle Gebote; in Wirklichkeit aber erfüllt er nicht das ganze Gesetz, denn er erfüllt es nicht ganzheitlich. Er lebt vielmehr geteilt, weil er sein Vermögen aus dem Tun des Willens Gottes heraushält. Ungeteilt und bis in die Wurzeln seiner Existenz hinein würde er die Tora erst erfüllen, wenn er alles verkaufte und Jesus nachfolgte. Darauf läuft die ganze Geschichte hinaus. Sie will zeigen: Die vollkommene Gesetzeserfüllung von der in 5, 20, in 5, 48 und überhaupt in allen Antithesen die Rede war, geschieht durch die Nachfolge Jesu.

Man könnte „vollkommen" in Mt 5, 48 deshalb geradezu mit „radikal" übersetzen. Das Volk Gottes soll die Tora vom Sinai *radikal* leben, also bis in alle Dimensionen seiner Existenz hinein – so ganzheitlich und ungeteilt, daß sein gesamtes Dasein Tora-Gehorsam ist. Nichts, was überhaupt zur menschlichen Existenz gehört, darf von der neuen Weise des Gehorsams, darf von der „besseren Gerechtigkeit" ausgenommen sein.

Der matthäische Begriff der „Vollkommenheit" ist also durchaus nicht identisch mit dem, was man in der individualistischen Frömmigkeit und Askese der Neuzeit unter „Vollkommenheit" verstand. Es geht Matthäus bei diesem Begriff nicht nur um die Ganzhingabe der Einzelseele; es geht ihm genauso sehr darum, daß das Volk Gottes in allen Dimensionen, die zu einem Volk gehören, die neue, eschatologische Existenz vor Gott lebt. *Der Begriff der „Vollkommenheit" schließt deshalb das Gesellschaftliche notwendig mit ein.* Im Ethos des neutestamentlichen Gottesvolkes darf überhaupt nichts von dem, was zum Menschsein gehört, ausgespart bleiben, und zum Menschsein gehört ganz integral dessen gesellschaftliche Verfaßtheit hinzu.

Wenn wir mit *David Seeber* sagen würden [26]: Die neue eschatologische Existenz, von der die Bergpredigt spricht, muß unsere Gesinnungen verwandeln, sie muß unsere individuellen Lebensentwürfe verwandeln, sie muß sogar noch die Lebenszusammenhänge verwandeln, in denen wir leben – aber eines darf sie nicht: sie darf nicht die Herrschafts- und Organisationsformen der Welt verwandeln, dann würden wir dem matthäischen Begriff der Vollkommenheit, das heißt der radikalen Ganzheitlichkeit, die dieser Begriff meint, gerade nicht gerecht. Die Bergpredigt fordert ein Volk Gottes, das restlos alles, was überhaupt menschliche Existenz ausmacht (und dazu gehören auch die Gesellschaftsstrukturen) der Herrschaft Gottes unterstellt. Wenn die Kirche „Volk aus dem Glauben" ist, so heißt dies gerade nicht, daß sie *in sich selbst* das Gesellschaftliche transzendiert [27], sondern ganz im Gegenteil, daß sie es in ihrer eigenen Mitte radikal neu leben muß, damit endlich sichtbar werden kann, wie Gott sich Gesellschaft schon immer gedacht hat.

Daß man der Bergpredigt diese gesellschaftliche Zielrichtung absprechen konnte, war eigentlich nur möglich, weil man lange Zeit hindurch den alttestamentlichen Hintergrund von Mt 5–7 gar nicht mehr richtig gesehen hatte. Man hatte – zumindest von den Konsequenzen her – nicht mehr wirklich wahrgenommen, was es bedeutet, daß die Bergpredigt nichts anderes als die eschatologische Neuerschließung der Sinai-Tora ist. Die Konsequenz ist eben, daß sie ihre Hörer auf eine ausgesprochene Rechts- und Sozialordnung verpflichtet, die notwendig eine eigene gesellschaftliche Basis braucht. *So wie die Tora vom Sinai einst Israel als Gesellschaft konstituiert hat, konstituiert die durch den hermeneutischen Schlüssel der Bergpredigt eschatologisch interpretierte Sinai-Tora das neutestamentliche Gottesvolk als Gesellschaft.*

Damit haben wir nun endlich unser erstes Teilziel erreicht. Es sollte ja zunächst einmal nachgewiesen werden, daß Matthäus das zur Bergpredigt gehörende und sie befolgende Gottesvolk als *Gesellschaft* versteht. Der Nachweis wurde geführt mit Hilfe des Indikators „Rechtsordnung". Ist die Sinai-Tora eine gesellschaftskonstituierende Rechtsordnung und bleibt diese Rechtsordnung auch für das neutestamentliche Gottesvolk in Geltung, so ist dieses notwendig als Gesellschaft verstanden.

Dieser Schluß wird durch die Einsicht, daß die Sinai-Tora neutestamentlich *in einer ganz neuen Weise* – nämlich nach den Prinzipien der Bergpredigt – ausgelegt werden muß, keineswegs in Frage gestellt. Selbstverständlich deckt sich die durch Jesus auf ihren eigentlichen Sinn gebrachte Tora nicht mehr einfachhin mit der Sinai-Tora. Dies zeigen die sechs Antithesen. Das von Matthäus mit Nachdruck formulierte Kriterium der überfließenden, der besseren, der vollkommenen Gesetzeserfüllung (vgl. 5,20.48; 19,21) verändert die Gestalt des Gesetzes selbst. Von der Rechtsphilosophie her müßte man sagen: Das „Gesetz Christi" beziehungsweise das „vollkommene Gesetz der Freiheit"[28] ist nur noch in einem *analogen* Sinn „Gesetz". Dies wird schon allein daran deutlich, daß es nicht mehr „erzwungen" werden kann. Seine Geltung beruht auf der Einmütigkeit der Gemeinden, nicht aber auf Institutionen, die seinen Vollzug mit Gewalt durchsetzen könnten.

Die messianisch-endzeitlich interpretierte Tora ist also Gesetz im analogen Sinne. Trotzdem bleibt Matthäus bei dem Term „Gesetz". Jesus ist nicht gekommen, „das Gesetz aufzuheben, sondern es zu erfüllen" (Mt 5,17). Deshalb bleibt es auch bei der *Gesellschaftsgestalt* des Volkes Gottes. Das Volk Gottes ist zwar in einem anderen Sinn Gesellschaft, als die Völker der Welt es sind. Aber es ist Gesellschaft.

6. Kontrastive Forderungen in der Bergpredigt

Matthäus versteht also das die Bergpredigt lebende Volk Gottes als *Gesellschaft*. Aber versteht er es auch als *Konstrast*gesellschaft? Dies würde sich bereits dann ergeben, wenn er die Forderungen der Bergpredigt als *kontrastive* Forderungen betrachten sollte, das heißt als Forderungen, die im Gegensatz stehen zu dem sonst in der Welt, vielleicht sogar zu dem bisher in Israel Üblichen. Sollte die Bergpredigt eine im Blick auf die bisherige Gesellschaft *kontrastive* Sozialordnung konstituieren, so verlangte sie damit ipso facto auch Kontrastgesellschaft, denn – um noch einmal die Soziologen *P. L. Berger* und *Th. Luckmann* zu zitieren – „Kontrast-Bestimmungen von Wirklichkeit brauchen Kontrast-Gesellschaften"[29]. So kommt *Stephen Charles Mott* in seinem Buch „Biblical Ethics and Social Change" denn auch zu dem Schluß: „The church, then, is a counter-community: alternative norms and values are organized into a social grouping"[30].

Tatsächlich ist eine derartige Kontraststruktur bei vielen Forderungen der Bergpredigt zu beobachten. Im folgenden sollen aus dem umfangreichen Material von Mt 5–7 exemplarisch drei kontrastive Forderungen herausgegriffen werden, und zwar 1. die Aufforderung zu völligem Gewaltverzicht, 2. die Aufforderung zu unbedingter Versöhnung und 3. die Aufforderung zu rückhaltlosem Vertrauen.

1. Die Aufforderung zu völligem Gewaltverzicht[31] *(Mt 5, 38–42).* *Ulrich Luz* schreibt in seinem Kommentar zum Matthäusevangelium, der wegen seiner Fülle exegetischen und exegesegeschichtlichen Materials, aber auch wegen seiner systematisch-theologischen Klarheit der derzeit beste Matthäuskommentar ist, bezüglich der Logien Mt 5,39b–42 folgendes[32]:

> *In unseren Logien steckt ein Stück bewußter Provokation. Es geht um Verfremdung, um Schockierung, um einen symbolischen Protest gegen den Regelkreis der Gewalt ... Sie sind Ausdruck eines Protestes gegen jegliche Art der den Menschen entmenschlichenden Spirale der Gewalt und der Hoffnung auf ein anderes Verhalten des Menschen, als es im Alltag erfahren werden kann. Aber sie bleiben nicht dabei stehen, denn sie fordern zu einem aktiven Verhalten auf. In ihm soll ein Stück Protest und ein Stück provokativer Kontrast gegen die die Welt beherrschende Gewalt stecken ...*
>
> *In unseren Logien fehlt jeder direkte Hinweis auf das Gottesreich. Dennoch scheint mir, daß der Gegensatz zwischen Gottes-*

reich und Welt in ihnen aufbricht. Nur so ist ihr bewußt protestativer, normales Verhalten umdrehender Kontrastcharakter verständlich. Sie sind also indirekt von der Ankunft des Gottesreiches bestimmt.

U. Luz hat mit dieser starken Betonung des kontrastiven Charakters von Mt 5,39 b–42 die Dinge völlig richtig gesehen. Auch daß es in den betreffenden Logien um eine Art provokativer Zeichenhandlungen geht, dürfte richtig sein, solange man daran festhält, daß diese Zeichenhandlungen den *prinzipiellen* Verzicht auf Gewalt symbolisieren. Entscheidend ist nun freilich – und auch hierauf weist U. Luz hin –, daß hinter dem Kontrast der Verhaltensweisen der „Gegensatz zwischen Gottesreich und Welt" aufbricht. Man könnte auch so formulieren: An Gewalt und Gewaltverzicht zeigt sich in besonderer Eindeutigkeit der radikale Gegensatz zwischen den Gesellschaften der Welt und der neuen Gesellschaft des Reiches Gottes.

Denn jede vorhandene Gesellschaft ist bis in ihre letzten Wurzeln hinein von Gewalt bestimmt[33]. Man wird dem Realismus der Bergpredigt – und hinter ihr dem Realismus Jesu selbst – gerade nicht gerecht, wenn man davon ausgeht, daß die Gewalttätigkeit der menschlichen Gesellschaft nur eine Art ständig wiederkehrender Betriebsunfall sei, dem man durch bessere Vorsorge oder intensivere Appelle an alle Beteiligten schließlich doch werde beikommen können. In Wirklichkeit durchtränkt die Gewalt alles. Die Gründungssage der Stadt Rom erzählt von einem Brudermord, und der Bibel zufolge war Kain der erste Städtegründer (Gen 4,17).

René Girard hat gezeigt: Derartige literarische Verknüpfungen von Gesellschaftskonstitution und Gewalt sind keineswegs Zufall, sondern verraten ein sonst meist verdrängtes Wissen darüber, daß jede menschliche Gesellschaft auf Gewalt gegründet ist. Gesellschaft entsteht nach *R. Girard* gerade bei dem Versuch, das Chaos der Gewalt zu bändigen. Aber diese Bändigung gelingt selbst wiederum nur durch Gewalt[34]. So sitzt die Gewaltbestimmtheit bereits an der Wurzel jeder menschlichen Gesellschaft[35].

Deshalb dringt die Bergpredigt mit ihrer Aufforderung, auf

Gewalt und Vergeltung absolut zu verzichten, bis an die Wurzel vor: bis dorthin nämlich, wo sich jede menschliche Gesellschaft ständig selbst entwirft – und zwar aus der Gewalt! Dort, wo zum ersten Mal in der langen Geschichte der Menschheit Gesellschaft nicht mehr auf Gewalt beruht, muß eine völlig neue Form von Gesellschaft entstanden sein.

Aber worauf gründet diese neue Form von Gesellschaft, die wir Kontrastgesellschaft nennen? Auch hier gibt die Bergpredigt eine klare Antwort. Nach Matthäus gründet sie auf Liebe, und zwar auf einer Liebe, die so groß ist, daß sie sogar auf den Gegner überströmt. Es ist deshalb völlig konsequent, wenn Matthäus die *sechste* Antithese mit dem Gebot der Feindesliebe (5,43–47) unmittelbar auf die *fünfte* mit dem Verbot der Vergeltung (5,38–42) folgen läßt.

Nun fängt allerdings die neue Gesellschaft Gottes nicht an einem neutralen Ausgangspunkt menschlicher Geschichte an. Sie fängt vielmehr an in einer Gesellschaft, die längst (oder: noch immer) von Gewalt durchtränkt ist. Deshalb hat die Liebe, aus der die Kontrastgesellschaft der Bergpredigt ständig entsteht, die konkrete Gestalt der *Versöhnung*. Und deshalb fordert Matthäus bereits in der *ersten* Antithese zu unbedingter Versöhnung auf.

2. Die Aufforderung zu unbedingter Versöhnung (Mt 5,23f). Sie ist genau wie die Logien zum Gewaltverzicht in provokativer Zuspitzung formuliert:

> *Wenn du deine Opfergabe zum Altar bringst und dich dort erinnerst, daß dein Bruder etwas gegen dich hat, so laß deine Opfergabe dort vor dem Altar, geh zuerst, versöhne dich mit deinem Bruder, dann komm und bring deine Opfergabe dar!*

Die provokative Zuspitzung des Logions wird in dreifacher Weise erreicht: Zunächst dadurch, daß der Opfernde – er bringt ein Privatopfer dar – die Opferhandlung *unterbrechen* soll. Jeder Hörer wird davon ausgegangen sein, daß der Betreffende nicht gerade in der Nähe des Tempels wohnte, sondern für die Darbringung des Opfers eine Wallfahrt unternommen hatte, etwa von Galiläa aus. Der Akt der Versöhnung bedeutete dann eine Reise von mehreren Tagen nach Hause und wieder zurück nach

Jerusalem. Unterdessen wartete im Tempel – per impossibile – das Opfer.

Die provokative Zuspitzung des Logions wird zweitens dadurch erreicht, daß gerade nicht gesagt wird, der vorausgesetzte Konflikt sei durch den *Opfernden* verschuldet, der eben deshalb die Initiative zur Versöhnung zu ergreifen habe. Das Logion läßt völlig offen, wer schuld ist; es läßt offen, ob der zu Versöhnende zu Recht oder zu Unrecht *etwas gegen den Opfernden hat*.

Die dritte Provokation liegt darin, daß auch der *Erfolg* des Unternehmens außer Betracht bleibt. Versöhnung ist ja stets ein wechselseitiges Geschehen. Wird der andere überhaupt in die Versöhnung einwilligen? Selbst wenn der Opfernde der Schuldige gewesen sein sollte, seine Schuld eingesteht und sie wiedergutmachen möchte – wird der zu Versöhnende sich versöhnen lassen? Überlegungen dieser Art liegen dem Logion jedoch völlig fern. Es sagt gerade nicht: „Geh zuerst und suche dich mit deinem Bruder, soweit es an dir liegt und soweit es möglich ist, zu versöhnen" (vgl. Röm 12, 18), sondern es sagt kategorisch: „Geh zuerst, versöhne dich mit deinem Bruder!"

Der Sinn solch dreifacher Provokation ist leicht erkennbar: Die *unbedingte* Pflicht zur Versöhnung soll eingeschärft werden. Es gibt keine Ausnahmefälle, in denen man die Versöhnung vielleicht noch verschieben könnte oder darauf warten dürfte, daß der andere die Initiative ergreift. Versöhnung, will Mt 5,23f sagen, muß in jedem Fall, zu jeder Zeit und von jedem geschehen.

Freilich ist mit dieser Feststellung der Sinn des Logions noch keineswegs vollständig erfaßt. Zu beachten ist auch, daß Mt 5,23f seine provokative Aufforderung zur Versöhnung nicht anhand einer beliebigen Alltagssituation, sondern anhand einer kultischen Situation im Tempel zu Jerusalem inszeniert. Der Tempelkult aber hatte, wie jeder öffentliche Kult der Antike, eine eminent gesellschaftliche Funktion. Die Ehre, die Gott im Tempel dargebracht wird, ist der letzte Sinn Israels. Andererseits wird das Leben des Gottesvolkes überhaupt erst durch die im Heiligtum von Gott geschenkte Sühne ermöglicht. Im Tempelkult verdichtet sich also die gesamte Existenz Israels. Wenn nun Mt 5,23f den Kult sozusagen aussetzt, bis im sozialen Bereich Israels Frieden gestiftet und Versöhnung geschaffen ist, liegt die fundamentale gesellschaftliche Bedeutung, die unser Logion der Versöhnung zumißt, auf der Hand: Es geht um das wahre Israel als um eine Gesellschaft, die ganz von Versöhnung durchdrungen und ganz auf Versöhnung gebaut ist.

Solche Gesellschaft steht nun aber in Kontrast zu den Gesellschaften der Welt. Nicht, daß bei diesen Versöhnung, vor allem im privaten Bereich, nicht vorkäme. Aber der eigentliche Ablauf der gesellschaftlichen Interaktion geschieht nach Regeln, die Rivalität und Konkurrenz voraussetzen. Der Sozialethiker *Herwig Büchele* beschreibt die Verhaltensmechanismen unserer derzeitigen Gesellschaft folgendermaßen [36]:

Unser Gesellschaftsmuster ist ... als ein interindividuelles Geflecht zu verstehen, in dem zuvor jeder für sich und jeder gegen alle etwas verfolgt, was vermeintlich dem jeweils eigenen Nutzen entspricht. Staatliche Eingriffe und Ausgleichsmechanismen der Verbände kanalisieren nur den Wettkampf aller gegen alle. In dieser Gesellschaft sind die Beziehungen grundsätzlich Macht-Konkurrenz-Beziehungen. Jeder ist vom Handeln anderer abhängig – das ist zwar in jeder Gesellschaft so –, aber gleichzeitig herrscht Unsicherheit über die Handlungsweise dieser anderen. Jeder Macht-Kontrahent kann in einem solchen System nur bestehen, wenn er mächtiger ist als sein(e) Rivale(n). Als Rivale ist er daher gezwungen, Macht-Mittel anzuhäufen, und zwar in dem Wissen, daß es jeder andere auch tut, um in diesen Macht-Konkurrenz-Beziehungen nicht unterzugehen, sondern nach Möglichkeit den Rivalitätskampf überlegen zu bestreiten. Jeder wird zur weiteren Anhäufung der Mittel „gezwungen", und dieser Zwang zur Mittelanhäufung löst eine Eigendynamik aus, wie sie an der landwirtschaftlichen Überschußproduktion faßbar wird oder am Rüstungswettlauf mit seinen tagtäglichen Schadensfolgen.

Das heißt aber: Das Grundgesetz üblicher Gesellschaft ist Rivalität und Machtkonkurrenz, die dann, wenn es sich um eine „freiheitlich-demokratische" Gesellschaft handelt, durch Rechtsstrukturen so kanalisiert sind, daß zwischen den verschiedenen Machtsubjekten ein geregelter Machtausgleich durch Kompromiß stattfindet. So positiv Gesellschaften mit vom Staat geregelten Macht- und Konkurrenzkämpfen einzuschätzen sind – wir erfreuen uns, etwa in der Bundesrepublik, durchaus der Freiheit und Rechtssicherheit, die sie gewähren –, die Bergpredigt hat anderes im Blick.

Die Versöhnung, von der Mt 5,23 f spricht, meint mehr als gesellschaftlichen und privaten Kompromiß, bei dem die eigenen Interessen niemals aufgegeben, sondern nur partiell zurückgenommen werden[37]. Wir sahen bereits, daß dieses provokative Logion die Versöhnung im sozialen Bereich eindeutig mit der Versöhnung, die Gott schenkt, zusammenbringt, denn es geht ja aus von einem Kultakt im Tempel. Die Versöhnung, die Mt 5,23 f vor Augen hat, bedeutet deshalb gerade, daß derjenige, der sich versöhnt, nicht mehr von sich selbst und seinen eigenen Interessen her denkt, sondern allein von den Interessen Gottes her – die Evangelien würden sagen: vom Reich Gottes her. Dem Menschen ist von seiten Gottes die Versöhnung in einem alles Erwarten übersteigenden Maß geschenkt oder angeboten, und deshalb muß nun auch er sich *ohne Maß*, das heißt ohne Grenzen zu setzen, versöhnen.

Solches Geschehen stellt Gesellschaft auf einen anderen Boden. Es schafft notwendig Kontrastgesellschaft. Wie bewußt Matthäus die gesellschaftskonstituierende Funktion der Versöhnung im Blick hat, zeigt die außergewöhnliche Häufung des Begriffs „Bruder" gerade in der ersten Antithese[38]. Versöhnung in diesem umfassenden und radikalen Sinn konstituiert tatsächlich „neue Familie", in der alle wie Brüder und Schwestern miteinander umgehen, wo also das solidarische Binnenverhältnis der natürlichen Familie zum Grundgesetz einer ganzen Gesellschaft wird.

3. Die Aufforderung zu rückhaltlosem Vertrauen (Mt 6,25–34). In dem oben zitierten Text von H. Büchele gibt es eine bemerkenswerte Feststellung: Es gehört zum Wesen von Gesellschaft, sagt Büchele, daß in ihr jeder vom Handeln anderer abhängig ist. Nur: Es herrscht *Unsicherheit über die Handlungsweise der anderen*. Gerade deshalb ist jeder gezwungen, Machtmittel zu akkumulieren, um gegenüber der potentiellen Bedrohung von seiten seiner Rivalen gerüstet zu sein. Da nun die Unsicherheit bezüglich des Handelns der Rivalen niemals zu beseitigen ist und da die Rivalen nach genau demselben Muster prophylaktisch Machtmittel anhäufen, entsteht eine Eigendynamik sich gegenseitig immer weiter hochschaukelnder Akkumulation von Macht, die „dem gesellschaftlichen Gesamtsystem einen verblüffend irrationalen Charakter" verleiht [39].

Man könnte noch hinzufügen: Diese Irrationalität der Gesamtgesellschaft, die letztlich auf der Unsicherheit über die Handlungsweise der anderen beruht, führt zu einer tiefen Angst, die dann ihrerseits ständig neue Machtkonzentrationen aus sich herauszeugt. Die Mechanik dieses ganzen Systems, das keineswegs nur die Rivalität der Großmächte, sondern genauso die internen Rivalitäten jeder Gesellschaft umgreift, ist so unabänderlich, daß es durch die Behandlung von Symptomen oder durch den Ruf nach „vertrauensbildenden Maßnahmen" nicht überwunden werden kann. Wie entlarvend übrigens: Vertrauen soll durch „Maßnahmen" gebildet werden!

Notwendig wäre nicht bloße Oberflächentherapie, sondern ein anderer Grundansatz von Gesellschaft. Notwendig wäre eine Gesellschaft, innerhalb deren man eben nicht unsicher zu sein braucht, wie die anderen handeln werden, sondern in der man rückhaltlos auf die anderen vertrauen kann. Eine Gesellschaft, die in dieser Weise ganz vom Vertrauen her erbaut ist, wäre in ihren innersten Bauelementen ein anderer Typ von Gesellschaft. Sie wäre Kontrastgesellschaft.

Es ist alles andere als ein Zufall, daß die Bergpredigt mit verlockender Eindringlichkeit und erstaunlicher Ausführlichkeit gerade zu solchem Vertrauen auffordert. Dies geschieht in dem Abschnitt Mt 6,25-34:

Darum sage ich euch: Sorgt euch nicht um euer Leben, was ihr essen oder was ihr trinken werdet, noch um euren Leib, was ihr anziehen werdet! Ist nicht das Leben mehr als die Speise und der Leib mehr als die Kleidung? Beobachtet die Vögel des Himmels: Sie säen nicht, sie ernten nicht, sie sammeln nicht in Vorratsbehältern, und doch ernährt sie euer himmlischer Vater. Seid ihr nicht viel mehr wert als sie? Und wer von euch kann mit seiner Sorge sein Leben auch nur um eine Spanne verlängern? Und was sorgt ihr euch um die Kleidung? Betrachtet die Lilien des Feldes, wie sie wachsen: Sie mühen sich nicht ab, sie spinnen nicht. Ich sage euch aber: Nicht einmal Salomo in all seiner Herrlichkeit war gekleidet wie eine von ihnen. Wenn nun Gott das Gras des Feldes, das heute steht und morgen in den Ofen geworfen wird, derart kleidet, um wieviel mehr euch, ihr Kleingläubigen! Sorgt euch also nicht, indem ihr sagt: Was werden wir essen? Was werden wir trinken? Was werden wir anziehen? Denn nach all dem trachten die Völker. Euer himmlischer Vater weiß doch, daß ihr dies alles braucht. Trachtet ihr zuerst nach dem Reich Gottes und nach Gottes Gerechtigkeit – und dies alles wird euch hinzugegeben werden. Sorgt euch also nicht um das Morgen, denn das Morgen wird für sich selber sorgen. Jeder Tag hat genug an seiner eigenen Plage.

Dieser Abschnitt der Bergpredigt antwortet präzise auf jenes Grundproblem menschlicher Gesellschaft, von dem oben die Rede war: Daß niemand sicher sein kann, wie die anderen letztlich handeln werden, und daß die hieraus erwachsende Angst zu einem ständigen Sich-Absichern-Müssen führt.

Natürlich hat der Text nicht unsere komplexe Industriegesellschaft im Blick. Er formuliert ganz aus der Sicht der armen galiläischen Landbevölkerung, in der die Frauen spinnen (vgl. 6,28) und dürres Unkraut als Brennmaterial sammeln (vgl. 6,30). Und doch sieht er mit erstaunlicher Genauigkeit, daß die *Angst ums Dasein*[40] eine Grundbefindlichkeit des unerlösten Menschen ist.

Diese Angst äußert sich einerseits in ständigem Sorgen *(merimnan)* – sie muß unaufhörlich fragen: Was werden wir essen, was werden wir trinken, was werden wir anziehen? – andererseits in ständigem Trachten und Begehren *(epizētein)* nach Absicherung, das den Menschen total in Anspruch nimmt. Sogar die Akkumulation klingt an: Der Mensch will ständig das tun, was die Vögel des Himmels gerade nicht tun: Vorräte zusammentragen und sicher deponieren. Bei Lukas ist das Motiv der Akkumulation sogar noch stärker herausgearbeitet: Er kommentiert mit Hilfe des Spruchmaterials vom falschen und rechten Sorgen das Gleichnis vom Kornbauern (Lk 12,16–21), der ja in geradezu exzessivem Maß Vorräte ansammelt, um seine Existenz definitiv abzusichern (vgl. Lk 12,22–31).

127

Für unseren Zusammenhang ist nun entscheidend, daß bei Matthäus die Angst um die Existenz, die sich in ständiger Sorge und in unaufhörlichem Trachten nach Lebenssicherung äußert, als *Charakteristikum der heidnischen Gesellschaft* gedeutet und daß demgegenüber die *Jüngergemeinde* auf das Reich Gottes verwiesen wird:

> *Nach all dem trachten die Völker*[41] ...
> *Trachtet ihr zuerst nach dem Reich Gottes*
> *und nach Gottes Gerechtigkeit* ...
> *(Mt 6,32.33)*

Diese Antithese zwischen heidnischer Gesellschaft und Kirche ist der „Angelpunkt" der gesamten Argumentation unseres Abschnitts[42]. In scharfem Kontrast zu den Verhaltensmustern der Völker wird den Jüngern gesagt, sie brauchten sich um das Morgen gerade nicht zu sorgen, sie brauchten sich nicht abzusichern, sie brauchten nur auf ihren himmlischen Vater zu vertrauen.

Genau hier setzen nun schwerwiegende Mißverständnisse ein und eine bezüglich des Neuen Testamentes außergewöhnlich heftige Kritik. *U. Luz* schreibt zur Rezeptionsgeschichte unseres Textes[43]:

> *Es gibt wenige evangelische Texte, die so schroffe Kritik hervorgerufen haben. Jeder „verhungerte Sperling" widerlege Jesus (J. Weiss), um so mehr jede Hungersnot und jeder Krieg. Der Text ... tue so, als ob es keine ökonomischen, sondern nur ethische Probleme gäbe (H. Montefiore), und sei ein gutes Symbol für die ökonomische Naivität (E. Bloch), die das Christentum im Lauf seiner Geschichte auszeichnete. Er sei nur in der besonderen Situation des unverheirateten, im sonnigen Galiläa mit Freunden lebenden Jesus anwendbar (J. Weiss). Er sei auch in ethischer Hinsicht problematisch: Von der Arbeit spreche er „in der wegwerfendsten Weise" (K. Kautsky) und scheine der Faulheit Vorschub zu leisten (F. Schleiermacher).*

All diese Einwände, vor allem der Einwand der *ökonomischen Naivität*, sind ernst zu nehmen. Der Text Mt 6,25–34 wäre tatsächlich ökonomisch naiv, wenn er in der in der Welt üblichen Gesellschaft gelebt werden müßte. Dies hieße dann wirklich, neuen Wein in alte Schläuche abzufüllen (Mt 9,17). In einer Gesellschaft, in der jeder von den eigenen Interessen her denkt, muß man sich absichern, muß man kurz-, mittel- und langfristig planen, muß man Versorgungsgüter und Machtmittel akkumulieren. Jeder, der es unter den beschriebenen Verhältnissen nicht tut, handelt schlicht verantwortungslos.

Diejenigen, die den Begriff der Kontrastgesellschaft ablehnen, sollten endlich einmal erklären, wie man Mt 6,25–34 und verwandte Texte des Neuen Testamentes ohne den Boden neuer Gesellschaft (biblisch: ohne neue Schläuche) real – und das heißt durchaus: ökonomisch – leben kann. Verwässert man den Text auf reine Innerlichkeit, geht es natürlich. Verwässerten Wein halten selbst alte Schläuche noch viele Jahre lang aus.

Aber rein innerlich oder gesinnungsethisch ist unser Text eben nicht gemeint. Matthäus stellt der heidnischen Gesellschaft die Gesellschaft des wahren Israel entgegen. Diese neue Gesellschaft des wahren, endzeitlichen Israel steht ganz im Zeichen der Gottesherrschaft. Die Jünger des Gottesreiches leben nicht mehr ihren eigenen Interessen, sondern den Interessen Gottes. Sie suchen zuerst das Reich Gottes und Gottes Gerechtigkeit (V. 33). Eben weil sie von sich selbst und ihrer Not absehen und auf die Sache Gottes in der Welt (biblisch: auf das Reich Gottes) blicken, werden sie von ihrer Angst ums Dasein befreit und in den Stand gesetzt, die Welt endlich mit den Augen Gottes zu sehen. Und die Welt mit den Augen Gottes sehen, heißt gerade: von seinem Volk und dessen Not her denken. Wenn aber alle jeweils vom Volk Gottes und den Schwestern und Brüdern her denken, dann ist niemand mehr allein und isoliert, dann ist jeder geborgen in solidarischer Gemeinschaft, dann vergeht die Angst und dann wird auch in der menschlichen Gesellschaft jener Schöpfungsglanz sichtbar, den der Text mit der Herrlichkeit der Lilien und der Sorglosigkeit der Vögel ins Bild bringt.

Muß jetzt noch im einzelnen gezeigt werden, in welchem Maß das gegenseitige Vertrauen derjenigen, die zuerst das Reich Gottes suchen, auch handgreifliche *ökonomische* Folgen hat? Es sei nur angedeutet: Angst erzeugt Krankheiten, und Krankheiten kosten Geld. Angst produziert Kontrollsysteme, und Kontrollsysteme kosten Geld. Angst akkumuliert Machtmittel, und Machtmittel kosten sehr viel Geld. Umgekehrt: Vertrauen zueinander führt zu gemeinsamem Wirtschaften, und gemeinsames Wirtschaften spart Kosten. Vertrauen zueinander baut Rivalitätsverhältnisse ab, und die Pflege von Rivalitäten kostet Zeit, und Zeit ist Geld. Schließlich: Eine Gesellschaft, die in gegenseitigem Vertrauen lebt, erfährt in ihren Festen den Glanz der neuen Schöpfung Gottes und spart immenses Geld, das der Mensch sonst ausgeben muß, um der grauen Banalität des Alltags zu entfliehen. Man könnte endlos fortfahren. Unverändert produziert unsere Gesellschaft Gesetze, Vorschriften, Richtlinien und Anweisungen, die sich wie ein lähmendes Netz über das Land legen. Alles und jedes wird vorgeschrieben und nachgeprüft. Alle Versprechen und Versuche, Gesetze zu streichen, Vorschriften zu entrümpeln und Verwaltungswege zu vereinfachen, sind bis jetzt gescheitert[44]. Letztlich ist dieses Gestrüpp von Vorschriften Ausfluß begründeten (!) Mißtrauens. Eine Gesellschaft, in der jeder dem anderen vertrauen könnte, würde sich ungeheure Ausgaben ersparen.

Es ist höchste Zeit, daß wir endlich begreifen: Jesus war auch ökonomisch alles andere als naiv. Die Andeutungen, die hier über den ökonomischen Aspekt von Mt 6,25–34 gemacht wurden, sind nichts anderes als Konkretionen des kleinen, aber inhaltsschweren Satzes: „... und dies alles wird euch hinzugegeben werden" (6,33). Man könnte mit Mt 25,29 ergänzen: „im Übermaß" wird es hinzugegeben werden, denn die „Ökonomie des Reiches Gottes" schafft Überfluß und nicht Dürftigkeit.

Ein Problem unserer Auslegung muß am Ende aber noch etwas ausführlicher behandelt werden: Wir haben jetzt immer wieder vom Vertrauen *zueinander* und vom Sorgen *füreinander* gesprochen. Die Bergpredigt spricht aber ausschließlich vom Vertrauen der Menschen auf *Gott* und von der Sorge *Gottes* für die Menschen (vgl. 6,26.30.33). Sie sagt: „Euer himmlischer Vater weiß doch, daß ihr dies alles braucht" (6,32). Darf man die Sorge Gottes für die Menschen, von welcher der Text spricht, mit der Sorge von Menschen für Menschen gleichsetzen?

Man kann es nicht nur, man muß es. Wie sonst sollte Gott für Menschen sorgen als durch die Sorge von Menschen?[45] Dieses abstrakte theologische Axiom läßt sich mit Hilfe der Traditionsgeschichte unseres Textes noch konkretisieren. Die Logien Mt 6,25–34 par Lk 12,22–31 beleuchten nämlich ursprünglich die Situation der Jünger, die mit Jesus durch Israel ziehen, um überall in Wort und Tat das Reich Gottes zu proklamieren. Die Proklamation des Reiches läßt ihnen keine Zeit, sich ihren Lebensunterhalt zu verdienen. Bildlich: Sie haben keine Zeit, zu säen, zu ernten und Vorräte anzulegen (6,26!). Sie können nur leben von dem, was ihnen andere, die wie sie an das Reich Gottes glauben, jeden Tag zu essen geben, und sie haben nur ein Dach über dem Kopf, wenn sie von ortsgebundenen Anhängern und Sympathisanten Jesu in deren Häuser aufgenommen werden. In dieser Situation sagt ihnen Jesus: „Habt keine Angst und sorgt euch nicht um das Morgen. Ihr seid jetzt wie Vögel, die nicht säen und nicht in Vorratsbehältern sammeln. Ihr lebt nur dem Heute der Verkündigung. Gott sorgt ja für euch."

Diese Sorge Gottes um die Jünger ist von der Situation her eindeutig die Mitsorge der Anhänger und Sympathisanten Jesu[46]. Zwar verlassen nur relativ wenige derer, die in Israel Jesu Botschaft annehmen, ihre Heimat und ziehen mit Jesus in einem unsteten Wanderleben durch Palästina. Die meisten bleiben bei ihren Familien. Und trotzdem ändern sich die Familien derer, die bleiben. Sie werden verfügbarer, offener. Sie kreisen nicht mehr nur um sich selbst. Sie gewähren Jesus und seinen Boten Gastfreundschaft. Sie treten zueinander in Beziehung. So entsteht mitten im alten Israel, zunächst noch unscheinbar, aber doch unaufhaltsam, die neue Gesellschaft des Reiches Gottes, in der alle, je auf ihre Weise, für das Evangelium leben.

Matthäus hat diese Anfangsgestalt des endzeitlichen Gottesvolkes völlig zu Recht zum Maß der Kirche gemacht: die gesamte Kirche ist Jüngergemeinde. In der gesamten Kirche muß gelten, was Jesus einst seinen Jüngern, die mit ihm durch Israel zogen, sagte: „Sorgt euch nicht!" Denn die gesamte Kirche soll jene neue Gesellschaft sein, die nicht mehr aus der Gewalt, der Rivalität und der Angst, sondern aus Gewaltlosigkeit, Versöhnung und Vertrauen lebt.

Wir mußten uns auf diese drei Kontrastbestimmungen beschränken. Es war eine wirkliche Beschränkung. Andere Teile der Bergpredigt würden unser Ergebnis weiter untermauern. Das

Ehescheidungsverbot Jesu (Mt 5,31 f) soll später in Teil VI dieses Buches noch eigens untersucht werden. Es zeigt dasselbe: Die Forderungen Jesu sind kontrastive Forderungen. Sie nehmen nicht irgendwelche Korrekturen an den Verhaltensmustern der Gesellschaft vor, sondern fordern ein neues Verhalten. Dieses neue Verhalten, die „überfließende Gerechtigkeit" (Mt 5,20), ist auf dem Boden der alten Gesellschaft unmöglich. Das neue Verhalten und die alte Gesellschaft verbinden zu wollen, wäre so schädlich, wie neuen Wein in alte Schläuche zu füllen (Mt 9,17). Die neue Gerechtigkeit braucht eine neue Gesellschaft. Es ist die Gesellschaft des wahren, endzeitlichen Israel, die Gott jetzt schenkt.

7. Das kontrastive Gottesbild der Bergpredigt

Im vorangegangenen Kapitel hatte sich – eher nebenbei – gezeigt, daß die Aufforderung zu rückhaltlosem Vertrauen mit dem Gottesbild der Bergpredigt zu tun hat. Das „Sorgt euch nicht!" hat seine Begründung in dem Satz: „Euer himmlischer Vater weiß doch, daß ihr dies alles braucht" (Mt 6,32). Dieser klare Zusammenhang zwischen Ethos und Gotteslehre legt es nahe, den Blick etwas genauer auf das Gottesbild der Bergpredigt zu richten.

Zunächst fällt auf, daß Aussagen über Gott in Mt 5–7 außerordentlich häufig vorkommen. Es können *indirekte* Aussagen sein, die dann aber trotzdem für das Gottesbild der Bergpredigt von Wichtigkeit sind – etwa wenn es heißt:

> *Niemand kann zwei Herren dienen: Entweder wird er den einen hassen und den anderen lieben oder er wird dem einen anhangen und den anderen verachten. Ihr könnt nicht Gott dienen und zugleich dem Mammon (Mt 6,24).*

Dieser Text sagt: Gott ist so, daß man ihm nur *ungeteilt* dienen kann. Wer Jesu Jünger sein will, muß deshalb einen völligen Herrschaftswechsel von den Göttern der Welt auf Gott hin vollziehen. Gerade dies ist das Wesen Gottes: Man kann ihm nicht *unter anderem* dienen!

Vieles in der Bergpredigt spricht aber auch explizit von Gott. Es ist zum Beispiel erstaunlich, wie oft Gott in Mt 5–7 „Vater" genannt wird. Das Vaterunser steht exakt im Zentrum der Bergpredigt (6,9–13), und die Aussagen über den „himmlischen Vater" überziehen von diesem Zentrum aus wie ein Netz gleichmäßig die gesamte Rede:

5,16.45.48; 6,1.4.6.8 |6,9| 6,14.15.18.26.32; 7,11.21

Hierbei zeigen gerade die drei ersten Vaterunserbitten, daß die matthäischen Aussagen über den „himmlischen Vater" in einem *geschichtlichen* Kontext stehen. Nicht das ewige Vatersein Gottes steht im Vordergrund, sondern jener Gott, der sich jetzt als der Vater Jesu Christi erweist (7,21), der jetzt die Jünger zu seinen Söhnen macht (5,45), der jetzt in der Welt seinen Namen heiligt (6,9), sein Reich anbrechen läßt (6,10), seinen Heilswillen verwirklicht (6,10), der die Jünger ernährt (6,32f), der vergibt (6,12) und richtet (6,15) und endzeitlichen Lohn schenkt (6,4). Vor allem die Seligpreisungen sprechen von diesem endzeitlich handelnden Gott: Er ist der Gott, der auf der Seite der armen (5,3), der trauernden (5,4) und der verfolgten Jünger steht (5,10–12) und ihnen das Reich gibt. Wenn so gerade die Jüngergemeinde zum Ort des Handelns Gottes in der Welt wird und dabei Gott widerspiegelt (vgl. 5,48), dann ist zu erwarten, daß in der Bergpredigt immer wieder bewußt Verbindungslinien zwischen Gottesbild und Ethos ausgezogen werden.

Dies ist auch durchaus der Fall. Auf 6,25–34 war schon hingewiesen worden. Ähnlich ist es in 5,44f: Die Feindesliebe der Jünger wird begründet mit dem Hinweis auf Gott, der seine Sonne aufgehen läßt über Bösen und Guten. Besonders klar tritt die Verknüpfung von Ethos und Gottesbild in 5,48 zutage: „Seid also ihr vollkommen, wie euer himmlischer Vater vollkommen ist." Auch das Schwurverbot (5,33–37) argumentiert mit dem Gottesbild: Gottes heilige Herrschaft erfüllt Jerusalem und die ganze Erde. Dieser Herrschaft muß innerhalb der menschlichen Kommunikation lautere Wahrhaftigkeit entsprechen, die sich in einem schlichten Ja oder Nein ausspricht. Schwurformeln und Schwurersatzformeln bemächtigen sich des heiligen Namens Gottes und stellen ihn in einen Raum, der mit der Gottesherrschaft nichts zu tun hat. Denn die Praxis des Schwörens setzt eine Gesellschaft voraus, in der man stets mit der Lüge rechnen muß und in der man niemandem wirklich trauen kann. Dort, wo Gott herrscht, kann man einander vertrauen und braucht deshalb keinen Schwur.

Besonders aufschlußreich für die Verknüpfung Gottesbild – Ethos ist aber die Gebetsunterweisung in Mt 6,5–8[47]. Der Text geht zunächst auf eine spezifische Versuchung des Gebetes in Israel ein: Dort ist die Gefahr besonders groß, Frömmigkeit öffentlich zur Schau zu stellen (6,5f). Es gibt aber noch eine andere Gefahr:

> *Wenn ihr betet, dann plappert nicht wie die aus den Völkern. Die meinen nämlich, sie würden nur erhört, wenn sie viele Worte machen. Macht es nicht wie sie. Euer Vater weiß doch, was ihr nötig habt – noch ehe ihr ihn darum bittet (Mt 6,7f).*

Während die matthäische Gebetsunterweisung für die Zurschaustellung der Frömmigkeit auf *jüdische* Gebetspraxis hinweist, veranschaulicht sie also das Viele-Worte-Machen am Gebet der *Heiden*. Heidnische Gebetspraxis kennenzulernen, bot Palästina genügend Gelegenheit. Da in der Antike auch das private Gebet grundsätzlich laut verrichtet wurde – man mußte ja die Gottheit auf sich aufmerksam machen –, war das Viele-Worte-Machen sinnenfälliger als bei uns. Man konnte in den Tempeln hören, wie Heiden mit ungeheurem Worteinsatz und ständiger Wiederholung derselben Bitte beteten, um Erhörung zu finden. *Fatigare deos:* mit seinem Gebet die Götter weich (wörtlich: müde) machen, nannte man das in der Antike[48].

Mt 6,7f wendet sich freilich weder einfachhin gegen das lange und anhaltende noch einfach gegen das zudringliche und leidenschaftliche Gebet, bei dem der Mensch vor Gott sein Herz ausschüttet. Was abgelehnt wird, ist jene Art des Betens, die den Gebetseinsatz und die Gebetsleistung des Menschen als ausschlaggebend für die Erhörung betrachtet. Für Matthäus ist die Ursache der Gebetserhörung allein die Güte des himmlischen Vaters, der längst weiß, wessen der Beter bedarf. Damit ist das Bittgebet keineswegs für überflüssig erklärt. Aber es gewinnt eine prinzipiell andere Grundstruktur: Es ist nun getragen von einem grenzenlosen Vertrauen auf die Güte des Vaters im Himmel. Und solches Vertrauen macht weder leere Worte, noch produziert es endlose Wiederholungen.

Das kontrastive Gebetsethos von Mt 6,7f („plappert nicht wie die aus den Völkern!") setzt also eindeutig ein kontrastives Gottesbild voraus. Der Gott Jesu Christi muß nicht erst auf den Beter aufmerksam gemacht werden; er muß nicht milde gestimmt und weichgebetet werden.

Mit solcher Kontrastierung wird in einem eminenten Maß theologische Aufklärung geleistet und die alttestamentlich-jüdische Kritik der Religionen weiter vorangetrieben. Denn alle Religionen sind – mehr oder weniger – von der Auffassung bestimmt, daß der Mensch die unberechenbaren Götter richtig behandeln muß. Er muß sie auf sich aufmerksam machen, wenn es ihm schlecht geht, damit sie sich seiner erbarmen, und er muß ihre Aufmerksamkeit von sich ablenken, wenn es ihm gut geht, damit sie sein Glück nicht zerstören. Er muß sie herbeirufen, herbeizwingen, beeinflussen, umstimmen, besänftigen, versöhnen, beschwichtigen, sich verpflichten. Unter Umständen muß er sie sich aber auch vom Leib halten. Stets muß er Gegenleistungen liefern, wenn er etwas von seinen Göttern bekommen will: *do ut des!*

Der offizielle römische Staatskult wurde geleistet, damit die Götter Rom gnädig blieben und es weiterhin förderten. Die Christen wurden gerade deshalb verfolgt, weil sie sich als „Atheisten" dem Staatskult verweigerten und eben damit die Gefahr heraufbeschworen, daß die Götter ihre schützende Hand von Rom zurückzogen. Als dann in der Zeit der Völkerwanderung Rom von den Barbaren überrannt wurde, machten die Heiden das Christentum dafür verantwortlich. Dieses Argument war für die damalige Gesellschaft so plausibel, daß es Augustinus zu der riesigen Apologie *De civitate Dei* veranlaßte. Er wußte, wie einleuchtend in heidnischen Ohren die Anklage klingen mußte, die Götter hätten Rom kein Glück mehr geschenkt, weil man ihnen die offiziellen Opfer genommen habe.

Man kann sich gerade an dem römischen Religionsprinzip des *do ut des* klarmachen, in welchem Maß Gottesbild und Gesellschaftsstruktur miteinander verflochten sind[49]. Denn selbstverständlich ist das *do ut des* im Verkehr mit den Göttern genaue Spiegelung des Verkehrs der Gesellschaft untereinander. Jedes Gottesbild ist gesellschaftlich bedingt. Nicht nur das Individuum, sondern auch die Gesellschaft als solche projiziert ständig Transzendenz, das heißt die Vorstellung eines letzten Zusammenhangs der Welt, der als legitimierende *Sinnwelt* die gesamte Gesellschaft umgibt und sie trägt. Die Integration des Individuums in seine Gesellschaft hängt an der Übernahme der Sinnwelt dieser Gesellschaft [50].

Die Projektionsthese *Ludwig Feuerbachs* hat also einen Wahrheitskern, den man auch dann übernehmen muß, wenn man daran festhält, daß der wahre Gott unabhängig von allen individuellen und gesellschaftlichen Projektionen existiert. Die richtig verstandene Projektionsthese setzt den Christen sogar überhaupt erst in die Lage zu begreifen, weshalb die Bibel ständig mit solcher Hartnäckigkeit davon redet, daß Gott ein Volk will. Wenn nämlich Gott in der Welt kein Volk hat, das heißt, wenn es nicht die richtige, Gott entsprechende Gesellschaft in der Welt gibt, kann es auch nicht die richtigen Projektionen Gottes geben, und das heißt: dann kann Gott in der Welt nicht als der wahre Gott erkannt werden.

Um das Gesagte noch etwas zu konkretisieren: Solange die Gesellschaft patriarchalisch geprägt ist, wird sie über einen patriarchalischen Gott nicht hinauskommen. Solange die Gesellschaft von Gewalt bestimmt ist, wird sie auch an einen gewalttätigen Gott glauben. Solange die Gesellschaft vom Mißtrauen bestimmt ist, wird sie ihr gegenseitiges Mißtrauen auf Gott projizieren. Und solange sie ihr soziales Leben nach dem Prinzip des *do ut des* gestaltet, wird sie nicht daran vorbeikommen, auch ihr Verhältnis zu Gott nach diesem Prinzip zu vollziehen: sie muß dann ihren Göttern Hekatomben von Opfern darbringen, damit sie gnädig gestimmt bleiben.

Umgekehrt: Dort, wo gewaltfreie Gesellschaft entsteht, schwinden die entstellenden Züge der Gewalt aus dem Antlitz Gottes. Dort, wo versöhnte Gesellschaft sichtbar wird, tritt auch das Bild des wahren Gottes hervor, der nicht versöhnt werden muß, sondern als erster versöhnend die Initiative ergreift. Und dort, wo eine Gesellschaft in gegenseitigem Vertrauen lebt, wird

Gott als der gütige Vater erkannt, dem man rückhaltlos vertrauen darf.

Es ist eine gefährliche Illusion zu glauben, die biblische Offenbarung des wahren Gottes habe sich in der Geschichte unabhängig von gesellschaftlicher Konkretion durchgesetzt. Die Propheten haben das wahre Bild Gottes aufgedeckt, indem sie die soziale Korruption in Israel aufdeckten. Und die alttestamentliche Aufklärung über Gott setzt den Exodus des Gottesvolkes aus Ägypten und Babylon voraus. Jesus wäre nicht möglich geworden ohne diesen geschichtlichen Weg seines Volkes. Und auch Jesus selbst sucht das wahre Israel zu sammeln, damit der wahre Gott erkennbar wird.

Die Kirche darf sich deshalb niemals einbilden, sie hätte das Bild Gottes, das Jesus ihr definitiv eröffnet hat, als ewigen Besitz und könne es nun unabhängig von der Gesellschaft, in der sie lebt, durch die Zeiten tragen. Wenn sie selbst nicht Gesellschaft ist, und zwar *Kontrast*gesellschaft zu den Völkern und deren Sinnwelten und Projektionen, wird sie ihr Gottesbild nicht plausibel verkünden können. Mehr noch: es wird ihr dann selber zur bloßen Überlieferung erstarren, die gesellschaftlich nicht gedeckt ist und deshalb nur noch *Rede über die Rede von Gott* sein kann. Und schließlich verkommt Gott zum reinen *Gerücht*[51].

Ob die Kirche also Kontrastgesellschaft ist oder nicht, steht keineswegs in ihrem Belieben[52]. Wenn sie die ihr von der nachbürgerlichen Gesellschaft zugeteilte Rolle, gesellschaftliche Regionalinstanz für Religiöses und Transzendentes zu sein, übernimmt (und auf diese Rolle auch noch stolz ist), dann hat sie die Verantwortung dafür, daß ihre Glieder die Götter dieser nachbürgerlichen Gesellschaft übernehmen, ohne überhaupt zu merken, was sie tun. Soziologisch formuliert: Wenn die Kirche akzeptiert, in einer *„kompartimentierten Gesellschaft mit geteilten Zuständigkeiten"* aufzugehen, in der die Wirtschaft „für den ökonomischen, der Staat für den politischen, die Kirche für den religiösen und die Familie für den privaten Bereich zuständig" ist[53], dann muß sie auch die *Sinnwelt* dieser kompartimentierten Gesellschaft übernehmen.

Zu den Grundprinzipien dieser Sinnwelt gehört aber gerade, daß man in jedem Teilbereich der Gesellschaft nach anderen Re-

geln und Leitbildern agiert. Die Kirche kann dann noch so sehr
nach Ganzheitlichkeit rufen und die Verantwortung des Christen
für alle Teilbereiche der Gesellschaft betonen – dieser Ruf muß
wirkungslos verhallen, weil ihm gesellschaftlich nichts entspricht. Man kann keine Sinnwelt festhalten ohne entsprechende
gesellschaftliche Basis [54]. Wenn die Kirche ihr Aufgehen in der
kompartimentierten Gesellschaft akzeptiert, dann hat sie – um
nun wieder biblisch zu reden – die Verantwortung dafür, daß die
Getauften den völligen Herrschaftswechsel, den Mt 6,24 fordert,
nicht vollziehen können. Sie werden geteilt leben müssen zwischen Gott und dem Mammon, so wie die Gesellschaft, in der sie
leben, geteilt ist.

8. Salz der Erde

Nun ist allerdings der Gedanke, die Kirche müsse ganz in der
Gesellschaft aufgehen, bei Theologen durchaus beliebt. Schon
im Jahre 1934 formulierte der spätere Tübinger Sozialethiker
Ernst Steinbach den von ihm als „soziologische Definition" der
Kirche verstandenen Satz [55]:

*Kirche ist diejenige Gesellschaft, deren einziger Zweck ist, daß
sie sich ständig in die Welt hinein auflöst.*

Hinter diesem Satz stehen ernst zu nehmende Axiome: E. Steinbach sucht gerade zu verhindern, daß die Kirche sich mit ihrer
Einweisung in einen Teilbereich der Wirklichkeit, mit der Abschiebung in ein Subsystem der Gesellschaft, zufriedengibt [56]; er
will eine „bessere Weltlichkeit" der Kirche; er besteht darauf,
daß der Tod Christi in seiner ekklesiologischen Relevanz gesehen wird; und er möchte nicht zuletzt den weltgestaltenden Sozialimpuls des Evangeliums gewahrt wissen [57].

So richtig und notwendig diese Axiome sind – die aus ihnen
abgeleitete Definition ist zumindest äußerst mißverständlich. Sie
liegt auch gar nicht in der Konsequenz der genannten Axiome.
So müßte zum Beispiel die geforderte „Weltlichkeit" der Kirche
in der Kirche selbst realisiert werden – hierüber ist im folgenden
(vgl. IV 10) noch zu reden –, und der Tod Christi müßte die Kon-

sequenz haben, daß die Getauften aus der alten Gesellschaft in die neue Gesellschaft der Kirche hineinsterben. Jedenfalls läge dies ganz auf der Linie von Röm 6, wo Paulus sagt:

> *Wir wissen doch: Unser alter Mensch wurde mitgekreuzigt, damit der von der Sünde beherrschte Leib vernichtet werde ... So sollt ihr euch als Menschen begreifen, die für die Sünde tot sind, aber für Gott leben in Christus Jesus (6,6.11).*

Paulus meint hier und anderswo mit dem Leben unter der Sünde nicht nur die vor der Taufe begangenen *persönlichen Sünden*, sondern das Leben in der von der *Sündenmacht* beherrschten Welt. Mit der Taufe stirbt der Mensch dieser Welt und tritt ein in den Herrschaftsbereich Jesu Christi, der die Kirche ist. Deshalb läge es durchaus auf der Linie der paulinischen Tauftheologie, von einem Hineinsterben in die Kirche als den Herrschaftsbereich des Auferstandenen zu sprechen, niemals jedoch von einem Hineinsterben beziehungsweise Sich-Auflösen in die Welt.

Trotz seiner erschreckenden Ferne zur Bibel muß man aber E. Steinbach zu verstehen suchen. Hinter seiner Definition und hinter vielen ähnlichen Formulierungen anderer Theologen steht wohl eine tiefe Sehnsucht: die Sehnsucht nach einer völlig unscheinbaren Kirche, die nichts mehr von dem ekklesialen Triumphalismus früherer Jahrhunderte an sich trägt, die tief in die menschliche Gesellschaft eintaucht, die auf ihr Eigensein fast bis zur Selbstaufgabe verzichtet, ja, die sich ganz in die Welt hinein verliert, um alles zu durchdringen und zu verwandeln.

Die Frage ist allerdings, ob hier nicht als Gegenbewegung zu früheren Triumphalismen die Gefahr einer völligen Nivellierung der Kirche droht; ob hier nicht eine bedrohliche Krankheit der gegenwärtigen Kirche mit Hilfe einer passenden Ekklesiologie legitimiert wird: die Krankheit nämlich, daß viele christliche Gemeinden kaum noch als Gemeinden zu erkennen sind und daß sich die Christen der übrigen Gesellschaft mehr und mehr angepaßt haben. *Jürgen Moltmann* hat die Bibel auf seiner Seite, wenn er formuliert[58]:

> *In dem Maße, wie sie (die Kirche) sich an die Formen der jeweiligen Gesellschaften anpaßt, verliert sie die befreiende Kraft des*

Evangeliums. In dem Maße, wie sie die befreienden Wirkungen, die von Jesus und seinem Evangelium ausgehen, durch eigene Gemeinschaft darstellen und im Kontrast zur umgebenden Gesellschaft leben kann, wird sie als Kirche Christi erkennbar.

Aber begünstigt nicht die Bibel selbst jene These vom *Aufgehen der Kirche in der Gesellschaft*? Spricht sie nicht vom Sauerteig, der alles durchsäuert, und bezeichnet nicht die Bergpredigt die Jünger als das Salz der Erde? Vom Sauerteig und vom Salz aber – so wird endlos wiederholt – bleibt nichts mehr übrig, wenn das Brot durchsäuert und das Essen gesalzen ist.

In Wirklichkeit zieht die Bibel diese Konsequenz gerade nicht. Nirgendwo, aber wirklich nirgendwo, sagt sie, das Volk Gottes beziehungsweise die Kirche müsse sich in die Welt hinein auflösen. Sie sagt genau das Gegenteil:

Gleicht euch der Gestalt dieser Welt nicht an, sondern laßt euch durch die Erneuerung eures Sinnes umformen (Röm 12,2).

Das Gleichnis vom Sauerteig (Mt 13,33 par Lk 13,20f) spricht keineswegs vom Aufgehen der Kirche in der Gesellschaft. Zunächst einmal: Es handelt sich um ein Gleichnis vom *Reich Gottes*, und meist wehren sich doch gerade diejenigen Theologen, welche die Kirche in der Gesellschaft aufgehen lassen, vehement gegen die Gleichsetzung von Kirche und Reich Gottes. Aber gehen wir ruhig davon aus, daß Mt 13,33 auch von der Kirche als dem Ort der Gottesherrschaft spricht. Mit der Gottesherrschaft beziehungsweise mit der Kirche – würde dann das Gleichnis sagen – verhält es sich wie mit einer Handvoll Sauerteig. Sie ist klein und unscheinbar, und doch steckt in ihr eine unheimliche Kraft: Sie durchsäuert einen halben Zentner (drei Sea) Mehl. Die Pointe des Gleichnisses ist also die Kraft, die das Reich Gottes entgegen seinem äußeren Anschein entfaltet; eine Kraft, die so groß ist, daß sie alles verwandelt. Hingegen läßt sich als Pointe nicht formulieren: Das Reich Gottes beziehungsweise die Kirche ist in die Welt hineinzukneten, damit es sich in die Welt hinein auflöst. Wer das Gleichnis so liest, macht eine *Voraussetzung* innerhalb der Bildebene des Gleichnisses zu dessen eigentlicher Sinnspitze.

Im übrigen ist die These, vom Sauerteig bleibe, wenn er die Teigmasse durchsäuert habe, nichts übrig, auch rein biologisch gesehen falsch. Nicht der Sauerteig verschwindet im übrigen Teig, sondern der übrige Teig verwandelt sich in Sauerteig. Denn der Sauerteig besteht, im Gegensatz zu der toten, ungesäuerten Teigmasse, aus lebenden Zellen, die sich immer weiter ausbreiten. Genauso sieht Matthäus auch die Ausbreitung der Kirche. Sie soll nicht in der Welt aufgehen, sondern allmählich alle Völker zu Jüngern machen (Mt 28,19). Nicht die Kirche löst sich auf in die Völker, sondern die Völker werden zu Jüngergemeinden.

Wie steht es aber nun mit Mt 5,13?[59]

Ihr seid das Salz der Erde.
Wenn das Salz schal wird,
womit kann man es salzig machen?
Es taugt zu nichts mehr.
Es wird nach draußen geworfen
und von den Menschen zertreten.

Daß es hier um die Jüngergemeinde beziehungsweise um die Kirche geht, ist von vornherein klar. Matthäus hat ja unmittelbar zuvor von den um Jesu willen verfolgten Jüngern gesprochen (Mt 5,10–12). Bestätigt nun nicht wenigstens dieser Text die Vorstellung, der zufolge die Kirche so tief in die Gesellschaft eintauchen müsse, daß sie als solche kaum noch erkennbar sei? Verbindet sich nicht das Salz völlig mit der Speise?

Aber das hieße wiederum, die Zielrichtung des Textes ganz und gar zu verfehlen. Matthäus will ja nicht sagen: „Ihr seid das Salz der Erde. Deshalb laßt euch ausstreuen in die Welt." Die Sinnspitze des Bildes liegt bei ihm vielmehr eindeutig in der Warnung davor, daß die Jüngergemeinde ihre Berufung verfehlt und sich deshalb das Gericht Gottes erwirkt, das hier übrigens die Welt selbst vollzieht. Wenn die Kirche nicht das ist, was sie für die Welt von Gott her sein soll, ist sie überflüssig und verfällt dem Gericht. Matthäus will also nicht sagen:

Ihr seid das Salz der Erde.
Laßt euch deshalb ausstreuen in die Welt!

sondern:

141

Ihr seid das Salz der Erde.
Verliert nicht eure Würzkraft!

Vorausgesetzt ist ein Haushalt, in welchem ein Vorrat guten und reinen Salzes zur Verfügung steht. Vom Haushalt ist ja auch unmittelbar anschließend bei dem Bild von der Lampe auf dem Lampenhalter die Rede (Mt 5,15). Außerdem wird das Salz, sollte es schlecht werden, „nach draußen", also aus dem Haus auf die Straße, geworfen und dort von den Menschen zertreten. Es geht also um ein Haus, zu dessen Küchenvorrat gutes Salz gehört, das nicht verdirbt, wie es damals leicht mit dem aus dem Toten Meer gewonnenen unreinen Salz geschehen konnte.

Die Kirche, so muß dann das Bild verstanden werden, soll für alle Zeiten dazu bereitstehen, im Hauswesen der Welt alle Speisen zu salzen, das heißt, sie überhaupt erst genießbar zu machen und sie vor Fäulnis zu bewahren. Die Sinnspitze ist also auch hier nicht das Sich-Auflösen der Kirche in die Gesellschaft, sondern die *Kontrastfunktion* der Kirche für die Welt. Sie muß die Kraft haben, die Welt zu salzen. Sonst hat sie ihren Sinn verfehlt und verfällt dem Gericht.

Im übrigen wird selbstverständlich das matthäische Salzwort auch durch die folgenden Verse 14–16 interpretiert, die mit Vers 13 eine geschlossene Komposition bilden. Und ausgerechnet in diesen Versen begegnet nun das eigentliche Bild des Matthäus für die Kirche als Kontrastgesellschaft: das Bild von der Stadt auf dem Berg.

9. *Stadt auf dem Berg*

Bevor wir uns Mt 5,14–16 zuwenden, empfiehlt es sich, kurz zurückzublicken. Dieser IV. Teil unseres Buches soll deutlich machen: Die Bergpredigt fordert eine Kontrastgesellschaft. Sie fordert Kontrastgesellschaft zunächst einmal in dem Sinn, daß man sie, ohne diesen Begriff einzuführen, nicht sachgerecht auslegen kann. Anhand des Indikators „Gesetz" konnte gezeigt werden: Die Bergpredigt verlangt *Gesellschaft*. Anhand ihrer kontrastiven Forderungen und ihres kontrastiven Gottesbildes konnte gezeigt werden: Sie verlangt *Kontrast*gesellschaft. Bei alldem handelt es sich freilich um *Implikationen* des Textes. Die Bergpredigt spricht aber auch *explizit* von Kontrastgesellschaft – allerdings in der ihr eigenen biblischen Sprache. Ihr wichtigstes Bild hierfür ist „Stadt auf dem Berg". Ihm wenden wir uns jetzt zu [60]. Matthäus setzt das Salzwort folgendermaßen fort:

Ihr seid das Licht der Welt.
Eine Stadt, die auf einem Berg liegt,
kann nicht verborgen bleiben.
Auch zündet man keine Lampe an
und stellt sie unter den Scheffel,
sondern auf den Lampenhalter,
damit sie allen im Haus leuchtet.

So soll leuchten euer Licht
vor den Menschen,
damit sie eure guten Taten sehen,
und euren Vater preisen,
der im Himmel ist
(Mt 5,14–16).

Daß es sich in 5,13–16 um eine geschlossene Komposition handelt, zeigt der Parallelismus: „Ihr seid das Salz der Erde ... Ihr seid das Licht der Welt." Die beiden Teile des Parallelismus haben in Vers 16 („So soll leuchten ...") einen gemeinsamen Abschluß. Es wird das Ziel genannt, um dessentwillen die Kirche überhaupt da ist: daß alle Menschen Gott den Vater preisen.

Der zweite Teil der Komposition ist durch die Bilder *Licht* und *Stadt* bestimmt. Dabei ist allerdings die „Stadt auf dem Berg" gegenüber dem „Licht der Welt" keine neue Größe. Es liegt vielmehr ein einheitliches Bild vor: Das Licht der Welt ist nichts anderes als die hellerleuchtete Stadt auf dem Berg. Diese Einheit von *Licht* und *Stadt* wird nur dann wirklich verständlich, wenn man ernst nimmt, worauf schon *Gerhard von Rad* hingewiesen hat [61]: Hier ist nicht von irgendeiner Stadt die Rede, sondern von der heiligen Stadt, dem endzeitlichen Jerusalem, von dem die Propheten sagen, daß es einst über alle Berge emporragen und daß sein Licht alle Völker der Welt anlocken werde (vgl. Jes

2,1–5 par Mi 4,1–5). Man hat eingewandt, gegen diese Deutung spreche entschieden das Fehlen des Artikels vor *polis*. Es sei ja nicht von *der*, sondern von *einer* hochgelegenen Stadt die Rede [62]. Dieser Einwand scheitert aber an zwei Beobachtungen:

1. Das Fehlen des Artikels ist problemlos, wenn bereits mit dem „Licht der Welt" auf das endzeitliche Jerusalem angespielt wird. Wie Jes 60,1–3 und andere Texte zeigen [63], kann die Lichtmetapher in engstem Konnex mit dem Bild des endzeitlichen Jerusalem stehen:

> *Auf, werde Licht, denn es kommt dein Licht, und die Herrlichkeit des Herrn geht leuchtend auf über dir. Denn siehe, Finsternis bedeckt die Erde und Dunkel die Völker, doch über dir geht leuchtend der Herr auf, und seine Herrlichkeit erscheint über dir. Völker wandern zu deinem Licht und Könige zu deinem strahlenden Glanz (Jes 60,1–3).*

In diesem Text ist zunächst Jahwe das Licht, das Jerusalem erleuchtet (V. 1 f), aber durch ihn wird die Stadt auch selber zum Licht (V. 3). In einem jüdischen Midrasch (Genesis Rabba) heißt es geradezu: „Jerusalem ist das Licht der Welt." [64] Genau in diesem Sinn ist nach Matthäus die Jüngergemeinde als die endzeitliche Stadt Gottes das Licht der Welt. Die allgemeine Erfahrungsregel in Mt 5,14b zieht dann aus der determinierten Aussage in 5,14a bereits die Konsequenz. Man könnte paraphrasieren: Ihr seid die hochgelegene Stadt Jerusalem, das Licht der Welt. Und eine Stadt, die auf einem Berge liegt, kann und darf nicht verborgen bleiben.

2. In Mt 5,14–16 begegnen nicht nur die Motive *Licht* und *Stadt*; es liegt vielmehr ein ganzer Motivkomplex vor: *Licht–Welt–Stadt–Berg*. Dieser Motivkomplex findet sich nun aber auch in Jes 2,1–5: In der Endzeit wird der Berg mit dem Haus Jahwes alle übrigen Berge überragen (Jes 2,2). Dann strömen die Völker aus der ganzen Welt zu ihm hin (Jes 2,3), um auf dem Zion beziehungsweise in Jerusalem den Willen Jahwes zu erlernen (Jes 2,3). Weil so der Zion zum Ort der wahren, endzeitlichen Gotteserkenntnis werden soll, muß Israel schon jetzt im Licht Jahwes wandeln (Jes 2,5). Diesem Wandel im Licht Jahwes entspricht in Mt 5,16 auf das genaueste die Aussage: „So soll

leuchten euer Licht vor den Menschen, damit sie eure guten Taten sehen und euren Vater preisen, der im Himmel ist."

Diese Entsprechungen sind selbstverständlich kein Zufall. Hinter Mt 5,14–16 steht der alttestamentliche Motivkomplex der Völkerwallfahrt, der dann in Mt 8,11f noch einmal aufgegriffen wird. Es ist auch kein Zufall, daß Matthäus seine Transformation von Jes 2,1–5 exakt vor den Antithesen der Bergpredigt plaziert. Der Tora, die Jes 2,3f zufolge vom Zionsberg ausgeht und deren Plausibilität allen Völkern einleuchtet, weil sie im endzeitlichen Israel gelebt wird, entspricht nach Matthäus die endzeitlich-messianische Torainterpretation, die Jesus auf dem Berge proklamiert. Auch sie wird den Völkern nur plausibel sein, wenn sie von der Kirche eingelöst wird. Deshalb ergeht unmittelbar vor den Antithesen die dringliche Mahnung an die Kirche, ihr Salz nicht schal werden und ihr Licht leuchten zu lassen.

Eines hat sich im Matthäusevangelium gegenüber dem alttestamentlichen Motivkomplex der Völkerwallfahrt allerdings geändert: Mt 28,19f zufolge ziehen nun nicht mehr die Völker zum Zion, um sich belehren zu lassen, sondern die Jünger ziehen zu den Völkern, um ihnen die messianische Torainterpretation Jesu zu lehren. Die äußere Bewegungsrichtung hat sich also umgekehrt. Trotzdem ist mit dieser Umkehrung das Denkmodell der Völkerwallfahrt nicht aufgehoben. Denn die vom Auferstandenen in alle Welt gesandten Jünger sollen ja die Völker zu Jüngergemeinden machen, und diese Gemeinden sind nach dem Verständnis des Neuen Testaments der endzeitliche Bau Gottes aus lebendigen Steinen [65]. Die Stadt auf dem Berg wird also überall in der Welt, wo sich Jesusgemeinden bilden, erbaut. Und da diese Gemeinden die heidnische Gesellschaft, die rundum lebt, faszinieren und anlocken sollen, ist die zentripetale Bewegungsrichtung der Völkerwallfahrt doch wieder gegeben. Genau in diesem Sinn haben jedenfalls die Kirchenväter Jes 2,1–5 interpretiert [66].

Mit alldem dürfte klar sein: Die Kirche, die in Mt 5,13–16 beschrieben wird, ist alles andere als eine elitäre Gruppe, die um sich selber kreist. Sie ist Salz der Erde, Licht der Welt, weithin leuchtende Stadt. Sie ist Kirche für die Welt. Aber gerade so, daß sie nicht in der Welt aufgeht, sondern ihre eigenen Konturen ausprägt. Das zeigt nicht nur das Bild von der hell leuchtenden Stadt, sondern auch der Kontext, in dem Mt 5,13-16 steht. Unmittelbar voran gehen ja die Seligpreisungen, die nun wahrhaftig keine in der Gesellschaft aufgehende Kirche beschreiben, und unmittelbar darauf folgen die hermeneutischen Regeln für die radikale Neuinterpretation der Tora, die mit Jesus anhebt.

Liest man Mt 5,14 in seinem Kontext und vor seinem alttestamentlichen Hintergrund, so steht fest: die leuchtende Stadt auf dem Berg ist Chiffre für die Kirche als Kontrastgesellschaft, die gerade *als Kontrastgesellschaft* die Welt verändert. Verliert sie ihren Kontrastcharakter, wird ihr Salz schal und erlöscht ihr Licht, so hat sie ihren Sinn verloren. Sie wird von den Menschen verachtet, und die Gesellschaft ist dann nicht mehr in der Lage, Gott zu erkennen (im Text: ihn als den Vater im Himmel zu preisen). Matthäus zeigt übrigens mit diesem Abschluß der Komposition 5,13-16, daß er den Zusammenhang zwischen Gesellschaft und Gottesbild, von dem wir in IV 7 gehandelt haben, durchaus erkannt hat: Nur wenn die Kirche als die richtige Gesellschaft vor den Menschen leuchtet, sind diese in der Lage, den wahren Gott zu erkennen und ihm die Ehre zu geben.

Vielleicht ist es nicht überflüssig, noch zu betonen, daß die Kirche in Mt 5,14 auch dann als Kontrastgesellschaft dargestellt wäre, wenn der Komplex der Völkerwallfahrt nicht im Hintergrund stände. Denn die Stadt ist in der Antike geradezu der Inbegriff dessen, was wir „Gesellschaft" nennen [67].

Nimmt man ernst, daß in Mt 5,14 der Gesellschaft der Völker die leuchtende Stadt auf dem Berg gegenübergestellt wird, die eben als Stadt *Gesellschaftsdimension* hat, so begreift man nicht mehr, wie *Heinz Schürmann* in einem programmatischen Vortrag vor der Internationalen Theologenkommission sagen konnte, daß das Neue Testament uns trotz der „lauten Beredsamkeit" des Alten Testaments in den „Fragen des Weltengagements" durch „völliges Verstummen" überrasche [68]. *Schürmann* diagnostiziert „Diskontinuität in der Kontinuität der Heilsgeschichte" [69] und einen Fortschritt von der „innerweltlichen" zur „eschatologischen" Sicht [70]. Ausdrücklich folgert er, *daß wir als Christen wohl auch die Alttestamentlichen Schriften in den Fragen des Weltengagements nur aus der Tiefe dieser Schweigsamkeit heraus hören dürfen. Es wäre jedenfalls grundlegend falsch, die in dieser Beziehung laute Beredsamkeit der Alttestamentlichen Schriften in die Stille des Neuen Bundes hineinzutragen* [71].

Der grundlegende Fehler der zitierten Aussagen liegt darin, daß hier der Begriff „Weltengagement" ganz einseitig verwendet wird. Offensichtlich kann sich *H. Schürmann* Weltengagement nur im Sinne konkreter Aktionen und gezielter Einflußnahmen in die Welt hinein denken. Aber ist nicht eine Kirche, die *als Kirche* nach der Bergpredigt lebt, die provozierendste Einflußnahme auf die Welt und das anstößigste Politikum, das sich überhaupt denken läßt? Mehr noch: Hat nicht allein solche Kirche die Kraft, Welt wirklich zu verändern, indem sie nämlich immer mehr Menschen in die neue, von Gott geschenkte Wirklichkeit der Erlösung hineinführt? So jedenfalls hat die Alte Kirche ihr Verhältnis zur Gesellschaft verstanden, und so ist sie auch von den Außenstehenden verstanden worden. Plinius schreibt an Trajan, daß sich der Aberglaube des Christentums wie eine Seuche durch Ansteckung ausbreite [72].

10. Mißverständnisse von Kontrastgesellschaft

Wir haben in den vorangegangenen Abschnitten 1–9 versucht, den Begriff der Kontrastgesellschaft allein aus der matthäischen Bergpredigt zu entwickeln. Im folgenden sind nun noch typische Mißverständnisse und Einwände gegen diesen Begriff zu behandeln. Hierbei läßt es sich nicht vermeiden, grundsätzlicher zu argumentieren, also über Matthäus hinauszugreifen.

1. Der Begriff der Kontrastgesellschaft setzt die Kirche von der übrigen Gesellschaft ab. Er erklärt sie zur „Gegengesellschaft". Aber darf man Kirche überhaupt von einem Antagonismus her definieren? [73] So lautet ein erster Einwand gegen den Begriff der Kontrastgesellschaft [74].

Dieser Einwand übersieht allerdings, daß bereits der Begriff des Volkes Gottes den Kontrast impliziert: Das Volk Gottes steht als heiliges Eigentumsvolk Jahwes (Ex 19,5f) von vornherein im Kontrast zu den Völkern der Welt. Selbstverständlich macht es nicht das innerste Wesen der Kirche aus, Widerspruch zu sein. Sie darf niemals die „Verweigerung um der Verweigerung willen" suchen, wie *David Seeber* der Sache der Kontrastgesellschaft unterstellt[75]. Die Kirche lebt von ihrem Ja zum Willen Gottes. Aber dieses Ja ist gleichzeitig ein Nein zur gottfeindlichen Welt[76]. So geht der Negation zwar die Affirmation voraus[77]. Aber diese Affirmation der Sache Gottes ist überhaupt nicht möglich ohne den Exodus aus der alten Gesellschaft. Gott hat gerade nicht versucht, die ägyptische Gesellschaft zu verwandeln. Er hat Israel aus Ägypten herausgeführt. Nur so konnte Volk Gottes entstehen, und nur so war gesichert, daß über dieses eine Volk einmal alle Völker der Erde verwandelt würden. *Hans Joachim Höhn* sagt zu Recht[78]:

> *Die Visionen des Alten und Neuen Testamentes von Gerechtigkeit und Frieden, vom Reich Gottes sind ... die wichtigste ‚Sehhilfe', um tragende Strukturen der gegenwärtigen gesellschaftlichen Wirklichkeit als falsch konstruiert zu erkennen und sich daran zu machen, über soziale Netzwerke einen tragfähigen Gegenentwurf aufzubauen.*

Wer meint, Kirche *als neue Gesellschaft* sei überflüssig, da es vollauf genüge, mitten in der alten Gesellschaft zu leben und sie durch den persönlichen Glauben allmählich zu verwandeln, verkennt die Macht dieser Gesellschaft. Jeder, der in ihr lebt, hat ihre Leitbilder tiefer verinnerlicht, als er überhaupt weiß. Dem Einzelnen ist es unmöglich, diesen Leitbildern zu entkommen, ja sie überhaupt nur als solche wahrzunehmen, solange er nicht auf den Boden neuer Gesellschaft, nämlich auf den Boden des Volkes Gottes gestellt ist. Im Grunde wollen die klassischen Begriffe der „Erbsünde" und der „heiligmachenden Gnade" genau dies ausdrücken. Leider sind sie in der Neuzeit viel zu individualistisch und viel zu wenig gesellschaftlich ausgelegt worden.

Selbstverständlich sagt der Begriff „Kontrastgesellschaft" noch nicht alles, was über die Kirche zu sagen ist. Ihn abzulehnen hieße jedoch, die Exodusstruktur der Kirche in Frage zu stellen. Alle, die gegen den Begriff der Kontrastgesellschaft sind, sollten deshalb auch darin konsequent sein, daß sie mit dem modisch gewordenen Gerede vom Exodus aufhören.

2. Das radikale Nein zur gottfeindlichen Gesellschaft ist zwar völlig biblisch. Aber da die Bibel vielen Theologen unbekannt ist, wirkt dieses Nein befremdend und löst oft ein zweites Mißverständnis aus: Sehe man Kirche als Kontrastgesellschaft, so sei die übrige Gesellschaft damit zwangsläufig für schlecht erklärt: hie Kontrastgesellschaft, hie böse Welt! Damit aber habe man der Welt arrogant den Rücken gekehrt, ihr die Kommunikation verweigert und sich gesellschaftlich abgekapselt. In diesem Zusammenhang taucht dann fast regelmäßig der Getto-Vorwurf auf[79]. Der Begriff der Kontrastgesellschaft empfehle den Rückzug der Kirche in ein durch das 2. Vatikanum soeben erst überwundenes religiöses Getto und mache sie so erneut zur „Sonderwelt" und zur „geschlossenen Gesellschaft".

Seltsamerweise übersieht dieser Vorwurf völlig die Wurzel des Begriffs „Kontrastgesellschaft". Der Begriff wurde ja gerade zu Hilfe genommen, um zu zeigen, daß Kirche nicht zum regionalen Teilsystem der Gesamtgesellschaft verkommen darf. Nur als derartiges Teilsystem wäre die Kirche im „Getto"[80]. Denn die für die Kirche äußerst bedrohliche Entwicklung, mehr und mehr zum Teilsystem der Gesamtgesellschaft zu degenerieren, bedeutet nun einmal, daß sie nur noch für das Religiöse und den Transzendenzbezug der Gesellschaft zuständig ist[81]. Wissenschaft, Kunst, Erziehung, Wirtschaft, Freizeit – also alle Bereiche, die kulturträchtig und welthaltig sind, wurden durch die Entwicklung der modernen, kompartimentierten Gesellschaft der Kirche entzogen oder freiwillig von ihr aufgegeben. Sie werden seitdem von der Kirche nur noch von außen her „betreut", sind aber nicht mehr in ihr selbst lebendig. Genau deshalb war die Kirche auch noch nie so kulturlos, wie sie es heute ist. Indem sie darauf verzichtete, selbst Gesellschaft zu sein, verlor sie ihre Weisheit und Schönheit, ihre Philosophie und Kultur und wurde in einer geradezu erschreckenden Weise banal und wesenlos. Indem sie sich in die Gesamtgesellschaft hinein auflöst, erhält sie nämlich keineswegs Anteil an deren Kultur. Wie sich längst gezeigt hat, ist es nur der Kulturmüll, der ihr bleibt.

„Kirche als Kontrastgesellschaft" behauptet demgegenüber: Die Kirche darf sich gerade nicht auf das Religiöse und Transzendente beschränken. Sie muß selbst „Gesellschaft" sein, sie muß „Gegenwelt" sein, sie muß ein Politikum sein, sie muß Kultur haben, sie muß in der Welt aus ihrem Glauben heraus neue Maßstäbe für soziale und ästhetische Formen setzen.

Dies wäre natürlich in einer „Getto"-Existenz völlig ausgeschlossen. Kultur bedeutet fortwährendes Einschmelzen des Fremden, ständigen Austausch mit dem ganz Anderen, hellwache Offenheit zur Außenwelt. Kirche als Kontrastgesellschaft heißt gerade, daß sich die Kirche nicht in die Welt hinein auflöst, sondern daß sie selber Welt ist und dadurch in der Lage ist, andauernd Welt in sich zu versammeln. Kirche als Kontrastgesellschaft ist in einem eminenten Sinn welthaltig; sie ist aus dem umfassenden Stoff der Weltgesellschaft gefügt.

Genau so denkt übrigens auch die Bibel das endzeitliche Gottesvolk. Von dem neuen Jerusalem, das Bild ist für das eschatologische Gottesvolk, welches zur Weltgesellschaft geworden ist, und gleichzeitig Kontrastbild zu Babylon/Rom [82], wird gesagt: Seine Tore werden den ganzen Tag über nicht geschlossen – und Nacht wird es in ihm nicht mehr geben. Die Pracht und die Kostbarkeiten der Völker werden in die Stadt hineingebracht werden (Offb 21, 25 f). Das ist ein exaktes Gegenbild zu jedem Getto. Die Bibel denkt gar nicht daran, sich die Kontrastgesellschaft Gottes als Sonderwelt oder als geschlossene Gesellschaft vorzustellen. Im Bild der Völkerwallfahrt ist die prinzipielle Offenheit des Gottesvolkes für alles Gute und Kostbare, das es in der Welt gibt, programmatisch angezeigt [83].

Gerade dann, wenn sich die Kirche nicht in der übrigen Gesellschaft verliert, sondern ihre eigene Identität gewinnt, steht sie in einem lebendigen Austausch mit der Ratio und Kultur der Welt, schmilzt sie fremde Weisheit, heidnisches Lebensgefühl, neue Kunst, atheistische Philosophie, moderne Wissenschaft, marxistische Gesellschaftstheorie in sich ein – aber nicht zu einem alle Unterschiede nivellierenden Synkretismus, sondern zu einer aus dem Glauben geformten Kultur, die mit biblischer Unterscheidungskraft nach den Prinzipien von 1 Thess 5,16–22 alle Schätze der Völker in sich versammelt.

3. Mit dem gerade Gesagten liegt das nächste Mißverständnis dann schon in der Luft. Es besagt: Kirche, die in diesem Sinn *alles* sein will, maßt sich eine Rolle an, die ihr einfach nicht zusteht. Sie hat sie lange genug gespielt und hat sich nun endlich unter großen Schmerzen, mehr gezwungen als freiwillig, von dieser Rolle verabschiedet. Wir wollen nie mehr eine Kirche, die versucht, die übrige Gesellschaft in sich aufzusaugen; wir wollen die Kirche nicht als eine Art Staat; und wir wollen sie vor allem nicht als Staat der übelsten Sorte, nämlich als Theokratie. Die Ajatollahs haben wir satt.

Wer gegen Kontrastgesellschaft so oder ähnlich argumentiert, hat jedoch zweierlei nicht zur Kenntnis genommen: Erstens, daß der Staat *als mögliche Form des Gottesvolkes* schon im Alten Testament verworfen wird. Israel hat in einer leidvollen Geschichte durchgespielt, ob das Gottesvolk die Form des *Staates* haben kann. Das Ergebnis war eindeutig negativ. Daß die mittelalterliche Kirche an genau derselben Stelle weiterexperimentiert und erneut mit der Gewalt gespielt hat, war vom Neuen Testament her Sünde und gleichzeitig ein tiefes Mißverstehen des Alten Testaments. Für uns ist dieses unheilvolle Experiment nun wirklich abgeschlossen. Die Kirche ist kein Staat und darf es nie wieder sein. Wo es heute noch Staatskirche oder Kirchenstaaten gibt, ist das ein Anachronismus.

Wer bei dem Begriff „Kontrastgesellschaft" zwanghaft an Staat denkt, hat zweitens nicht zur Kenntnis genommen, daß die Philosophie beziehungsweise die Soziologie seit dem Ende des 18. Jahrhunderts zwischen Staat *(civitas, res publica)* und Gesellschaft *(societas, societas civilis, populus)* scharf unterscheidet[84]. Kirche als Kontrastgesellschaft zu begreifen heißt also nicht, sie zum Staat zu machen. Und es heißt erst recht nicht, den Staat zu verwerfen oder zu verteufeln. Solange die neue Gesellschaft Gottes die Welt noch nicht verwandelt hat – man könnte auch sagen: solange es unerlöste Welt gibt, muß es auch den Staat geben, der auf seine Weise für Recht, Frieden und Freiheit sorgt. „Auf seine Weise", das heißt unter Androhung oder Ausübung von Gewalt.

Der Staat sichert so der Gesellschaft eine relative Ordnung und eine relative Freiheit.

Unter diesem Schutz des Staates, innerhalb der Gesamtgesellschaft und doch deutlich von ihr abgehoben, lebt die Kirche als Gesellschaft eigener Prägung. Selbstverständlich muß sie nicht von vornherein alles leisten, was der Staat beziehungsweise was die Gesamtgesellschaft leistet. Sie braucht zum Beispiel in unserem Land kein eigenes Verkehrs- oder Kommunikationssystem zu schaffen. Andererseits kann es durchaus sein, daß sie Probleme, die der von der Gesamtgesellschaft immer stärker zu Hilfe gerufene Staat heute mit einer überbordenden Bürokratie und einem Heer von Sozialtechnikern zu lösen sucht, in dem Verbund ihrer Gemeinden viel einfacher, menschlicher und ökonomischer lösen kann.

Die Kirche als Netz solidarischer Gemeinden, das sich über die ganze Welt zieht, ist dann, obwohl sie an vielerlei Institutionen der übrigen Gesellschaft partizipiert, soziologisch durchaus als *Gesellschaft* zu bezeichnen [85]. Ja, sie *muß* sogar, „soll sie die geschichtlich bleibende Präsenz der eschatologischen Selbstzusage Gottes an die Welt in Jesus sein, eine gesellschaftlich verfaßte Größe sein" (Karl Rahner) [86]. Sie als Gesellschaft zu bezeichnen, wäre nur dann unmöglich, wenn man wie *David Seeber* „Gesellschaft" als Inbegriff aller sozial überhaupt möglichen Erscheinungen betrachtet. Ein derart exklusiv gefaßter Begriff von Gesellschaft erlaubt selbstverständlich keine Kontrastgesellschaft mehr. Aber in diesem exklusiven Sinn spricht die empirische Soziologie eben gerade nicht vom Gesellschaftlichen.

Im übrigen leben heute die nationalen Gesellschaften, also die Völker, dergestalt verflochten neben- und miteinander, daß sie längst nicht mehr in allem autark sind, sondern sich gemeinsamer Güter und Institutionen bedienen, ohne daß es irgend jemandem in den Sinn käme, ihnen die gesellschaftliche Existenz abzusprechen. Wer deshalb behauptet, die Kirche als Kontrastgesellschaft zu bezeichnen, hieße von ihr alles an Funktionen und Institutionen zu verlangen, was die Gesamtgesellschaft leistet, andernfalls sei sie nur eine bedeutungslose Subkultur, hat über die Gestalt heutiger sozialer Phänomene, vor allem solcher übernationaler Art, nie ernsthaft nachgedacht.

4. Kirche als Kontrastgesellschaft muß also durchaus nicht in allem und jedem autarke Gesellschaft sein. Ihr Gesellschaft-Sein ist allein darin extensiv, daß von der in Christus geschenkten Erlösung kein wesentlicher Lebensbereich ausgespart sein darf. Das christologische Axiom: *quod non assumptum non sanatum* (was nicht angenommen wurde, ist nicht geheilt) gilt auch hier. Wenn Christus die Welt wirklich erlöst hat, so hat er prinzipiell auch die Politik, die Verwaltung, das Recht, die Wirtschaft, die Wissenschaft, die Kunst, die Erziehung, die Freizeit erlöst. Bliebe Erlösung auf die Innerlichkeit des Menschen beschränkt, könnte man ehrlicherweise nicht von der Erlösung der *Welt* sprechen.

Die Kirche darf deshalb der Gesellschaft nicht nur Werte predigen, sie darf nicht meinen, es wäre alles getan, wenn sie sich überall Mitspracherechte erkämpft hat, und sie darf ihren Glauben auch nicht nur durch das sogenannte Apostolat der Laien in den einzelnen Bereichen der Gesellschaft „bezeugen", sondern sie muß alle Bereiche der Gesellschaft bei sich selbst in neuer, erlöster Form leben. Sie ist nicht nur Kultgemeinschaft, sie ist Lebensgemeinschaft[87]. In den christlichen Gemeinden muß das gesamte Leben der Christen sozial eingebunden und eben damit erlöst sein[88]. Auch dies meint das Wort „Kontrastgesellschaft". Damit ist selbstverständlich nicht gemeint, daß Christen nicht außerhalb ihrer Gemeinden arbeiten dürften. Aber selbst ihre Arbeit „außerhalb" muß getragen sein von der Zustimmung, dem Rat und der Hilfe der Gemeinde. Andernfalls wird der Christ dem jeweiligen Teilsystem der Gesellschaft mit dessen eigener regionaler Logik und dessen eigenem Wertehorizont überlassen und ausgeliefert.

Genau an dieser Stelle erhebt sich weiterer Widerspruch: *Paul M. Zulehner* hat ihn folgendermaßen formuliert[89]: Für den Alltagsmenschen ist es „vielleicht gar nicht wünschenswert ..., wenn sein Leben so total in einer Gemeinde aufgeht".

Man kann an einen solchen Satz nur die Gegenfrage stellen: Soll es etwa nicht wünschenswert sein, daß die Getauften ihr ganzes Leben der Sache Gottes zur Verfügung stellen? Sollen sie, wie es häufig geschieht, sagen: „Zuerst kommt meine Familie, danach mein Beruf, und wenn ich dann noch Zeit habe, die Gemeinde"? Wohlgemerkt: Diese Abstufung ist in einer Kirche, die ganz in einer zerteilten und den Menschen zersplitternden Gesellschaft aufgeht, völlig richtig. Wie sollte man dort anders gewichten? Aber das Übel ist ja gerade, daß die Christen überhaupt in einer solchen Form von Gesellschaft angesiedelt sein sollen. Kirche als Kontrastgesellschaft heißt deshalb auch, daß die Getauften erst gar nicht mehr gezwungen sind, zerteilt zu leben und nach dem obigen Muster gewichten zu müssen.

Selbstverständlich hat jeder Christ seine eigene Berufung, seine eigenen Grenzen, seine eigenen Möglichkeiten. Seine Existenz ganz zur Verfügung stellen heißt deshalb stets: nach dem *Maß* der eigenen Berufung; aber innerhalb dieses Maßes *ganz*. Nur neutestamentlich verfaßte Gemeinden geben die Möglichkeit, daß der Einzelne in diesem Sinn seine Berufung erkennen und sie ganzheitlich leben kann. Nur in neutestamentlich verfaßten Gemeinden ist es verantwortlich möglich, *zuerst* das Reich Gottes zu suchen und sich alles andere dreingeben zu lassen (Mt 6,33).

Wir haben gesehen, mit welcher Eindeutigkeit Matthäus von allen Getauften die Nachfolge verlangt. Wenn P. M. Zulehner eine Integration des gesamten Lebens in Gemeinde nicht für wünschenswert hält, spricht er sich faktisch gegen die Nachfolge Jesu aus. Denn Nachfolge im neutestamentlichen Sinn ist selbstverständlich kein individualistisches Geschehen fern von Gemeinde, das jeder so gestalten kann, wie es ihm beliebt, sondern ist Hingabe des ganzen Lebens an die Sache Jesu, die nur in der Kirche und dort wieder nur in konkreter Gemeinde begriffen und ergriffen werden kann [90].

5. Daß die Sache Jesu nur in der Kirche begriffen und ergriffen wird, bedeutet natürlich, daß sie dem Einzelnen dort schon *vorgegeben* ist. Dieses Vorgegebensein gilt auch für die Kirche als Kontrastgesellschaft. Es ist deshalb ein grundlegendes Mißverständnis nicht nur des Begriffs der Kontrastgesellschaft, sondern des Begriffs der Kirche überhaupt, wenn *David Seeber* meint, Kirche als Kontrastgesellschaft sei eine „Sammlung Gleichgesinnter"[91]. An anderer Stelle umschreibt er den ihm zutiefst unsympathischen Begriff der Kontrastgesellschaft gar als „Zusammenschluß der ihrer Erwählung bewußten ... Christen"[92].

Ähnliches ist auch anderswoher zu vernehmen, etwa wenn behauptet wird, Kontrastgesellschaft heiße ja doch nichts anderes, als nur noch mit Gleichgesinnten zu verkehren und sich mit ihnen in ein Reich selbstgeplanten Glücks zurückzuziehen.

In solchen und ähnlichen Formulierungen wird aus tief eingefleischtem Individualismus vorausgesetzt, daß viele Einzelne unabhängig voneinander zur gleichen Gesinnung kommen könnten und sich dann zusätzlich, wohl um der besseren Effektivität willen, zu einer Kontrastgesellschaft zusammenschlössen.

Die Wirklichkeit sieht völlig anders aus. Es gibt in der Welt „von Natur aus" keine Gleichgesinnten, sondern nur die Rivalität und den ewigen Dissens. Daß es unter Christen zur gleichen Gesinnung, das heißt zur christlichen Einmütigkeit kommt, ist ein Wunder, welches nur Gott wirken kann. Auf jeden Fall ist Einmütigkeit stets die Frucht bereits vollzogener Umkehr auf das Reich Gottes hin, und sie ist nicht zu haben ohne *gemeinsame* Nachfolge. Sie wird nur erreicht, wenn die gesamte Gemeinde in einer wirklichen Geschichte vor Gott steht und sich vom Evangelium immer wieder in die Nachfolge rufen läßt.

Im übrigen ist Kirche und deshalb auch Kirche als Kontrastgesellschaft niemals ein „Zusammenschluß". So sagt es zwar *Friedrich Schleiermacher* in seinem Buch „Der christliche Glaube. Nach den Grundsätzen der evangelischen Kirche im Zusammenhang dargestellt". Er formuliert dort als These für § 115[93]:

Die christliche Kirche bildet sich durch das Zusammentreten der einzelnen Wiedergebornen zu einem geordneten Aufeinanderwirken und Miteinanderwirken.

Zumindest ist diese These Schleiermachers ganz und gar mißverständlich formuliert. Kirche ist dem Einzelnen als Raum der Erlösung immer schon vorgegeben. Nicht die bereits Wiedergeborenen schließen sich zur Kirche zusammen, sondern durch die Aufnahme in die Kirche geschieht Wiedergeburt, geschieht Geburt in die neue Gesellschaft Gottes hinein.

Analog gilt: Nicht die bereits zuvor zum richtigen Bewußtsein gelangten Christen schließen sich zusammen, um eine Kontrastgesellschaft zu *konstituieren*[94], sondern die Kontrastgesellschaft Gottes ist ihnen in der Kirche längst vorgegeben.

6. Damit sind wir bei einem weiteren Mißverständnis von Kontrastgesellschaft, das mit dem vorherigen eng zusammenhängt. Bei nicht wenigen Autoren hat man den Eindruck, sie verstünden unter Kontrastgesellschaft einen *spezifischen* Zusammenschluß von Christen innerhalb der Kirche. So spricht *Herwig Büchele* in seinem äußerst anregenden Buch „Christlicher Glaube und politische Vernunft", das für eine Neukonzeption der katholischen Soziallehre plädiert, mehrfach von „Kontrastgesellschaften" und meint damit offenbar so etwas wie Basisgemeinden[95]. Und David *Seeber* stellt sehr bewußt den Gegensatz zwischen Volkskirche und Kirche als Kontrastgesellschaft heraus, um die den Kontrast lebenden Christen dann in die Nähe von Orden rücken zu können[96].

Aber genau das ist mit dem Begriff der Kontrastgesellschaft nicht gemeint. Das Reden von Kontrastgesellschaft kann nicht heißen, daß die Kirche nochmals um eine Sonderform erweitert wird, daß zu den Orden, Kongregationen, Säkulärinstituten, Verbänden und Vereinen nun auch noch „Kontrastgesellschaften" hinzukommen. *Der Begriff der Kontrastgesellschaft bezieht sich auf die gesamte Kirche.* Er will der Kirche helfen, daß sie ihre ureigene Grundform, die ihr von der Bibel her vorgegeben ist, wiedererkennt.

Denn die der Kirche eigene Form „ist nicht der Verein, nicht der Freundeskreis, sondern ‚Volk Gottes' als Gegenüber zu den Völkern der Welt" (Joseph Ratzinger)[97]. Und die Kirche ist nicht Dachverband oder Rahmenorganisation für alle möglichen Spezialformen in ihr, sondern das *eine* Gottesvolk, das konkret wird in seinen Ortskirchen.

Daß in der Kirche von einem bestimmten Zeitpunkt an Orden und Spezialformen entstanden sind, war ja nur Indiz für eine tief sitzende Krankheit: daß die Gemeinden unüberschaubar geworden waren und die Radikalität des Anfangs, nämlich die ursprünglich einmal von allen Getauften geforderte Nachfolge, nicht mehr lebten. Der Begriff der Kontrastgesellschaft will vor diesem Hintergrund auf die Berufung und die apostolische

Grundform der gesamten Kirche aufmerksam machen. Ihn Sondergruppen zuzuweisen, die dann in die Nähe von Orden gerückt werden, hieße ihn zu pervertieren.

7. Ein weiterer, ständig wiederholter Einwand behauptet, eine als Kontrastgesellschaft lebende Kirche sei nicht mehr missionarisch, sondern in unsauberer Weise nur noch mit sich selbst beschäftigt. Kirche bestehe dann aus einer unverbundenen Vielfalt ordensähnlicher Zellen, die der Welt den Rücken gekehrt hätten und sich um sie nur noch am Rande kümmerten.

Solche Formulierungen sind jedoch aus Vorurteilen entstanden und am Schreibtisch ausgedacht. Sie haben mit realer Erfahrung nichts zu tun. Dort, wo Kirche im biblischen Sinn Volk Gottes ist, leben die Gemeinden gerade nicht unverbunden nebeneinander, sondern bilden ein fest geknüpftes Netz. Und dort, wo Kirche Kontrastgesellschaft ist, ist sie auch missionarisch[98]. Dort macht sie die Erfahrung, daß die Felder weiß sind zur Ernte; daß sie nicht genügend Arbeiter hat, weil die Ernte übergroß ist; daß sich ständig über alle Grenzen hinweg neue Verknüpfungen ergeben; daß Atheisten und Agnostiker zu ihr kommen, weil die neue Gesellschaft sie fasziniert.

Leider ist es so, daß man die oben genannten Einwände genau umkehren muß: Gerade dort, wo die Kirche zur Verwalterin allein des Religiösen degradiert ist, wird sie weltlos und unfähig zur Kommunikation. Gerade dort, wo sie sich als Teilsystem der Gesamtgesellschaft versteht, leben ihre Gemeinden unverbunden nebeneinander – nämlich genau so unverbunden und anonym, wie auch die übrige Gesellschaft nebeneinander her lebt. Nicht einmal die Christen derselben Pfarrgemeinde kennen sich gegenseitig, geschweige denn, daß Nachbarpfarreien ein Zusammengehörigkeitsgefühl haben und einander helfen, etwa indem Christen freiwillig ihren Wohnsitz wechseln, um einer anderen Gemeinde, die in Glaubensnot ist, beizustehen.

Und wo sind unsere europäischen Pfarreien missionarisch? Wo gibt es Bekehrungen von Atheisten, Agnostikern, Neuheiden? Wo ist die Gesellschaft neugierig auf das *convivere* der Christen? Wo ist sie fasziniert vom christlichen Lebensstil? All das gibt es bei uns faktisch nicht. Das alles gäbe es nur dann, wenn die Kirche im Sinne der Bergpredigt zum Faszinosum würde, zur leuchtenden Stadt, zum Ort, an dem erlöste Gesellschaft sichtbar wird – und genau das meint der Begriff der Kontrastgesellschaft.

8. Als weiterer Vorwurf begegnet häufig die Behauptung, der Begriff der Kontrastgesellschaft ziele auf „reine" oder „vollkommene Gemeinde" – und gerade das sei gegen ein biblisches Verständnis von Kirche. Denn gemäß dem Gleichnis vom Unkraut im Weizen (Mt 13,36–43) sei die Kirche genau wie die Welt ein Ackerfeld, in welchem Unkraut und Weizen bis zum Ende der Welt untrennbar durcheinanderwüchsen. Allein von daher sei der Begriff der Kontrastgesellschaft unhaltbar.

Gegenüber diesem Einwand muß betont werden: Mit Kontrastgesellschaft ist nicht eine Kirche gemeint, in der es keine Schuld mehr gibt, sondern eine Kirche, in der aus erlassener Schuld ständig Umkehr geschieht. Gemeint ist auch nicht eine Kirche, in der es keine Konflikte mehr gibt, sondern eine Kirche, in der Konflikte anders ausgetragen werden als in der übrigen Gesellschaft. Gemeint ist schließlich nicht eine Kirche, in der es kein Kreuz und keine Leidensgeschichten mehr gibt, sondern eine Kirche, die immer wieder Ostern feiern kann, weil sie zwar mit Christus stirbt, aber auch mit ihm aufersteht.

Kirche als Kontrastgesellschaft ist also keine „heile Welt"[99]. Sie kann es gar nicht sein, weil sie missionarisch ist. Ständig strömt unerlöste Welt in sie ein, und ständig erschüttert sie das Unerlöstsein der Welt. Aber nicht nur das! Ständig muß sie auch ihr eigenes Versagen und ihren eigenen Glaubensabfall heilen lassen. Erst dann, wenn Kirche wahrhaft als Volk Gottes lebt, werden ihr überhaupt die Augen geöffnet für ihr wahres Elend. Es gibt dann keine Fassaden und keine Verschleierungen mehr.

Kirche als Kontrastgesellschaft heißt also nicht, daß *weniger* Schuld zu bekennen und zu vergeben ist, sondern *mehr*! Allerdings blüht dann gerade auf dem Boden dieser ständigen Vergebung und Versöhnung die wahre Kirche auf. Denn, sagt *Augustinus,* „wo die Vergebung der Sünden ist, da ist die Kirche"[100]. Und gerade auf dem Boden unbegrenzter Vergebung wird die Kirche zur *Kontrast*gesellschaft. Denn die Welt will ihre Sünde weder bekennen, noch will sie Vergebung.

Es steht also nichts im Weg, das Gleichnis vom Unkraut im Weizen ernst zu nehmen. Allerdings sollte man das Gleichnis richtig lesen. Matthäus redet explizit nur von der Welt und nicht von der Kirche (vgl. V. 38!). Aber nehmen wir ruhig an, daß das Ackerfeld auch die Kirche meint (hierfür spricht V. 41). Dann gilt: Matthäus will in 13,36–43 ja doch wohl nicht als metaphysisches Gesetz festschreiben, daß es in der Welt und der Kirche immer das Böse geben muß, sondern er will die Kirche gerade dazu aufrufen, das Böse in ihrer eigenen Mitte durch Vergebung und Versöhnung zu überwinden.

Wenn solche Versöhnung allerdings nicht möglich ist, weil der betreffende Christ die Zurechtweisung durch Mitchristen, ja durch die ganze Gemeinde nicht annimmt, gilt er der matthäischen Kirche „als Heide und Zöllner" (Mt 18,17). Es wäre eine miserable Hermeneutik, für unsere Frage lediglich 13,36–43 aus dem Matthäusevangelium herauszupflücken, den genauso wichtigen Text 18,15–18 hingegen beiseitezuschieben.

9. Das letzte und zugleich schlimmste Mißverständnis des Begriffs der Kontrastgesellschaft ist das moralistische. Es liegt zum Beispiel bei *David Seeber* vor, wenn er schreibt[101]:

Die Gemeinde der eindeutig Entschiedenen ist auch das Kirchenkonzept derer, die die Kontrastgesellschaft als in der heutigen Situation noch allein mögliches und letztlich überhaupt als einzig mögliches „Kirchenmodell" propagieren.

Die *größere Entschiedenheit* trifft jedoch das, was mit Kontrastgesellschaft gemeint ist, genauso wenig, wie der neuerdings gelegentlich verwendete Begriff „Intensivgemeinde". Je mehr ein Christ in der Nachfolge lebt, desto mehr weiß er, wie unentschieden und unbekehrt er in Wahrheit ist. Kirche als Kontrastgesellschaft kommt nicht dadurch zustande, daß Christen noch entschiedener oder noch heroischer oder noch moralischer leben als andere. Sie kann auch nicht durch administrativ-organisatorische „Maßnahmen" erreicht werden oder durch bessere Pastoralkonzepte. All dies sind moralistische Mißverständnisse von Kirche und damit natürlich auch von Kirche als Kontrastgesellschaft.

Kirche als Kontrastgesellschaft kommt nur dann zustande, wenn sich Menschen ganz von Gott in Beschlag nehmen lassen – einschließlich ihrer Schwachheit und ihrer Schuld[102]. Nur durch solche Menschen kann Gott selbst in der Welt handeln, und nur so kann in den irdenen Gefäßen menschlicher Schwachheit die Herrlichkeit Gottes aufleuchten.

Was die Kirche zur göttlichen Kontrastgesellschaft macht, ist also nicht selbsterworbene Heiligkeit, sind nicht krampfhafte Anstrengungen und moralische Leistungen, sondern die rettende Tat Gottes, der die Gottlosen rechtfertigt, der sich der Gescheiterten annimmt und sich mit den Schuldiggewordenen versöhnt. Erst in dieser geschenkten Versöhnung und im Wunder des gegen alle Erwartung neu gewonnenen Lebens blüht das auf, was hier mit Kontrastgesellschaft bezeichnet wird.

10. Am Ende bleibt die Frage: Lohnt es sich überhaupt, ein Wort, das so viel Mißverständnisse provoziert, weiter zu verwenden? Man wird über das Wort „Kontrastgesellschaft" in der Tat verschiedener Meinung sein können. Vielleicht findet jemand für die gemeinte Sache ein besseres Wort. Die Sache selbst jedenfalls ist unaufgebbar. Sie ist uns von der Bibel her vorgegeben und steht in keiner Weise in unserem Belieben. Denn[103]:

Nach der Bibel ist Glaube selbst Stiftung von Gesellschaft. Er ist originär selber schon Drang, Materie zu formen und Welt zu verwandeln. Er fordert dies nicht erst sekundär als notwendige Verpflichtung nach außen. Wo er lebt, muß, damit er selber sei, neue Welt entstehen. Kirche, wenn wirklich aus dem Glauben, hat selbst die Gestalt von Welt. Sie dient nicht einem Volk, sie ist Volk. Sie fördert nicht die Gerechtigkeit, sie lebt Gerechtigkeit. Sie kämpft nicht um Freiheit, sie ist Ort der Freiheit. Die Zuwendung zu einer schon vorhandenen und nicht aus dem Glauben gewachsenen Welt ist nicht der eigentliche Weltbezug des Glaubens, sondern frühestens ein sekundärer – so notwendig und unvermeidlich er als solcher dann ist (Norbert Lohfink).

TEIL V

Wo werden die „Schwerter zu Pflugscharen"?

---

1. Die Vision vom Völkerfrieden in Jes 2, 1–5

„Schwerter zu Pflugscharen" ist bekanntlich Fragment aus einem alttestamentlichen Prophetenwort, das uns sowohl in Jes 2, 1–5 als auch in Mi 4, 1–5 überliefert ist. Seit dem Aufkommen der Friedensbewegung in der jüngsten Vergangenheit ist „Schwerter zu Pflugscharen" zur einprägsamen Parole geworden – und zwar nicht nur in kirchlichen Gruppen, sondern weit über den Bereich der Kirchen hinaus. Viele Christen und Nichtchristen sehen inzwischen in dieser Parole geradezu eine Anleitung für konkretes politisches Handeln. Es ist lange her, daß eine biblische Wendung derart zum Leitwort einer weltweiten Bewegung wurde. Um so erstaunlicher, daß die Rezeption, die Jes 2, 1–5 par Mi 4, 1–5 (im folgenden: JM) in der Alten Kirche und im Neuen Testament gefunden hat, bisher niemals ausführlich untersucht worden ist![1] Eine solche Untersuchung drängt sich aber auf, denn die Alte Kirche hat der Friedensvision von JM eine außerordentliche Aufmerksamkeit geschenkt. Beide Texte werden in den ersten Jahrhunderten immer wieder zitiert und ausgelegt. Man kann ohne Übertreibung sagen: JM hat im Selbstverständnis und in der Theologie der Alten Kirche eine eminente Rolle gespielt.

Es ist klar, daß im folgenden nicht das gesamte Textmaterial ausgebreitet werden kann. Wohl aber sollen die entscheidenden Linien und Wendepunkte der Rezeption von JM in der Alten Kirche verfolgt werden. Von den Texten her empfiehlt sich dabei folgendes Vorgehen: Zunächst werden JM und ihre Theologie vorgestellt; dann wird die frühkirchliche Deutung von JM *vor* der Konstantinischen Wende beschrieben; dann die Deutung von JM *nach* der Konstantinischen Wende, und zwar bei Eusebius, Cyrill von Alexandrien und Augustinus; erst hiernach werden wir zurückblicken in das Neue Testament, genauerhin: in die Bergpredigt; schließlich soll das Ergebnis formuliert und noch einmal reflektiert werden.

Hier zunächst die Übersetzung von Jes 2,1–5[2]:

Das ist das Wort, das Jesaja, der Sohn des Amoz, über Juda und Jerusalem in einer Vision gehört hat:

In kommenden Tagen wird es eintreten:
Fest gegründet steht der Berg mit dem Haus Jahwes.
Der höchste der Berge – er überragt alle Hügel.

Zu ihm strömen alle Völker,
die vielen Nationen machen sich auf den Weg.
Sie sagen: Kommt, wir ziehen hinauf zum Berg Jahwes,
zum Haus des Gottes Jakobs.
Er zeige uns seine Wege,
auf seinen Pfaden wollen wir gehen.

Denn vom Zion aus
wird eine Gesellschaftsordnung[3] proklamiert,
und zwar als Wort Jahwes aus Jerusalem.
Er schlichtet den Streit der Völker,
er ist der Schiedsrichter der vielen Nationen.
Sie schmieden ihre Schwerter in Pflugscharen um,
ihre Lanzen zu Winzermessern.
Nie mehr wird Volk gegen Volk ein Schwert erheben,
man bildet niemanden mehr aus für den Krieg.

So kommt jetzt, ihr vom Haus Jakob:
Laßt uns beginnen, im Licht Jahwes unseren Weg zu gehen.

Mi 4,1–5 ist in seinem Grundbestand mit Jes 2,1–5 identisch. Es gibt zwar geringfügige Varianten[4]. Diese sind jedoch für unsere Fragestellung zum größeren Teil unwichtig. Von Bedeutung ist lediglich, daß Mi 4,3f den Frieden ausführlicher schildert als Jes 2,4 und daß die Aufforderung an Israel, mit der beide Visionen schließen, jeweils verschieden formuliert ist:

In kommenden Tagen wird es eintreten:
Da steht der Berg mit dem Haus Jahwes fest gegründet.
Der höchste der Berge – er überragt alle Hügel.

Zu ihm strömen die Nationen,
die vielen Völker machen sich auf den Weg.
Sie sagen: Kommt, wir ziehen hinauf zum Berg Jahwes
und zum Haus des Gottes Jakobs.
Er zeige uns seine Wege,
auf seinen Pfaden wollen wir gehen.

Denn vom Zion aus wird eine Gesellschaftsordnung proklamiert,
und zwar als Wort Jahwes aus Jerusalem.
Er schlichtet den Streit der vielen Nationen,
er ist der Schiedsrichter der zahlreichen Völker bis in die Ferne.
Sie schmieden ihre Schwerter in Pflugscharen um,
ihre Lanzen zu Winzermessern.
Nie mehr erhebt dann Volk gegen Volk ein Schwert,
man bildet niemanden mehr aus für den Krieg.
Jeder wird unter seinem Weinstock sitzen
und unter seinem Feigenbaum – und keiner schreckt (ihn) auf.
Ja, der Mund von Jahwe Zebaot hat gesprochen.

Wenn auch[5] *alle Nationen (noch) ihren Weg gehen –*
jede im Namen ihres Gottes,
so gehen wir doch unseren Weg
im Namen Jahwes, unseres Gottes,
auf immer und ewig.

Die großen Übereinstimmungen zwischen den beiden Texten zeigen: Es liegt dieselbe prophetische Tradition vor. Diese wurde entweder bereits mit Varianten überliefert oder aber später je verschieden überarbeitet. Höchstwahrscheinlich geht die Tradition weder auf Jesaja noch auf Micha zurück. Sie wird erst in nachexilischer Zeit formuliert worden sein[6]. Aber letztlich können hier alle traditions- und redaktionsgeschichtlichen Fragen offenbleiben. In unserem Zusammenhang ist allein wichtig, daß die Tradition, die hinter JM steht, im Jesajabuch und im Zwölfprophetenbuch ihren Platz gefunden hat und damit zum alttestamentlichen Kanon gehört. Innerhalb der Texte, die im Alten

Testament die Hoffnung Israels formulieren, ist JM einer der wichtigsten und bewegendsten Texte[7]. Das zeigt eben vor allem seine Rezeptionsgeschichte. Aber bevor wir uns dieser Rezeptionsgeschichte zuwenden, sind zunächst noch einige Bemerkungen zum Inhalt notwendig.

Will man JM eine Überschrift geben, so sagt man wohl am besten: *Vision vom endgültigen und universalen Völkerfrieden.* Nun hat es solche Visionen ewigen Friedens in der Geschichte der Menschheit schon oft gegeben. Es gibt sie im Marxismus, es gab sie bei Kant[8], es gab sie bei Vergil[9], es gab sie im Alten Orient[10]. Was ist das Besondere der Vision von JM? Es läßt sich in fünf Punkten entfalten[11]:

2. Die Voraussetzungen des Völkerfriedens nach Jes 2,1–5

a) Der universale Friede entsteht allein aus der Initiative Gottes.

Von dieser Initiative Gottes ist im gesamten Text immer wieder die Rede. Es ist *Gott,* der den Jerusalemer Tempelberg über alle anderen Berge der Welt erhöht. Es ist *Gott,* der so den Nationen den Weg weist und in dessen Licht auch Israel sich auf den Weg macht. Mit „Weg" beziehungsweise „einen Weg gehen" ist in diesem Zusammenhang, wie oft in der Bibel, die Lebensweise, ja die umfassende Lebensordnung eines Volkes gemeint[12]. Daß „Weg" hier tatsächlich diese Bedeutung hat, zeigt sehr schön der Abschluß von JM bei Micha: „Wenn auch alle Nationen (noch) ihren Weg gehen, jede im Namen ihres Gottes, so gehen *wir* doch unseren Weg im Namen Jahwes, unseres Gottes."

Im übrigen ist der *Weg,* den sich die Völker auf dem Zion zeigen lassen wollen, identisch mit der *Tora,* die vom Zion ausgeht. Motivgeschichtlich gesehen könnte diese Tora zwar ursprünglich der konkrete Rechtsentscheid in einem Einzelfall sein. Man wandte sich bei schwierigen Fragen an einen berühmten Tempel und holte sich dort Weisung oder ließ sich einen Rechtsentscheid geben[13]. Diese ältere Bedeutung von Tora = *priesterliche Weisung für den Einzelfall* schwingt in unserem Text wahrscheinlich noch mit. Gott schlichtet ja durch eine Tora, die er auf dem Zion spricht, die konkreten Streitigkeiten der Nationen. Trotzdem meint Tora in JM eindeutig mehr als nur die einzelne Weisung beziehungsweise die einzelne schiedsrichterliche Entscheidung[14]. Denn die Tora, die in den kommenden Tagen vom Zion ausgeht, bewirkt in der gesamten Welt endgültigen Frieden. Es geht also nicht nur um Einzelentscheide, sondern um eine umfassende Gesellschaftsordnung, die das soziale Leben der Völker verändert. Deshalb übersetzt die Septuaginta *tora* an unserer Stelle auch völlig zu Recht mit *nomos* (= Gesetz), und die Kirchenväter deuten diesen *nomos*, der vom Zion ausgeht, ausnahmslos als die *nova lex Christi*[15]. Wir dürfen also sagen: JM zufolge hängt der universale Friede an einer alternativen Gesellschaftsordnung. Aber gerade diese alternative Gesellschaftsordnung können sich die Völker nicht selbst geben. Sie ist nicht machbar. Sie kann den Nationen nur als Wort Jahwes geschenkt werden. Sie entsteht allein aus der Initiative Gottes.

b) Der universale Friede hat einen genau angebbaren und abgrenzbaren Ursprungsort: den Zion beziehungsweise Israel.

In der alttestamentlichen Exegese ist zwar verschiedentlich behauptet worden, Israel spiele in der Tradition, die hinter JM steht, ursprünglich keine besondere Rolle[16]. Es gehe allein um Jahwe und die Völker. Mit dieser Sicht wird man jedoch der in JM verarbeiteten Tradition keineswegs gerecht. Denn die Tora Jahwes geht ja vom Zion beziehungsweise von Jerusalem aus. Und der Zion ist im Alten Testament kein beliebiger, sondern ein von Ewigkeit her erwählter Ort des Handelns Gottes, der mit dem Gottesvolk untrennbar verbunden ist. Das bedeutet: Die Gesellschaftsordnung, die der Welt den Frieden gibt, hat nicht nur auf dem Zion ihren Ursprung, sondern sie wird von dem Gottesvolk um den Zion modellhaft gelebt.

Aber wie immer es sich mit der ältesten Tradition hinter JM verhält: in der jetzigen, für uns allein maßgebenden Textfassung wird mit der Schlußaufforderung eindeutig eine feste Verbindung zwischen der Tora vom Zion und dem Gottesvolk Israel hergestellt. Denn es heißt ja bei Jesaja am Ende der Vision: „So kommt jetzt, ihr vom Haus Jakob: Laßt uns beginnen, im Licht Jahwes unseren Weg zu gehen." Diese Aufforderung setzt voraus: Der Völkerfriede entsteht nicht gleichzeitig und voneinander unabhängig an ganz *verschiedenen* Stellen der Welt, sondern er hat einen exakt angebbaren und genau identifizierbaren Ursprungsort. Der universale Friede hängt davon ab, daß es ein Volk gibt, das im Gegensatz zu den sich bekämpfenden Völkern der Welt den von Jahwe ermöglichten Frieden modellhaft zu leben beginnt. Dieses Volk ist das „Haus Jakob", also Israel.

c) Der universale Friede breitet sich nicht durch Krieg aus, auch nicht durch Mission, sondern allein durch Faszination.

Sobald dieses durch Israel real existierende Friedensmodell zu leuchten beginnt, ziehen die Völker der Welt nach Jerusalem. Der Text arbeitet mit dem auch sonst im Alten Testament begegnenden Vorstellungskomplex der „Völkerwallfahrt"[17]. Im Falle von JM wird allerdings nicht wie anderswo gesagt, daß die Nationen nach Jerusalem ziehen, um im Tempel ihre Weihegaben niederzulegen[18] oder um dort am Gebets- und Opferdienst teilzunehmen[19]. Sie kommen vielmehr, um dort jene faszinierende Sozialordnung, die allein den Frieden ermöglicht, zu lernen. Man bedenke, was das bedeutet. Der universale Friede entsteht nicht durch Krieg, in welchem Israel alle übrigen Völker zum Frieden zwingt[20]. Also nicht nach dem Modell der *pax Romana*[21], das Vergil später in dem Vers formulieren wird[22]:

parcere subjectis et debellare superbos
Unterworfne zu schonen und niederzukämpfen Empörer

Der Irrglaube, man könne den Völkerfrieden mittels Gewalt herstellen, durchzieht die Weltgeschichte. JM ist diesem Irrglauben nicht erlegen. Der universale Friede entsteht nach JM aber nicht einmal durch Lehrer, Sendboten oder Missionare, die Ideen und Strategien für den wahren Frieden propagieren. Er entsteht allein durch die Faszination, die von einem Volk, das im Frieden Jahwes lebt, ausgeht. Nur an der gelebten, real existierenden gesellschaftlichen Alternative erkennen die Menschen der anderen

Gesellschaften, daß ihre eigenen Lebenskonstruktionen falsch sind. Sie verdrängen das nicht und gehen nicht in Abwehrposition, sondern werden zu Lernenden[23]: „Kommt, wir ziehen hinauf zum Berg Jahwes."

d) Der universale Friede ist nicht transzendent, auch nicht rein innerlich, sondern irdisch-gesellschaftlich.

Für unseren Zusammenhang ist nun von größter Wichtigkeit, daß der universale Völkerfriede von JM kein *himmlischer* Friede ist, sondern ein Friede *auf Erden*. Er ist auch nicht ein Friede des Herzens inmitten äußeren Unfriedens, sondern ein Friede, der die Gesellschaft verändert. Die beiden Texte sind gerade in diesem Punkt ganz realistisch. Sie sagen: Es wird keine militärische Ausbildung und keine militärische Rüstung mehr geben. Auch die Umwandlung der Schwerter zu Pflugscharen ist nicht metaphorisch, sondern völlig real gemeint. Die Pflüge waren ja damals in Israel aus Holz, und nur die Pflugschar der sehr einfachen Hakenpflüge war unter Umständen an ihrer Vorderseite mit einem scharfen Eisen verstärkt. Eisen aber war selten und teuer. Die Umarbeitung von Schwertern zu Pflugscharen war also aus ökonomischen Gründen durchaus sinnvoll. Auch der schöne Satz vom Sitzen unter dem Feigenbaum in Mi 4,4 ist ganz wörtlich gemeint. Der Friede verwirklicht sich „bis in den kleinen Alltag des israelitischen Bauern hinein, dessen Herz sehnsüchtig danach verlangt, einmal ohne Angst und Schrecken" abends unter seinem Feigenbaum ausruhen zu können[24].

e) Der Friede kommt in seiner universalen Gestalt erst in der Zukunft, aber er muß in Israel jetzt schon beginnen.

Wann beginnt nun dieser universale Friede? JM sagt: *b^e'aḥarit hajjamim,* „in der Folge der Zeit", „in künftigen Tagen"[25]. (Die Septuaginta übersetzt: „in den letzten Tagen".) Man würde den Ausdruck völlig mißverstehen, wenn man ihn apokalyptisch als Abbruch eines alten und Anbruch eines neuen Äons interpretieren würde. Gemeint ist zwar eine Geschichts*wende*, aber das Neue, von Gott her Geschenkte, geschieht in dieser irdischen

Geschichte[26]. Weiterhin: Der universale Völkerfriede liegt zwar für JM durchaus noch in der Zukunft. Nur: Diese Zukunft ragt schon in die Gegenwart hinein. Die Zukunft ist, daß alle Völker die Gesellschaftsordnung Israels übernehmen. Das ist noch nicht geschehen. Insofern spricht der Text von einer noch unerfüllten Zukunft. Andererseits: Für Israel beginnt die angesagte Zukunft schon *jetzt*. Unser Text schließt ja bei Jesaja: „So kommt jetzt, ihr vom Haus Jakob, laßt uns beginnen, im Licht Jahwes unseren Weg zu gehen." Noch deutlicher ist der Abschluß bei Micha: „Wenn auch alle Nationen (noch) ihren Weg gehen – jede im Namen ihres Gottes", das heißt nach falschen Gesellschaftsordnungen, die auf Gewalt beruhen, „so gehen wir doch unseren Weg im Namen Jahwes, unseres Gottes." Damit ist klar: Was bei den Völkern noch nicht begonnen hat, muß in Israel bereits seinen Anfang nehmen[27]. Die Jahwegemeinde beginnt jetzt schon den Weg, der für die kommende Zeit *allen* verheißen ist: Sie schmiedet bereits jetzt ihre Schwerter um und bildet bereits jetzt niemanden mehr aus für den Krieg.

Damit sind die wichtigsten Linien von JM herausgearbeitet, und wir können uns nun der Rezeptionsgeschichte der beiden Texte zuwenden.

3. Die Deutung von Jes 2, 1–5 vor der Konstantinischen Wende

Für die Zeit vor Konstantin sind folgende Texte besonders wichtig[28]: *Justin,* Apologia 39; Dialogus 110; *Irenäus,* Adversus haereses IV, 34,4; *Tertullian,* Adversus Marcionem III, 21,3–4; Adversus Judaeos III, 9–10 und *Origenes,* Contra Celsum V, 33. Hinzuzunehmen ist noch *Athanasius,* De incarnatione Verbi 51 f. Dieser Text liegt zwar zeitlich später, gehört jedoch, was seine theologische Position angeht, noch eindeutig der hier zu behandelnden Textgruppe an. Stellvertretend für die gesamte Textgruppe sei die Deutung von *Justin,* Apol. 39, vollständig wiedergegeben:

Wenn der prophetische Geist die Zukunft vorausverkündet, spricht er folgendermaßen: ‚Vom Zion wird ausgehen das Gesetz und das Wort des Herrn von Jerusalem. Er wird richten inmitten der Nationen, und viel Volk wird er zurechtweisen. Sie werden umschmieden ihre Schwerter zu Pflugscharen und ihre Lanzen zu Sicheln. Nie mehr wird Volk gegen Volk das Schwert erheben, und es wird keine Ausbildung mehr geben für den Krieg.'

Daß dies eingetroffen ist, davon könnt ihr euch überzeugen. Denn ‚von Jerusalem' gingen Männer in die Welt aus, zwölf an der Zahl, ganz ungebildet und der Rede nicht mächtig. Aber durch die Kraft Gottes haben sie dem gesamten Menschengeschlecht gezeigt, daß sie von dem Messias gesandt waren, alle das ‚Wort' Gottes zu lehren.

Und wir, die wir einst einander umbrachten, enthalten uns jetzt nicht nur jeder Feindseligkeit gegen unsere Gegner, sondern wir gehen auch, um nicht zu lügen und die Untersuchungsrichter nicht zu täuschen, freudig wegen unseres Bekenntnisses zum Messias in den Tod.

Im folgenden soll das 5-Punkte-Raster, das sich uns aus JM ergeben hat, an den Text Justins und an die übrigen oben genannten Texte angelegt werden. Die Frage ist: Haben so bedeutende Theologen der Alten Kirche wie Justin, Irenäus, Tertullian, Origenes und Athanasius bei ihrer Deutung von JM die dort entscheidenden Kennzeichen des universalen Völkerfriedens begriffen und aufgegriffen?

a) Die Initiative Gottes ist in den genannten Texten klar herausgestellt oder als selbstverständlich vorausgesetzt. Sie wird, wie gar nicht anders zu erwarten, überall *christologisch* formuliert. Gott hat durch Jesus Christus, seinen Sohn, die Initiative ergriffen und definitiv an der Welt gehandelt. Am klarsten formuliert es Athanasius.

Wer hat das alles fertiggebracht? Wer hat im Frieden geeint, die sich zuvor haßten, wenn nicht der geliebte Sohn des Vaters, der gemeinsame Heiland aller, Jesus Christus, der in seiner Liebe alles um unseres Heiles willen ertragen hat? (De incarn. 52).

b) Der Friede, den Gottes Initiative schenkt, hat in den genannten Texten einen genau angebbaren und abgrenzbaren Ort: nämlich das neutestamentliche Gottesvolk. Seit Origenes deuten die Kirchenväter den Tempel Gottes, der sich auf dem Zion über alle anderen Berge erhebt, mit größter Selbstverständlichkeit auf die Kirche[29]. So schreibt Origenes[30]:

> *Wir kommen ‚in den letzten Tagen', nachdem unser Jesus sichtbar unter uns erschienen ist, ‚zu dem hellstrahlenden Berg des Herrn', zu dem ‚Wort', das über jedes Wort erhaben ist, und zum ‚Haus Gottes', das da ist die Gemeinde des lebendigen Gottes, die Säule und das Fundament der Wahrheit! (C. Cels. V, 33).*

In der Kirche, dem neutestamentlichen Volk Gottes, realisiert sich also die Zionstheologie von JM[31]. Die Theologen der Alten Kirche haben die neutestamentliche Ekklesia aber nicht nur mit dem Haus Jahwes auf dem Zion identifiziert. Sie haben auch sehr genau begriffen, daß in JM das Gottesvolk als *gesellschaftliche* Größe in den Blick genommen ist, und zwar als Kontrastgesellschaft zu den übrigen Völkern. Deshalb beschreiben sie in ihren kommentierenden Erläuterungen zu Jes 2,4 und Mi 4,3 die Kirche gern in Abhebung von der heidnischen Gesellschaft. Die Kontrastfunktion der Kirche wird dabei stets mit Hilfe eines urchristlichen Predigtschemas formuliert, das aus der Taufparänese stammt: dem Schema „Einst-Jetzt". Man könnte dieses Schema, das schon im Neuen Testament häufig belegt ist[32], folgendermaßen paraphrasieren: *Einst,* da ihr noch nicht getauft wart, lebtet ihr wie die Heiden; *jetzt aber,* da ihr in die Kirche eingegliedert seid, hat sich euer Leben von Grund auf geändert. Dieses Kontrastschema wird bei Justin, Origenes und Athanasius verwendet; besonders deutlich bei Justin:

> *Wir, die wir einst einander umbrachten, enthalten uns jetzt nicht nur jeder Feindseligkeit gegen unsere Gegner, sondern wir gehen auch, um nicht zu lügen und die Untersuchungsrichter nicht zu täuschen, freudig wegen unseres Bekenntnisses zum Messias in den Tod (Apol. 39).*

Allein schon auf Grund dieses Kontrastschemas ist klar: Der endzeitliche, von Gott in Christus geschenkte Friede hat einen eindeutigen gesellschaftlichen Ort. Dieser Ort ist die Kirche.

c) Daß sich nach unseren Texten der Friede in der Welt nicht durch Krieg und Gewalt ausbreitet, liegt auf der Hand. Es genüge statt weiterer Belege ein Satz des Athanasius:

> *Noch heute wüten die roh gesitteten Barbaren, solange sie an ihren Götzenopfern festhalten, widereinander und können es keine Stunde ohne das Schwert aushalten. Sobald sie aber von der Lehre Christi hören, gehen sie sofort vom Krieg zum Ackerbau über und erheben ihre Hände, statt sie mit dem Schwerte zu bewaffnen, zum Gebet (De incarn. 52).*

Das Thema der Gewaltlosigkeit aus JM ist also voll aufgegriffen. Schwieriger ist es mit der Missionsthematik. Denn das Thema: *Aussendung der Apostel zur Völkermission* ist fester Bestandteil der altkirchlichen Auslegung von JM. Der Grund ist klar: In Jes 2,3 par Mi 4,2 lasen die Väter ja: „Vom Zion wird ausgehen das Gesetz und das Wort des Herrn aus Jerusalem." Diesen Satz mußten sie auf Grund der lukanischen Darstellung in Lk 24 / Apg 1 auf die Aussendung der Apostel durch den Auferstandenen deuten[33]. So kam der Missionsgedanke fast zwangsläufig in die christliche Auslegungsgeschichte von JM hinein.

Ist damit nun ein erster Gegensatz zwischen JM und der Auslegung der Alten Kirche gegeben? Offenbar nicht! Die Alte Kirche hatte nämlich gar nicht unsere moderne Vorstellung von Mission. Sie hatte nicht die Vorstellung systematischer Missionsarbeit, die kontinuierlich und flächendeckend das Evangelium propagiert. Ihre Missionstheorie war viel schlichter. Man konnte sie folgendermaßen formulieren[34]: Die zwölf Apostel wurden vom auferstandenen Christus ausgesandt. Sie haben daraufhin das Evangelium in der gesamten Welt proklamiert und in genügender Zahl Ortskirchen gegründet. Damit war die eigentliche Mission abgeschlossen. Die von den Aposteln gegründeten Ortskirchen existieren von da an als Zentren der sicheren Weitergabe der Tradition und als Orte, wo die Praxis Jesu gelebt wird. Von dieser gelebten Praxis der Ortskirchen geht eine solche Faszination aus, daß die Heiden von selbst in die Kirche strömen. Die

Kirche wird dabei in Anlehnung an Mt 5,14 als die „Stadt auf dem Berg" angesehen, die weithin leuchtet und zu der sich die Heiden auf den Weg machen. Wie leicht die überwältigende Erfahrung, daß plötzlich die Heiden in die Kirche drängten, mit Hilfe der alttestamentlichen Vorstellung von der Völkerwallfahrt formuliert werden konnte, zeigt Origenes, der JM stilistisch meisterhaft aus der Sicht der Heidenkirche paraphrasiert:

> *Wir, ‚alle Völker', kommen zu ihm [nämlich zum Haus des Herrn], und wir, ‚die vielen Völker', brechen zu ihm auf und ermahnen einander, die ‚in den letzten Tagen' durch Jesus Christus aufstrahlende Gottesverehrung anzunehmen, und rufen uns gegenseitig zu: ‚Kommt, wir ziehen hinauf zum Berg des Herrn, zum Haus des Gottes Jakobs. Er weise uns seinen Weg, daß wir auf diesem Weg gehen' (C. Cels. V, 33)* [35].

So notwendig also mit Jes 2,3 par Mi 4,2 im Verständnis der Väter das Motiv der *Mission* gegeben war – das Motiv jener *Faszination,* die vom Zion ausging und die den eigentlichen Grund bildete, aus dem die Heiden in die Kirche strömten, war damit keineswegs beiseite geschoben.

d) Im Alten Testament konnte noch nicht vom Frieden im Himmel als dem Endziel des Menschen die Rede sein. In der Zeit der Alten Kirche aber sehr wohl! Auch die Idee eines inneren Friedens der Seele trotz äußeren Unfriedens war den Vätern aus der antiken Philosophie geläufig. Um so bemerkenswerter ist es, daß die altkirchlichen Ausleger von JM den Frieden, von dem dort die Rede ist, zunächst konsequent *irdisch-gesellschaftlich* auslegen. Zwar kann das Umschmieden der Schwerter zu Pflugscharen schon sehr früh auch auf die Änderung der *Gesinnung* gedeutet werden. So interpretiert Tertullian:

> *Die Völker werden ihre böse Gesinnung und aggressive Sprache, überhaupt all ihre zerstörerischen und verleumderischen Kräfte, umwandeln in Leidenschaft für Milde und Frieden (Adv. Marc. III, 21,3).*

Trotzdem bleibt es mehrere Jahrhunderte lang vorwiegend bei der *gesellschaftlichen* Auslegung von JM. Wenn die frühen Väter

– Jes 2,4 par Mi 4,3 aufnehmend – sagen: „Wir verstehen schon nicht mehr zu kämpfen"[36], dann ist dies keineswegs metaphorisch gemeint. Im Hintergrund steht vielmehr eine bis Konstantin durchgehaltene kirchliche Praxis, die es den Gläubigen untersagte, Soldat zu werden[37]. Bat einer, der bereits Soldat war, um die Taufe, so wurde er nur dann zugelassen, wenn er sich ausdrücklich verpflichtete, nicht zu töten und an keinen militärischen Aktionen teilzunehmen. Im Kanon 16 der *Traditio apostolica,* einer der einflußreichsten Rechtssammlungen der Alten Kirche, stehen die Sätze[38]:

Ein Soldat unter Befehlsgewalt darf niemanden töten. Wenn er dazu den Befehl erhält, darf er ihn nicht befolgen. Auch darf er keinen Eid leisten. Geht er darauf nicht ein, so weise man ihn [als Taufbewerber] ab. Wer aber selbst die Schwertgewalt hat ..., muß von seinem Amt zurücktreten. Andernfalls weise man ihn [als Taufbewerber] ab. Wenn ein Taufbewerber oder ein Gläubiger Soldat werden will, weise man ihn ab, denn er hat Gott verachtet.

Die Friedenstheologie der Alten Kirche ist also alles andere als eine Utopie. Sie ist sehr konkret. Sie wird in der Gewaltlosigkeit des Gottesvolkes zum Politikum. Wie nüchtern und realistisch die damaligen Theologen über die Gewaltlosigkeit der Christen reden, zeigt die Tatsache, daß sie oft im selben Atemzug vom Martyrium sprechen. So sagt Athanasius in seiner Auslegung von JM:

Die Jünger Christi kämpfen nicht gegeneinander, sondern setzen sich mit ihrer Lebensweise und ihrer sittlichen Praxis gegen die Dämonen zur Wehr, verjagen sie und besiegen selbst ihren Anführer, den Teufel. Sie sind nämlich selbstbeherrscht schon in ihrer Jugend, halten stand in Versuchungen, harren aus in Mühsalen, bleiben geduldig, wenn sie verhöhnt werden, lassen sich ausrauben, und – dies ist das größte Wunder – sie verachten den Tod und werden Märtyrer für Christus (De incarn. 52).

e) Wann kommt nun nach Meinung der Väter der in den beiden Prophetentexten verheißene Völkerfriede? Dies ist die entscheidende Frage für unsere Untersuchung der Auslegungsgeschichte von JM. Bis zu Augustinus gibt die gesamte Alte Kirche auf diese Frage eine völlig einstimmige Antwort. Sie sagt: Was in JM prophezeit wurde, hat sich *jetzt,* in unseren Tagen, erfüllt. Diese Antwort ist wahrhaft atemberaubend. Die Kirche des 20. Jahrhunderts würde es nicht mehr im entferntesten wagen, derartiges zu behaupten. Die Alte Kirche hingegen hatte noch den Mut zu sagen: Alles, was in JM steht, hat sich im neutestamentlichen Gottesvolk bereits erfüllt. Im einzelnen sieht ihre Textauslegung in diesem Punkt folgendermaßen aus:

„Die kommenden Tage" beziehungsweise „die letzten Tage" meinen nicht eine ferne Zukunft, sondern die Gegenwart. Genauer: Sie meinen die Zeit, in der Jesus gelebt hat und in der die Kirche jetzt lebt[39]. „Wir kommen in den letzten Tagen", sagt Origenes, „nachdem unser Jesus sichtbar unter uns erschienen ist, zu dem hellstrahlenden Berg des Herrn."[40] – Der Berg, der alle anderen Berge überragt, ist nach fast einhelliger Auslegung der Väter Christus[41]. – Das auf diesen Berg gebaute „Haus des Herrn" ist nach ebenfalls fast einhelliger Auslegung der Väter die Kirche[42]. – Das Hinzuströmen der Völker ist die überraschend schnelle Ausbreitung der Kirche unter den Heiden[43]. – Die Tora, die vom Zion ausgeht, ist das neue Gesetz Christi, enthalten in der Bergpredigt[44]. – Das „Wort des Herrn", das von Jerusalem ausgeht, ist das Evangelium[45]. – Daß Gott Richter inmitten der Nationen ist, bedeutet, daß er *jetzt* in der Geschichte zwischen denjenigen Völkern scheidet, die das Evangelium annehmen, und denen, die es nicht annehmen[46]. – Das Umschmieden der Kriegsgeräte schließlich wird auf die absolute Gewaltlosigkeit gedeutet, die in der Kirche gelebt wird. Und da die Kirche Volk aus den Völkern ist, die Heidenvölker in ihr also schon zusammengeströmt sind, hat sich die prophetische Verheißung vom universalen Völkerfrieden nach Meinung der Alten Kirche bereits erfüllt – eben in dem internationalen Volk Gottes, der Kirche.

„Schon seit langem war der Friede geweissagt, der dann mit Christus anbrechen sollte", schreibt Athanasius[47]. – „Daß dies eingetroffen ist, davon könnt ihr euch überzeugen", schreibt Justin[48]. – „Wer anders ist damit gemeint als wir. Belehrt durch das neue Gesetz, beobachten wir ja dies alles", schreibt Tertullian[49].

Was für ein Bewußtsein! Hätten die Theologen der Alten Kirche nicht doch besser etwas bescheidener formulieren sollen? Ja, vielleicht! Aber was ist denn besser? Eine Unbescheidenheit, die begriffen hat, daß Jesus gar nicht der Messias gewesen sein kann, wenn der messianische Friede in der Welt nicht begonnen hat – oder unsere heutige Bescheidenheit, die längst die Hoffnung verloren hat, daß der messianische Friede noch in dieser Welt beginnen könnte, die ihn deshalb in die himmlische Transzendenz verlegt und so Jesus als Messias desavouiert?

Die Theologen der Alten Kirche jedenfalls haben sehr genau begriffen, daß es bei der Frage, ob JM schon erfüllt sei, letztlich um die Messianität Jesu geht. Sowohl bei Justin als auch bei Irenäus und Athanasius dient die Auslegung von JM deutlich der *demonstratio christologica*. Wenn sich die Verheißung von JM, von der man wußte, daß die Juden sie messianisch deuteten[50], nicht schon jetzt erfüllt hätte, dann wäre, davon sind die frühen Väter überzeugt, Jesus nicht der Messias gewesen. Andererseits gilt:

Wenn aber das ‚Gesetz‘ der Freiheit, das heißt das ‚Wort‘ Gottes, von den Aposteln, die ‚von Jerusalem ausgingen‘, auf der ganzen Erde verkündet wurde und eine so große Veränderung bewirkt hat, daß sie ‚die Schwerter und Lanzen‘ des Krieges ‚zu Pflügen‘ . . . ‚und Sicheln‘ . . ., also zu Werkzeugen des Friedens, umgeändert haben und ‚schon nicht mehr zu kämpfen verstehen‘, sondern, wenn sie geschlagen werden, auch noch die andere Backe hinhalten – dann haben die Propheten diesen Text nicht auf irgendeinen anderen bezogen, sondern auf den, der diese Dinge bewirkt hat. Das aber ist unser Herr! (Irenäus, Adv. haer. IV, 34, 4).

4. Die Deutung von Jes 2, 1–5 bei Eusebius

Mit dem Übergang von der Gemeindekirche zur Reichskirche im 4. Jahrhundert verändert sich abrupt die Auslegung von JM. Verantwortlich für diese Wende in der Auslegungsgeschichte ist Eusebius, der Bischof von Cäsarea[51]. Er formuliert, tief beeindruckt von Konstantin, dessen Zeitgenosse er ist und den er persönlich kennt, eine politische Theologie, in der JM eine entscheidende Rolle spielt. Allein den Vers Jes 2, 4 par Mi 4, 3 zitiert er in seinen Schriften 17mal[52]. In der politischen Theologie des Eusebius werden drei Größen in enge Korrelation gebracht: 1. der von Christus geoffenbarte Monotheismus[53], 2. das von Augustus begründete und jetzt von Konstantin geführte *imperium Romanum*, 3. der universale Völkerfriede.

Vor allem *Erik Peterson* hat in seiner glänzenden Studie „Der Monotheismus als politisches Problem" den Zusammenhang dieser drei Größen in der Theologie des Eusebius aufgezeigt[54]. Dieser Zusammenhang sei hier zunächst knapp skizziert, weil sonst der entscheidende Text des Eusebius nicht verständlich wird.

Nach Eusebius entsprach in früheren Zeiten der Vielherrschaft der Götter, ihrer *polyarchia*, eine Vielzahl von irdischen Herrschern. Der Geteiltheit der göttlichen Herrschaft korrespondierte also die Geteiltheit irdisch-politischer Herrschaft. Der himmlisch-irdischen Vielherrschaft wiederum entsprach eine unendliche Rivalität der Völker. Sie führte zu ständigem Krieg.

Gegenüber dieser Situation brachte Christus die Wende. Er offenbarte der Völkerwelt den einen, einzigen Gott. Die antiken Götter entmachtete er und erwies sie als ohnmächtige Dämonen. Genau zur gleichen Zeit und parallel dazu[55] beseitigte der römische Kaiser Augustus die unendlichen Teilungen politischer Herrschaft und setzte eine einzige Herrschaft an ihre Stelle: das *imperium Romanum*. Die von Christus offenbarte *monarchia* Gottes und die unter Augustus aufstrahlende *monarchia* staatlicher Macht entsprachen sich also.

Diese Entsprechung hatte allerdings unter Augustus nur prinzipiell begonnen. Wirklich durchzusetzen vermochte sie sich erst unter Kaiser Konstantin. Erst unter ihm konnte sich die Alleinherrschaft Gottes, die Christus offenbart hatte, auch politisch voll auswirken, denn Konstantin diente, im Gegensatz zu Augustus, dem einen, wahren Gott. Insofern bricht mit Konstantin die messianische Heilszeit, die Christus gebracht hatte, definitiv an. So wie einst die Vielherrschaft der Götter und die Vielherrschaft im Staat die *Rivalität* der Völker verursacht hatten, so bringen jetzt die Offenbarung der Alleinherrschaft Gottes und die Herstellung politischer Alleinherrschaft *Einmütigkeit* unter die Völker.

Das messianische Friedensreich setzt sich also seit Konstantin voll durch. Die Geschichtswende wird offenkundig. Jetzt erfüllen sich sämtliche alttestamentlichen Verheißungen[56]. Jetzt fährt Gottes Geist in das verdorrte Totengebein (Ez 37, 1–14). Jetzt blüht die Wüste auf (Jes 35, 1 f). Jetzt offenbart Gott sein Heil vor den Augen der Völker (Ps 98, 1 f). Jetzt ist zu sehen, was viele Gerechte und Propheten zu sehen wünschten und nicht sehen durften (Mt 13, 17). Jetzt hat Gott den Kriegen ein Ende gesetzt bis an die Grenzen der Erde (Ps 46, 10). Und vor allem: Jetzt werden die Schwerter umgeschmiedet zu Pflugscharen.

Diese Umgestaltung der Welt zur Einheit des *imperium Romanum* und die damit gegebene *pax Romana* sind für Eusebius der entscheidende Beweis für die Göttlichkeit Christi und die Wahrheit des Christentums. Zweierlei mußte diese Theologie damals höchst attraktiv und plausibel machen:

1. Hinter ihr stand die lange philosophische Tradition des metaphysischen Monarchianismus, die sich im Gefolge des Aristoteles (Metaphysik XII) gegen jede Art von metaphysischem Dualismus bzw. Pluralismus wandte und die schon sehr früh ins Politisch-Gesellschaftliche ausgeweitet wurde[57]. Bereits Aristoteles beruft sich für seine monarchianische Metaphysik auf den in der Antike vielzitierten Homervers[58]:

Nicht gut ist Vielherrschaft, einer sei Herr.

2. Die politische Theologie des Eusebius wurde aber auch attraktiv und plausibel durch das ungeheure Befreiungserlebnis, welches das Toleranzedikt von Mailand der noch kurze Zeit zuvor so hart verfolgten Kirche schenkte.

Jedenfalls hat seine Theologie eine außerordentliche Wirkung gehabt. Immer wieder wird Eusebius zitiert. Immer wieder werden seine Gedanken aufgegriffen. Ständig wird seine Auslegung von JM wiederholt. Ort solcher Rezeption sind zunächst einmal die großen Jesajakommentare der Folgezeit, z. B. die von Johannes Chrysostomus, Cyrill von Alexandrien, Theodoret von Cyrus und Hieronymus. Sie sind in ihrer Auslegung von Jes 2, 1–5 fast immer von Eusebius abhängig⁵⁹. Ort der Eusebiusrezeption sind aber oft auch Homilien zur lukanischen Weihnachtsgeschichte. Hier boten der Name des Augustus und die Steuerschätzung unter Quirinius Gelegenheit, die politische Friedensideologie des Eusebius zu erwähnen oder zu referieren⁶⁰. Eine wichtige Rolle in der Eusebiusrezeption hat schließlich Ps 46 (45), 10 gespielt:

> *Er setzt den Kriegen ein Ende bis an die Grenzen der Erde;*
> *er zerbricht die Bogen, zerschlägt die Lanzen,*
> *im Feuer verbrennt er die Schilde.*

Auch an diesem alttestamentlichen Text wurde die Geschichtstheologie des Eusebius in der Folgezeit immer wieder festgemacht⁶¹.

Wir brauchen die in Frage kommenden Texte hier nicht auszubreiten, da sie alle denselben Grundgedanken variieren. Es genügt, jenen Text darzubieten, in welchem Eusebius seine Konzeption am breitesten entfaltet, nämlich Praeparatio evangelica I, 4, 2–5:

> *Ist das, was mit unserem Erlöser für das Wohlergehen aller Menschen ans Licht trat – nicht nur in seinen öffentlichen Reden, sondern auch in dem, was geheimnisvoll in ihm am Werk war –, nicht zu einem Beweis seiner göttlichen Macht geworden? Denn auf geheimnisvoll-göttliche Macht ging es zurück, daß genau zur gleichen Zeit, da er mit seinem Wort und mit seiner Lehre über die Alleinherrschaft (monarchia) des einen, allherrschenden Gottes hervortrat, auch das Menschengeschlecht zur Freiheit gelangte – zur Freiheit sowohl von der vielfältigen und trügerischen Gewalt der Dämonen als auch von der Vielherrschaft (polyarchia) der Völker.*
>
> *In der Vergangenheit regierten nämlich in jedem Volk über die Städte wie über die ländlichen Territorien unzählige Könige und Statthalter. Teils wurde demokratisch, teils durch Tyrannen, teils durch Herrschaft von mehreren regiert. Es ist klar, daß hieraus Kriege jeder Art entstehen mußten. ‚Volk erhob sich gegen Volk', ständig überfiel man Nachbarländer, man plünderte und wurde selbst ausgeplündert, man zog gegeneinander zu Feld und belagerte sich gegenseitig die Städte. Die Konsequenz war na-*

türlich, daß alle in Stadt und Land von Jugend an zum ‚Erlernen des Kriegshandwerks' verpflichtet waren und ständig, auf den Überlandstraßen, in den Dörfern und auf den Feldern, das Schwert trugen.

Als aber der Messias Gottes erschien, über den einst durch die Propheten gesagt worden war: ‚In seinen Tagen wird Gerechtigkeit aufblühen und Fülle des Friedens' (= Ps 72, 7), und: ‚Sie werden umschmieden ihre Schwerter zu Pflugscharen und ihre Lanzen zu Sicheln, nie mehr wird Volk gegen Volk das Schwert erheben, und es wird keine Ausbildung mehr geben für den Krieg', da folgte in genauer Entsprechung den Weissagungen die Erfüllung. Denn sofort wurde bei den Römern jede Vielherrschaft beseitigt – trat doch Augustus genau zu dem Zeitpunkt, da unser Erlöser erschien, die Alleinherrschaft an. Von da an bis zum heutigen Tag müssen wir es nicht mehr wie früher erleben, daß eine Stadt gegen die andere Krieg führt, ein Volk das andere bekämpft und sein Leben im Austragen alter Streitigkeiten erschöpft.

Muß man es nicht für ein Wunder ansehen? Einst, als die Dämonen noch alle Völker unterdrückten – und dabei dennoch von den Menschen hochverehrt wurden –, wüteten die Menschen, von eben diesen Göttern angestachelt, in furchtbaren Kriegen gegeneinander. So führten Griechen gegen Griechen, Ägypter gegen Ägypter, Syrer gegen Syrer, Römer gegen Römer Krieg, unterjochten sich gegenseitig und rieben sich in Belagerungen auf, wie aus den Geschichtsdarstellungen der Alten über diese Völker hervorgeht.

Mit der gottgefälligen und unvergleichlich friedvollen Lehre unseres Erlösers aber wurde die Reinigung vom Irrtum der Vielgötterei erreicht, mit der Reinigung von der Vielgötterei wich die Rivalität der Völker, und damit waren die alten Übel sofort beseitigt. Eben dies ist meiner Meinung nach der stärkste Beweis für die geheimnisvoll-göttliche Macht unseres Erlösers.

Wir müssen zunächst einmal zur Kenntnis nehmen, was hier aus der vorangegangenen christlichen Auslegungstradition von JM (vgl. das obige 5-Punkte-Raster) alles beibehalten wird:

a) Der universale Völkerfriede entspringt allein der Initiative Gottes, der in Jesus Christus definitiv handelt.

d) Der von JM verheißene universale Völkerfriede ist nicht transzendent und auch nicht rein innerlich, sondern irdisch-gesellschaftlich auszulegen.

e) Der universale Völkerfriede ist *jetzt* angebrochen.

Neu in der Auslegung von JM ist hingegen folgendes: Ort des universalen Friedens ist nicht mehr das neutestamentliche Gottesvolk, sondern das römische Imperium (gegen b). Damit hängt eng zusammen: Der universale Friede breitet sich nun nicht mehr allein durch Gewaltlosigkeit aus, sondern auch durch Gewalt. Ja, man muß geradezu sagen: Er wird fundamental durch Gewalt abgesichert (gegen c). Es ist alles andere als Zufall, wie oft bei Eusebius und seinen Nachfolgern im Zuge der Auslegung von JM nun von den *römischen Waffen* die Rede ist.

5. Die Deutung von Jes 2, 1–5 bei Cyrill

Von den römischen Waffen redet in diesem Zusammenhang zum Beispiel Cyrill von Alexandrien in seinem Jesajakommentar[62]:

Es gab eine Zeit, da war die Erde noch nicht unter einem einzigen Joch. Die Völker waren zerteilt in viele ländliche Territorien und Städte, und alle hatten jeweils ihren eigenen Herrscher. Deshalb herrschten Unstimmigkeit, Streit und Krieg. Überall wüteten die Erdbewohner gegeneinander, ständig plünderten sie sich gegenseitig aus. Bei jeder Gelegenheit zeigten sie sich habgierig und brutal und rechneten sich solches Verhalten sogar noch zur höchsten Ehre an. Nicht einmal sichere Wohnstatt hatten sie. Ständig mußten sie sich neue Plätze suchen, und von dem neuen Platz wurden sie bald wieder durch Stärkere vertrieben.

Erst als der allherrschende Gott alles unter dem Himmel dem römischen Zepter unterworfen hatte und eine einzige Herrschaft über alle Völker gesetzt war, hörten die Kriege auf, ruhten Kampf und Zwietracht, setzten sich Gerechtigkeit und Rechtssicherheit durch. Seitdem ist niemand mehr zu Plünderungen unterwegs, und keiner richtet mehr Verwüstungen an. Wenn einer aber trotzdem Städte und Landgebiete zum Beutemachen durchzieht, geht er nicht mehr straffrei aus. Mehr noch! Die Ausübung von Waffengewalt liegt nun allein in der Hand des Heeres und derer, die einen militärischen Rang haben; diese aber unterstehen dem Kaiser. Seiner Schwäche ‚überführt' wird der Großteil der Völker, die das Joch der römischen Herrschaft abschütteln und versuchen, in Städte und ländliche Territorien einzufallen, um sie zu verwüsten: Es ist ihnen nicht mehr möglich, nach freiem Belieben Beutezüge zu machen. Denn es stellen sich ihnen die römischen Waffen in den Weg, zwingen sie zum Halten, jagen ihnen Schrecken ein wie wilden Tieren und ‚überführen' sie überlegen ihrer Ohnmacht.

Den Zeitpunkt für die Berufung und Umkehr der Völker hat, wie gesagt, der selige Prophet bezeichnet. Wann ist dieser Zeitpunkt gekommen? Dann, sagt er, wenn Gott, der Allherrscher und Kaiser des Alls, ‚inmitten der Völker richtet', das heißt, Gerechtigkeit und Recht unter allen Völkern aufrichtet. Denn geherrscht hatte, wie gerade beschrieben, die Ungerechtigkeit. Die Völker plünderten sich gegenseitig aus und gingen brutal und habgierig aufeinander los. Als es damit vorbei war, setzte Gott Gerechtigkeit und Recht, und ‚viele Völker' wurden, wie schon gesagt, durch die römischen Waffen besiegt und so ‚überführt'. Daher brauchen jetzt diejenigen, die unter der Gewalt des Kaisers stehen, feindliche Einfälle nicht mehr zu fürchten. In solchem Maß sind bereits Friede und Wohlergehen bei ihnen eingekehrt, ‚daß sie die Kriegskunst nicht mehr nötig haben'. Statt dessen wenden sie sich gern und freudig den Werken des Friedens zu. Sie betreiben Landwirtschaft und beschäftigen sich mit Ackerbau. Hierzu bauen sie ihre Kriegsgeräte um, damit sie ‚das Schwert als Pflugschar und die Lanze als Sichel' benutzen können. ‚Zu kämpfen verlernen sie' völlig und ächten den Krieg. Als Christus, der ‚unser Friede ist' (Eph 2, 14), Kaiser wurde über die Völker, war es vorbei mit aller Rivalität, allem Streit und Kampf und jeder Art von Habgier. Ausgemerzt sind nun die Schäden des Krieges und all seine Schrecken. Es herrscht der Wille dessen, der sagt: ‚Meinen Frieden gebe ich euch, meinen Frieden hinterlasse ich euch' (Joh 14, 27).

Wie sehr diese Theologie auf die römische Staatsideologie eingeschwenkt ist, zeigt die Deutung des göttlichen Schiedsrichteramtes von Jes 2,4. Die Septuaginta übersetzt das *wᵉhokiaḥ* des hebräischen Textes mit *elegxei* (= er wird überführen, richten) und aus diesem Überführen Gottes wird nun bei Cyrill das Gewaltmonopol der römischen Legionen, die aufsässige Barbarenvölker „ihrer Ohnmacht überführen".

Aber blicken wir noch einmal zurück zu Eusebius! Er hatte aus der Auslegungstradition der altkirchlichen Exegese mit Recht übernommen, daß der Völkerfriede von JM *gesellschaftlich* gemeint ist und daß dieser Friede, wenn Jesus wirklich der Messias war, *jetzt* in der Welt Wirklichkeit werden muß. Er übernimmt sogar, wie viele seiner Nachfolger, das Schema „Einst-Jetzt"[63]. Eusebius bleibt also in einer ganzen Reihe von Punkten der bisherigen Auslegung treu; er ist in weiten Teilen seiner Kommentierung konservativ.

Was er hingegen nicht mehr eindeutig festgehalten hat, ist, daß in der Welt allein das Volk Gottes der Ort sein kann, wo der messianische Friede gelebt wird. Denn dieser Friede setzt die Annahme der Bergpredigt und die Nachfolge Jesu voraus. Beides aber ist nur in der Kirche möglich. Indem Eusebius dem Staat zuweist, was allein die Kirche in ihrer Mitte realisieren kann, hat er den Staat überfordert und die Ekklesiologie verdorben[64].

Genau besehen sind die Dinge freilich noch komplizierter. Eusebius hat sogar daran festgehalten, daß die Kirche der Ort des messianischen Friedens ist. Sein eigentlicher Fehler liegt darin, daß er die Kirche in eine viel zu große Nähe zum römischen Staat gerückt hat, genauer, daß er beide Größen in ein einziges System gebracht hat, in welchem sie teilweise identisch sind, teilweise sich komplementär ergänzen. Allein hartnäckiges Festhalten an der frühkirchlichen Einsicht, daß die Kirche Kontrastgesellschaft zu allen Gesellschaften der Welt sein muß, hätte Eusebius vor dieser unheilvollen ekklesiologischen Grenzüberschreitung bewahren können.

6. Die Gegenposition des Augustinus

Selbstverständlich lockt jetzt die Frage, wie die Auslegungsgeschichte von JM denn weitergegangen ist. Wie schon gesagt: Die Theologie des Eusebius hat – zumindest in dem Punkt, um den es hier geht – einen außerordentlichen Einfluß gehabt. In der Ostkirche hält sich dieser Einfluß bis heute durch. Das Verhältnis der Kirche zum Staat hat sich dort zu einem permanenten Staatskirchentum entwickelt. Letztlich ist hierfür die politische Theologie des Eusebius verantwortlich[65].

Im Westen verlief die Entwicklung in vielem anders. Hier hat Augustinus die politische Naivität, mit der Eusebius den römischen Staat betrachtete, gründlich in Frage gestellt[66]. Er konnte die Gleichsetzung des im Alten Testament verheißenen Friedens mit der *pax imperii Romani,* die für Eusebius so charakteristisch war, nicht mehr nachvollziehen. Hatte Eusebius euphorisch behauptet, Ps 46,10 habe sich bereits erfüllt[67], so sagt Augustinus über denselben Psalmvers[68]:

Dieser Text hat sich bis heute noch nicht erfüllt. Noch immer gibt es Kriege. Noch immer kämpfen die Völker miteinander um die Vorherrschaft. Es gibt Kriege zwischen den Parteien, Kriege zwischen den Juden, den Heiden, den Christen, den Häretikern. Die einen streiten für die Wahrheit, die anderen für die Unwahrheit. Es gibt die Kriege, ja sie häufen sich. ‚Er setzt den Kriegen ein Ende bis an die Grenzen der Erde' hat sich also noch nicht erfüllt. Vielleicht wird es sich einmal erfüllen. Ist es vielleicht doch irgendwo erfüllt? Ja, in einigen ist es erfüllt. Im Weizen ist es erfüllt. Im Unkraut ist es noch nicht erfüllt! (Enarr in ps. 45,10).

Diese Nüchternheit des Augustinus wirkt nach der Reichsideologie des Eusebius und seiner Nachfolger geradezu befreiend und wohltuend. Nur: Ist der Anspruch, den die biblischen Texte erheben, mit dem Hinweis auf das Gleichnis vom Unkraut im Weizen (Mt 13,24-30) schon beantwortet? Ist nun Augustinus nicht in der Gefahr, den messianischen Frieden ganz im Jenseits anzusiedeln?

Allerdings ist gerade hier ein eindeutiges Urteil schwierig. Denn einerseits kennt Augustinus natürlich sehr wohl den eucharistischen Frieden, der alle katholischen Gemeinden zur kirchlichen Einheit verbindet [69]. Der Begriff der *pax ecclesiastica* ist zu seiner Zeit längst ein fester Rechtsbegriff geworden [70]. Andererseits schweigt er in dem großartigen 19. Buch des „Gottesstaates", das ganz dem Thema des Friedens gewidmet ist, völlig von jenem endzeitlichen Frieden, den die Kirche jetzt schon realisieren müßte. Er kennt in dem System möglicher Friedensverhältnisse zu Beginn von De civitate Dei XIX, 13 nur drei Arten gesellschaftlichen Friedens [71]: 1. den Frieden in der Familie *(pax domus ordinata imperandi atque oboediendi concordia cohabitantium)*, 2. den Frieden im Staat *(pax civitatis ordinata imperandi atque oboediendi concordia civium)* und 3. den himmlischen Frieden *(pax caelestis civitatis ordinatissima et concordissima societas fruendi Deo et invicem in Deo)*. Weshalb spricht Augustinus hier nur von der *civitas Dei* im Himmel, die in vollendeter Einmütigkeit Gott genießt, und nicht auch von der pilgernden *civitas Dei*, die den himmlischen Frieden aus der Gnade Gottes heraus in der Einmütigkeit ihrer Gemeinden schon vorwegnehmend immer wieder realisieren darf?

Auffällig ist weiterhin, daß Augustinus Jes 2,4 und die Parallele bei Micha kein einziges Mal zitiert. Dieses Schweigen wird erst dadurch richtig beredt, daß ihm der Gesamttext durchaus geläufig und wichtig ist: andere Verse aus JM zitiert er 43mal! Ist das alles Zufall? Oder brachte es Augustinus, der den Streit und den Unfrieden des donatistischen Schismas durchleben mußte, einfach nicht mehr fertig, schon die pilgernde Kirche als den gesellschaftlichen Ort messianischen Friedens zu beschreiben? In diese Richtung weisen jedenfalls die resignierten Sätze [72]:

> *Künftiges hat der Auferstandene verheißen, Frieden auf dieser Erde und Ruhe in diesem Leben hat er nicht verheißen. Jeder Mensch sucht Ruhe, er sucht damit etwas Gutes, aber er sucht es nicht dort, wo es heimisch ist (in regione sua). Es gibt keinen Frieden in diesem Leben. Erst für den Himmel ist uns verheißen, was wir auf Erden suchen (Enarr. in ps. 48,17).*

Wenn man bedenkt, daß Augustinus hier auf Joh 20,19 anspielt und daß der dortige Friedenswunsch des Auferstandenen eindeutig der irdischen Kirche den Frieden zuspricht (nicht nur verheißt), so wird nun doch deutlich, in welchem Maß der große Kirchenvater mit seinem Friedensverständnis spätere Reduktionen des messianischen Friedens auf einen rein jenseitigen, himmlischen Frieden zumindest begünstigt hat[73]. Es ist gut, daß die Kirche im Friedensgebet der Eucharistiefeier den Friedenswunsch Christi stets *präsentisch* ausgelegt hat. Wäre sie dem oben zitierten Augustinuswort gefolgt, so könnte der Friedensgruß des Priesters eigentlich nur lauten: „Der Friede des Herrn sei bald mit euch!"

Doch wir müssen an dieser Stelle den Weg durch die Friedenstheologie der Alten Kirche abbrechen und nun noch einen Blick in das Neue Testament werfen. Auf welcher Seite steht das Neue Testament, wenn es um die Auslegung von JM geht – auf der Seite des Justinus, auf der Seite des Eusebius oder auf der Seite des Augustinus?

7. Blick zurück auf die Bergpredigt

Wir lassen uns bei dem kurzen Blick zurück in das Neue Testament – mehr kann es nicht sein – von der Auffassung der Väter leiten, daß mit der Tora, die vom Zion ausgeht, das neue Gesetz Christi, konkret: die Bergpredigt, gemeint ist. Folgt man diesem Hinweis der Väterexegese, so legt es sich nahe, innerhalb des Neuen Testaments die Rezeption der beiden Prophetentexte vor allem in der matthäischen Bergpredigt zu suchen. Tatsächlich läßt sich zeigen, daß in Mt 5–7 die Theologie von JM in vielerlei Hinsicht aufgegriffen ist:

1. Wir hatten gesehen, daß in JM von einer *alternativen Gesellschaftsordnung* die Rede ist, die den universalen Frieden in der Welt herbeiführt. Nun eröffnet aber auch die Bergpredigt *tora*, das heißt Gesellschaftsordnung. Freilich muß man ihre Beziehung zur Tora sehr sorgfältig bestimmen[74]. Sie selbst ist nicht die Tora vom Sinai. Sie ist aber auch keine neue Tora. Denn es gilt ja: Kein Jota und kein Häkchen vom Gesetz wird abgeschafft (vgl. Mt 5,18). Die Bergpredigt ist vielmehr der hermeneutische Schlüssel, mit dessen Hilfe seit Christus die Sinai-Tora gelesen und gelebt werden muß. Mit Hilfe der Bergpredigt wird die Tora

vom Sinai eschatologisch-messianisch interpretiert. Insofern bietet die Bergpredigt zwar nicht selbst eine Gesellschaftsordnung. Wohl aber legt sie Interpretationsprinzipien vor, mit deren Hilfe die Gesellschaftsordnung Israels von der Kirche zu gestalten ist.

2. Wir hatten gesehen, daß die Tora, die vom Zion ausgeht, die Gewalt in der Welt beendet. Auf diese Weise kommt es endlich zum Frieden. Nun geht es aber gerade auch der Bergpredigt in einem ihrer zentralen Texte um die *Aufhebung der Gewalt*. Die Bergpredigt ist überzeugt: Gewalt wird nicht durch Gegengewalt beseitigt, sondern nur dadurch, daß man die Gewalt erduldet und den Gegner durch Gewaltlosigkeit zu gewinnen sucht (vgl. Mt 5,38–42).

3. Wir hatten gesehen, daß nach JM der universale Völkerfriede einen genau angebbaren und genau identifizierbaren Ursprungsort hat – nämlich Israel, das Haus Jakob. Dem entspricht bei der Bergpredigt, daß ihr Adressat das *Gottesvolk* ist und nicht die Heiden. Gerade hierauf legt Matthäus in seiner Rahmung der Bergpredigt größten Wert[75]. Die Berpredigt ruft dieser Rahmung zufolge ganz Israel, den Nordwesten (Galiläa), den Südwesten (Judäa), den Nordosten (die Dekapolis) und den Südosten (Peräa) in die Jüngerschaft hinein. Das von Jesus gerufene und gesammelte *Gottesvolk* ist also der Ort, wo die von der Bergpredigt erschlossene Gesellschaftsordnung gelebt wird.

4. Wir hatten gesehen, daß sich gemäß JM die alternative Gesellschaftsordnung Gottes in der Welt nicht durch Zwang durchsetzt, sondern allein durch die Faszination, die von der gelebten Praxis des Gottesvolkes ausgeht. Genau dieser Gedanke spielt nun aber auch in der Bergpredigt eine entscheidende Rolle. Heißt es doch bald nach den Seligpreisungen: „Ihr seid das Licht der Welt" (Mt 5,14a). Angeredet ist natürlich das Volk Gottes, das die vom Messias eschatologisch gedeutete Tora beobachtet. Lebt das Gottesvolk diese Tora radikal und ganzheitlich, dann wird es zum Licht der gesamten Welt. Mit der Lichtmetaphorik ist eindeutig der Motivkomplex der Völkerwallfahrt angesprochen[76]. Erinnert sei nur an die Zionstheologie von Jes 60,1–3:

Auf, werde Licht, denn es kommt dein Licht, und die Herrlichkeit des Herrn geht strahlend auf über dir. Denn siehe, Finsternis be-

deckt die Erde und Dunkel die Völker, doch über dir geht leuchtend der Herr auf, und seine Herrlichkeit erscheint über dir. Völker wandern zu deinem Licht und Könige zu deinem strahlenden Glanz.

Mit der Lichtmetaphorik von Mt 5,14a sind wir also schon sehr nahe bei Jes 2,1–5, zumal das Lichtmotiv auch dort begegnet (vgl. Jes 2,5). Eine *direkte* Anspielung auf Jes 2,2 dürfte aber in Mt 5,14b vorliegen. Dort heißt es: „Eine Stadt, die auf einem Berg liegt, kann nicht verborgen bleiben." Wie *Gerhard von Rad* mit Recht vorgeschlagen hat[77], wird hier nicht einfach nur mit einem Fall aus der Alltagserfahrung argumentiert. Viel wahrscheinlicher ist es, daß Mt 5,14b den folgenden Argumentationszusammenhang voraussetzt: Das Reich Gottes bricht jetzt an. Die neue Stadt Gottes, das wahre Israel, wird, wie in Jes 2,2 verheißen, schon über alle anderen Berge erhöht. Und man kann sicher sein: Diese neue Stadt wird nicht verborgen bleiben. Sie darf es auch gar nicht. Sonst verfehlt sie ihren Zweck: die Völker zu faszinieren.

5. Wir hatten gesehen, daß JM ein „Schon" und ein „Noch nicht" voraussetzt. Die Völker der Welt leben noch nicht in dem Frieden der Gesellschaftsordnung Gottes. Hingegen muß Israel diese alternative Existenz schon jetzt leben: „So kommt jetzt, ihr vom Haus Jakob, laßt uns beginnen, im Licht Jahwes unseren Weg zu gehen." Diesem „Schon jetzt" entspricht die paränetische Struktur der Bergpredigt auf das genaueste. Das Licht des Herrn ist bereits über Israel aufgestrahlt, und nun muß das Licht gewordene Israel allen Völkern leuchten: „So soll euer Licht vor den Menschen leuchten, damit sie eure guten Werke sehen und euren Vater im Himmel preisen" (Mt 5,16).

Damit ist klar: JM wird zwar in Mt 5–7 nicht ausdrücklich zitiert. Aber die Sache dieses Textes ist in der matthäischen Bergpredigt ganz und ohne Abstriche da, so daß sich hier eine tiefreichende Kontinuität zwischen Altem und Neuem Testament ergibt. Einen Unterschied gibt es nur in einem einzigen Punkt: Lebt nach Jes 2,5 Israel seine Gesellschaftsordnung im Lichte *Jahwes,* so lebt das neutestamentliche Gottesvolk dieselbe Gesellschaftsordnung im Lichte *Jesu,* von dem der Epheserbrief sagt: „Er ist unser Friede" (2,14). In Jesus ist die Tora, die Jahwe Jes 2,3 zufolge vom Zion aus ergehen läßt, leibhaft in die Welt gekommen[78]. Denn nach neutestamentlicher Theologie ist ja Jesus selbst die eschatologische Auslegung der Tora geworden – und zwar der beim Zion gekreuzigte Jesus. Gerade diese *Leibhaftigkeit* der nun wirklich vom Zion aus ergangenen Tora ermöglicht es der Kirche, den in Jesus eröffneten eschatologischen Frieden Gottes in dieser Welt leibhaft, ganzheitlich, gesellschaftlich zu leben – nämlich in dem sozialen Organismus des Leibes Christi.

8. Das Ergebnis

Wir sind von Jes 2,1-5 par Mi 4,1-5 ausgegangen. Als die entscheidende Aussage von JM hat sich ergeben: Gott wird der Welt den universalen Frieden über eine alternative Gesellschaftsordnung schenken, die auf Gewaltlosigkeit beruht. Diese alternative Gesellschaftsordnung wird von der Weltgesellschaft in dem Augenblick übernommen, da sie im Gottesvolk Israel plausibel gelebt wird. JM drückt diese Plausibilität in einem großartigen Bild aus: Der Zionsberg wird alle anderen Berge der Welt überragen. Löst man dieses Bild auf, so muß man sagen: Der universale Völkerfriede wird nur dadurch möglich, daß Gott inmitten der Weltsysteme, die auf Gewalt beruhen, ein Gegensystem errichtet, das auf Gewaltlosigkeit aufgebaut ist[79].

Damit ist bereits klar: Es geht in JM um die gesellschaftliche Konstruktion *irdischer* Wirklichkeit. Man kann die ungeheure Verheißung, die in den beiden Prophetentexten gegeben ist, auf keinen Fall dadurch entschärfen, daß man argumentiert: Im Alten Testament gab es noch keine Differenzierung zwischen Diesseits und Jenseits. Sämtliche Hoffnung ging auf diese Erde und auf diese Geschichte. Deshalb mußte selbstverständlich auch die Verheißung universalen Friedens in der Kategorie irdisch-diesseitigen Friedens ausgedrückt werden. Seit der Zeit aber, da die jüdisch-christliche Tradition in der Lage ist, zwischen Diesseits und Jenseits, zwischen diesem Äon und dem kommenden Äon, zu unterscheiden, muß die Friedensaussage von JM selbstverständlich ganz dem kommenden Äon zugewiesen werden.

Eine derartige Kanalisierung der alttestamentlichen Verheißung ist, wie gesagt, schon allein deshalb ausgeschlossen, weil es JM explizit um die von Gott bewirkte *gesellschaftliche* Veränderung der Welt zum Frieden geht. Sie verbietet sich aber auch deswegen, weil bei Jesus eine derart einfache Scheidung zwischen Diesseits und Jenseits gar nicht nachzuweisen ist. Jesus redet ohne weitergehende Differenzierung schlicht vom Reich Gottes, das jetzt kommt. Und für die apostolische Verkündigung – man vergleiche Paulus – ist die apokalyptische Diastase zwischen altem und neuem Äon gerade aufgehoben: Die Glaubenden leben – mitten im alten Äon – schon den neuen. Sie sind bereits neue Schöpfung (vgl. 2 Kor 5,17).

Eine Kanalisierung der Friedensverheißung von JM *allein* auf das Jenseits verbietet sich schließlich deshalb, weil die Väter bis Augustinus den universalen Frieden der beiden Prophetentexte irdisch-gesellschaftlich auslegen. Dies geschieht sowohl bei denjenigen Vätern, die Kirche und Staat kontrastieren, als auch bei denjenigen, die Kirche und Staat in eine unerlaubte Nähe zueinander rücken. In beiden Fällen wird gesagt: *Der von JM verheißene Völkerfriede ist bereits jetzt in der Kirche gesellschaftliche Realität geworden.*

9. Hermeneutische Rückfrage

Nun hat selbstverständlich eine Hermeneutik, die der Auslegungsgeschichte einen so großen Stellenwert einräumt, durchaus ihre Probleme. Denn die Auslegungs- und Wirkungsgeschichte von JM ist ja weitergegangen. Schon Augustinus hatte, wie wir sahen, offenbar erhebliche Schwierigkeiten, den Frieden der *civitas Dei* auch irdisch-gesellschaftlich zu formulieren. Und die Folgezeit hat die alttestamentliche Friedensverheißung in immer neuen Schüben verjenseitigt und verinnerlicht. Man könnte die Problematik, um die es hier geht, auch folgendermaßen formulieren:

Offenbar vermochte erst die ernüchternde Erfahrung einer

über Jahrhunderte reichenden Geschichte die Kirche zu lehren, daß der von JM verheißene Friede im Diesseits noch nicht oder doch nur auf einer rein zeichenhaften Ebene zu verwirklichen ist. Die *Erfüllung* der prophetischen Verheißung kann es erst im Jenseits aller Geschichte, das heißt nach der Auferstehung der Toten, geben.

So wird nicht selten argumentiert; noch häufiger freilich steht eine Argumentation dieser Art bei theologischen Debatten *unausgesprochen* im Hintergrund. Die Frage ist nur, ob man so der Wirkungsgeschichte von JM wirklich gerecht wird. Denn zu dieser Wirkungsgeschichte sind ja dann nicht nur alle Verjenseitigungs- und Verinnerlichungstendenzen zu rechnen, die es im Gefolge von Augustinus gegeben hat. Wenn schon eine der Hermeneutik dienende Rechnung über die gesamte Wirkungsgeschichte aufgestellt wird, wären dann zumindest die Versuche der mittelalterlichen Kirche anzuführen, den „Gottesfrieden" und die *treuga Dei* in Europa durchzusetzen. Schließlich wäre in einer umfassend angelegten Betrachtung der Wirkungsgeschichte auch der weltweite, mit immensem Energieaufwand und schrecklichen Opfern durchgeführte Versuch des Marxismus, gesellschaftlichen Frieden zu schaffen, unbedingt zu berücksichtigen. Daß der marxistische Versuch jüdisch-christliche Traditionen säkularisiert hat, ist heute klar. Die Kirche müßte sich endlich fragen, ob der gewaltsame Versuch des Marxismus, den gesellschaftlichen Frieden der Völker doch noch herbeizuführen, nicht die letztlich verzweifelte Konsequenz daraus ist, daß die Kirche den Frieden, den sie als messianisches Volk in der Geschichte leben müßte, in einen rein jenseitigen Frieden verflüchtigt hat.

10. Der alttestamentlich-jüdische Erlösungsrealismus

Wer die Friedenstheologie der frühen Väter unter Berufung auf die späteren (angeblich realistischen!) Erfahrungen der Kirche neutralisieren möchte, steht aber noch vor einem anderen Problem. Es ist nämlich zu fragen, ob diese frühen Väter durch ihre größere Nähe zum Alten Testament und zum Judentum nicht etwas verstanden haben, das uns längst verlorengegangen ist. Nämlich dies: Zum Messias gehört unabdingbar die gesellschaftliche Veränderung der Welt, die im Volk des Messias ihren Ort hat. Zum Messias gehört unabdingbar der Friede, den er bringt. Kommt dieser Friede nicht – und zwar gesellschaftlich greifbar –, dann ist auch der Messias nicht gekommen. Es ist evident, daß die frühen Väter dieses Wissen noch besaßen[80]. Uns ist es entglitten, weil sich die Christologie längst dem Gespräch mit dem Judentum entzogen hat[81].

Mit dieser Loslösung vom jüdisch-messianischen Realismus hat die Kirche jedoch viel mehr aufgegeben als nur den echten Dialog mit dem Judentum. Sie hat auch entscheidende Gesprächsmöglichkeiten mit dem modernen Menschen verloren, der gar nicht anders kann, als realistisch-gesellschaftlich zu denken. Sie muß ihm ja sagen: *Christus hat die Welt erlöst, er hat ihr den Frieden gebracht – aber von dieser Erlösung und diesem Frieden wirst du erst im Jenseits etwas merken.* Friedrich Nietzsche hat die tiefe Fragwürdigkeit dieser Antwort mit seiner ganzen Sensibilität für Unstimmigkeiten im Christentum gebrandmarkt. Er „besteht unnachgiebig darauf, Erlösung müsse sichtbar werden, wenn sie denn wirklich geschehen sei oder geschehe"[82]. Eine unsichtbare Erlösung ist für ihn Selbstbetrug. Deshalb seine Konsequenz[83]:

Wenn Christus wirklich die Absicht hatte, die Welt zu erlösen, sollte es ihm nicht mißlungen sein?

Nun hat freilich die zweite Hälfte des 20. Jahrhunderts eine tiefgreifende Wende gebracht. Der Theologie ist mehr und mehr klar geworden, daß die Rede von der Erlösung irdisch-gesellschaftliche Konsequenzen haben muß. Aus dieser Einsicht ist die Befreiungstheologie geboren worden. Sie war unumgänglich, und sie wird die Kirche noch lange in Atem halten. Nur würde jede Art von Befreiungstheologie gut daran tun, sich das mit JM vorgegebene Grundmuster universaler gesellschaftlicher Befreiung vor Augen zu halten: Jener Friede, der für die Völker im vollen biblischen Sinn Friede, das heißt Heil, ist, kann niemals durch Gewalt erreicht werden. Er kann sich nur aufgrund von Faszination ausbreiten. Und er ist nicht zu haben ohne die Annahme der durch die Bergpredigt erschlossenen alternativen Gesellschaftsordnung des Volkes Gottes. Das heißt aber: Jener Friede setzt Glaube und Nachfolge voraus, und sein Ort kann deshalb immer nur die Kirche sein[84]. Viel wichtiger noch als alle Gesellschaftstherapien, in denen Christen die übrige Gesellschaft zu verändern suchen, wäre deshalb, daß die christlichen Gemeinden zuerst einmal selbst zu der von Gott gewollten Gesellschaft würden. Wahre Veränderung der Weltgesellschaft kann es nur auf dem von Jes 2,5, Mi 4,5 und Mt 5,16 gewiesenen Weg geben: „So kommt jetzt, ihr vom Haus Jakob: Laßt uns beginnen, im Licht Jahwes unseren Weg zu gehen." – „Wenn auch alle Nationen noch ihren Weg gehen, jede im Namen ihres Gottes, so gehen wir doch unseren Weg im Namen Jahwes, unseres Gottes, auf immer und ewig." – „So soll euer Licht vor den Menschen leuchten, damit sie eure guten Werke sehen und euren himmlischen Vater preisen."

TEIL VI

Wem gilt das Ehescheidungsverbot Jesu?

1. Eine methodische Grundregel

Ein römischer Kardinal kam zu einem Besuch in die USA. Erste Station: New York. Er war kaum aus dem Flugzeug, da befragte ihn bereits eine Gruppe von Journalisten über den Zweck seines Besuches. Am Ende des Gespräches setzte ein Witzbold unter den Journalisten noch die Frage drauf: „Werden Sie in New York auch Nachtlokale besuchen?" Der Kardinal wollte die Lacher auf seiner Seite haben und fragte deshalb mit gespielter Ahnungslosigkeit zurück: „Gibt es in New York Nachtlokale?" Er hatte auch tatsächlich die Lacher auf seiner Seite und sich trotzdem verrechnet. Denn schon wenige Stunden später kam ein New Yorker Boulevardblatt mit dem Aufmacher heraus: „Erste Frage des Kardinals auf dem Flughafen: ‚Gibt es in New York Nachtlokale?'"

An der Schlagzeile stimmte jedes Wort. Genau das hatte der Kardinal gesagt. Es war sogar die erste Frage gewesen, die er auf dem Flughafen gestellt hatte. Und doch war das Ganze grundfalsch. Es war aus dem Zusammenhang gerissen, für den es formuliert worden war. Daß Sätze trotz wörtlicher Wiederholung falsch werden können, wenn sie nicht mehr in ihrem ursprünglichen Zusammenhang stehen, ist an sich eine hermeneutische Binsenwahrheit. Und trotzdem wird diese hermeneutische Grundregel ständig mißachtet.

Wer im Ernst fordert, daß ein Staat nach den Prinzipien der Bergpredigt regiert werden solle, reißt die Bergpredigt aus ihrem Lebenszusammenhang und verpflanzt sie in eine Situation, die sie nicht im Blick hat. Adressat der Bergpredigt ist die Jüngergemeinde, die zum Licht der Welt und zur Stadt auf dem Berge werden soll. Nicht der Staat soll zum Licht der Welt werden, sondern die Jesus in Freiheit nachfolgende Jüngergemeinde. Nicht der Staat soll gewaltlos leben, sondern die Kirche. Man muß also aufs sorgfältigste nach den Adressaten biblischer Weisungen fragen und nach dem Lebenszusammenhang, für den diese Weisungen gedacht sind. Das gilt auch für Jesu Verbot der Ehescheidung.

Die neutestamentlichen Fassungen dieses Verbots wollen kein Menschheitsethos formulieren, sondern ihr Adressat ist eindeutig die Jüngergemeinde beziehungsweise die Kirche. Selbstverständlich wäre es gut, wenn alle Völker gemäß Mt 28,19 zu Jüngern würden; dann wäre aus dem Jüngerethos Menschheitsethos geworden. Aber das geht nicht ohne freie Nachfolge, und solange nur ein kleiner Teil der Menschheit in der Nachfolge Jesu lebt, bleibt es beim Jüngerethos. Adressat des Scheidungsverbotes Jesu ist also die Jüngergemeinde. Tatsächlich kommt heute auch (fast) kein Christ mehr auf die Idee, vom Staat zu verlangen, er müsse seinen Bürgern wegen der Weisung Jesu die rechtliche Möglichkeit einer zivilen Ehescheidung versagen. Die Kirche verlangt die Einhaltung des Ehescheidungsverbotes Jesu (genauer: die Einhaltung von dessen heutigen kirchenrechtlichen Transformationen) nur von ihren eigenen Gläubigen. In diesem Fall scheint also der ursprüngliche Adressat einer biblischen Weisung beachtet und der Lebenszusammenhang, für den die Weisung gedacht war, ernst genommen zu sein.

2. Die richtige Form des Gottesvolkes

In Wirklichkeit liegen die Dinge jedoch viel komplizierter. Nicht nur Jesu Aufforderung zum Gewaltverzicht, sondern auch sein Verbot der Ehescheidung werden ständig aus ihrem Lebenszusammenhang herausgerissen.

Denn der Adressat der Weisung Jesu ist ja noch gar nicht hinreichend bestimmt, solange man nur sagt: Ihr Adressat ist die Jüngergemeinde beziehungsweise die Kirche. Die radikale Weisung Jesu setzt eine ganz bestimmte *Form* des Volkes Gottes voraus. Sie setzt voraus, daß sich Israel in seiner Sozialordnung von den übrigen Gesellschaften der Welt unterscheidet – und zwar durch eine bessere Sozialordnung (vgl. Dtn 4,5–8). Die Weisung Jesu setzt ferner die Entwicklung der synagogalen Struktur in Israel voraus, durch die das Gottesvolk nicht nur überschaubar gegliedert war, sondern auch in enger sozialer Verbundenheit lebte. Die Weisung Jesu setzt schließlich voraus, daß sich dieses so bereits durch seine Geschichte geformte Israel in einer eschatologischen Sammlungsbewegung noch einmal enger zusammenschließt: zu einer „neuen Familie" von Schwestern und Brüdern (vgl. Mk 3,31–35; 10,29f). An dieses eschatologische Israel, in welchem der Segen der messianischen Zeit bereits aufleuchtet, ergeht die Weisung Jesu, die Matthäus in der Bergpredigt zusammenfaßt.

Die nachösterlichen Gemeinden setzen die Sammlungsbewegung Jesu dann fort und erweitern sie durch die Hinzunahme von Heiden. Aber die Form des Gottesvolkes, die Jesus gewollt hat, bleibt bestehen: kleine, überschaubare Gemeinden, die sich als sozialer Leib verstehen, dessen Glieder sich gegenseitig helfen und ergänzen; Gemeinden, in denen es keine Armen mehr gibt; Gemeinden, in denen alle Zwietracht immer wieder durch Versöhnung überwunden wird.

Hat die Kirche des 20. Jahrhunderts in Mitteleuropa diese ihr vorgegebene Form bewahrt? Die Antwort ist schwierig. Unsere Kirche ist noch immer die apostolische Kirche, denn sie verliest die Heilige Schrift in ihren Gottesdiensten, sie hält sich an die *regula fidei*, sie feiert die Eucharistie, sie schärft die Weisung der Apostel ein und sie hat in ihrer Mitte die Nachfolger der Apostel. Sie hat also an sich alles.

Und doch hat sie die Form, die für das messianische Gottesvolk wesentlich ist und die Israel in einer langen, wechselvollen Geschichte von *trial and error* gefunden hat, verloren. Sie hat sie schon verloren, als sie nach Konstantin Staatskirche wurde, und sie hat sie erst recht heute verloren. Viele merken noch immer nicht, daß bei uns die Kirche zu einem *Teilbereich* der Gesamtgesellschaft geworden ist, zuständig allein für Religiöses und Transzendentes. In allen anderen Bereichen geht die Gesellschaft ihren eigenen Weg und verbittet sich jedes Hineingerede. Das schlimmste an der Sache ist, daß die Kirche nicht nur von Nichtchristen, sondern gerade auch von vielen ihrer eigenen Mitglieder als Teilbereich der Gesamtgesellschaft betrachtet wird – zuständig allein für den Sonntag und bestimmte Höhepunkte und Grenzsituationen des Lebens. Viele Christen wollen durchaus Kirche, als letzten, sinnstiftenden Überbau über ihr Leben, aber sie wollen sie nicht als gesellschaftliche Größe, die das Ganze ihres Lebens umfaßt und in Gemeinde einbindet. Genau aus diesem Grunde wird der Papst beklatscht, wenn er anreist, aber in die Form der eigenen Ehe läßt man sich von ihm nicht hineinreden. Die ist Privatsache. Das heißt aber: Die in viele isolierte Teilbereiche zersplitterte Lebensform der modernen Industriegesellschaft ist in der Kirche voll durchgeschlagen – bis in die Theologie hinein, die diesen Zustand oft sogar noch legitimiert.

3. *Die Voraussetzung unauflöslicher Ehe*

Wenn das alles aber so ist – redet dann das Verbot der Ehescheidung wirklich noch dasselbe Volk Gottes an, das einst der Weisung Jesu und der Apostel vor Augen stand? Jesu Verbot der Ehescheidung fordert radikale, unverbrüchliche Treue zum ehelichen Partner, und das ist etwas außerordentlich Schweres. Eigentlich ist solche Treue dem Menschen unmöglich. Sie ist ihm nur möglich, wenn er an der Geschichte konkreter Gemeinden die Treue Gottes handgreiflich erfährt. Und sie ist ihm nur möglich, wenn er inmitten einer lebendigen, neutestamentlich verfaßten Gemeinde lebt, die als „neue", übernatürliche Familie von Schwestern und Brüdern seine natürliche Familie immer wieder instand setzt und schützt. Die Treue, die das Verbot der Ehescheidung meint, ist dem Menschen schließlich nur dann möglich, wenn er sich und seine Ehe hineinstellt in den größeren und umfassenderen Zusammenhang der Sache Gottes: in die Not und das Glück des Volkes Gottes. Um Mißverständnisse auszuschließen: Diese richtige Form des Volkes Gottes meint weder moralische Aufrüstung noch bürokratisch neu strukturierte Kirchendistrikte, sondern in lebendiger Geschichte mit Gott lebende Gemeinden, die Nachfolge ermöglichen.

Die tiefe Problematik der kirchlichen Gesetzgebung in puncto Ehescheidung besteht nun gerade darin, daß sie einerseits mit Recht an der Weisung Jesu festhält. Sie bleibt sozusagen beim Wortlaut. Sie läßt sich nicht abbringen von der Radikalität Jesu. Aber der Lebenszusammenhang, in den hinein diese radikale Forderung gesprochen wird, ist in Wirklichkeit gar nicht mehr der des Neuen Testamentes. Die Form des Gottesvolkes, das die neutestamentliche Weisung unabdingbar voraussetzt, ist nicht mehr da. Genau deshalb klingt die Wiederholung der Weisung Jesu im Munde der Kirche heute so schrill und inhuman. Wer sie, trotz des fehlenden Bodens neutestamentlich verfaßter Gemeinden, zu leben sucht, wird nur zu leicht scheitern oder in einem verkrampften Heroismus leben müssen. Natürlich gibt es immer und überall in der Welt glückliche Ehen, in denen sich die Partner die Treue halten. Aber das verdanken diese Ehen dann besonderen Konstellationen, die gerade nicht selbstverständlich sind. Die Forderungen Jesu sind jedoch weder an besonders günstige natürliche Konstellationen gebunden, noch setzen sie Heroismus voraus, noch sind sie unmenschlich. Sie sind „sanftes Joch" und „leichte Last" (Mt 11,30) – aber eben nur innerhalb der Form von Gottesvolk, für die sie gedacht sind.

Was sollen angesichts dieser Situation der Papst und die Bischöfe tun?

Die radikale Forderung Jesu nach unverbrüchlicher Treue in der Ehe entschärfen?

Oder sie immer nur weiter einschärfen, obwohl ihre Plausibilität mehr und mehr entgleitet?

Vom Neuen Testament her ist die Sache völlig klar: Die Hirten des Volkes Gottes müssen der Weisung Jesu treu bleiben und sie der Kirche ohne die geringsten Abstriche vorlegen. Aber sie müssen ihre Herde auf bessere Weide führen, das heißt, sie müssen das Ihre tun, damit der Weisung Jesu wieder jener Boden bereitet wird, den sie braucht, um gelebt werden zu können: die richtige Form von Gemeinde.

Bleibt es hingegen bei der jetzigen Situation der Kirche, so ist es mit den Weisungen der Bergpredigt, sooft sie in die Gemeinden hineingesprochen werden, wie mit dem Aufmacher jener New Yorker Boulevardzeitung: Jeder Satz stimmt, und doch ist das Ganze grundfalsch.

ANHANG

Das Publikum der Bergpredigt

Eine Auseinandersetzung mit Klaus-Stefan Krieger

1986 hat *Klaus-Stefan Krieger* in der Zeitschrift „Kairos" einen Beitrag veröffentlicht, der sich ausdrücklich mit der Frage „Wem gilt die Bergpredigt?" beschäftigt. Der Artikel ist vom Anfang bis zum Ende eine unendlich bemühte Bestreitung meiner Thesen zur Bergpredigt. So ist eine Auseinandersetzung unumgänglich.

In der Rahmung, die Krieger seinen exegetischen Ausführungen gegeben hat (98–100.112–115), wird deutlich, worum es ihm eigentlich geht. Ihn stört das Bild von Kirche, das ich als Konsequenz der Bergpredigt skizziert habe. Dagegen ist nichts einzuwenden. An der Bergpredigt scheiden sich die Geister, und an ihr scheiden sich auch immer wieder die Vorstellungen von Kirche. Krieger stört sich daran, daß der *unmittelbare* Adressat der Bergpredigt nur Israel beziehungsweise nur die Kirche sein solle. Seiner Auffassung nach richtet sich die matthäische Bergpredigt *unmittelbar* an Heiden wie Juden, und nicht nur die Kirche könne die Bergpredigt leben, sondern jeder Mensch guten Willens (112–115). Das ist wahrhaft ein Punkt, über den es sich zu streiten lohnt, weil sich an ihm das Verständnis von Kirche überhaupt entscheidet.

Hingegen lohnt sich nicht ein Streit über Kriegers mehrfach wiederholte Unterstellung, ich hätte behauptet, die christliche Gemeinde habe „nicht in die Gesamtgesellschaft hineinzuwirken" (99) und Christen sollten „sich nicht mitengagieren bei Versuchen, eine gewalt- und herrschaftsfreie Gesamtgesellschaft anzustreben" (100). Das Gegenteil ist richtig. Ich habe im Anschluß an einen Text der Würzburger Synode die Notwendigkeit christlichen Engagements in der Gesellschaft ausdrücklich betont (vgl. II 10 in diesem Buch).

Aber wenden wir uns lieber den neutestamentlichen Texten zu. Hier möchte Klaus-Stefan Krieger zeigen: „Die Bergpredigt des MtEv richtet sich nicht ausschließlich oder auch nur vorrangig an die Jünger, die Jesusnachfolger, die christliche Gemeinde, die Kirche" (112). „Die Scharen", zu denen Jesus Mt 4,25 zufolge spricht, „setzen sich aus Juden und Heiden zusammen. Die mt Bergpredigt wendet sich somit nicht spezifisch an Israel" (112). „Die ‚Scharen' im Rahmen der Bergpredigt sind einfach Menschen; ‚Matthäus' qualifiziert sie nicht weiter" (113).

Dies soll vor allem aus den von Matthäus in 4,25 genannten Gebieten hervorgehen. Mit Galiläa, der Dekapolis, Judäa und dem Gebiet „jenseits des Jordan" sei exakt und umfassend „die politische Geographie Palästinas" zur Zeit der Abfassung des Matthäusevangeliums umschrieben, also die territoriale Situation nach dem Jahre 70 (104). Unter Judäa verstehe der Evangelist „die kaiserliche Provinz gleichen Namens, die nach dem Jüdischen Krieg eingerichtet wurde" (104); unter dem Gebiet „jenseits des Jordan" das Reich Agrippas II. (104). Die Dekapolis schließlich komplettiere „die Beschreibung des damaligen Palästina" (105). Zu der so gegebenen faktisch-politischen Definition Palästinas gehörten selbstverständlich heidnische Gebiete. Deshalb seien die Hörer der matthäischen Bergpredigt nicht nur Juden, sondern eben auch Heiden.

Meiner eigenen Position, daß Matthäus mit 4,25 das *Israel der Väter* umschreibe, wirft Krieger vor: Welches Interesse sollte das Matthäusevangelium an einer derartigen spekulativen Abgrenzung Israels gehabt haben? „Warum sollte es ein realitätsfernes Konstrukt übernehmen? Das MtEv fällt ja in die Zeit nach dem verlorengegangenen Jüdischen Krieg, in der jüdische Gebietsansprüche jeder Grundlage entbehren" (104).

Gegen den letzten Satz spricht alle Erfahrung. Nach verlorengegangenen Kriegen pflegt man über Grenzverläufe gerade auf seiten der Verlierer besonders hartnäckig zu reden. Aber Matthäus geht es mit der Aufzählung der Landesteile Israels ja gar nicht um politische „Gebietsansprüche". Es geht ihm allein darum, daß Jesus die Zerstreuten Israels von überall her, wo einmal das Land der Väter war, sammelt.

Für den Umfang dieses Israel der Väter gab es im Verlauf der alttestamentlichen und jüdischen Glaubensgeschichte die verschiedensten Modelle. Teils beruhten sie auf Idealvorstellungen, teils hatten sie die Realität bestimmter politischer Epochen, vor allem natürlich der Davidszeit, vor Augen. Die in jüdischer Zeit angelegten Grenzverzeichnisse Israels entsprangen keineswegs verklärender Nostalgie oder politischen Großmachtsträumen, sondern waren dringend notwendig, um festzulegen, wo bestimmte gesetzliche Vorschriften (etwa des Bodenrechts) einzuhalten waren und wo nicht. Sie definierten den Umfang des *Heiligen* Landes. „Nur im Land", sagt *Günter Stemberger*, „ist man voll den Geboten der Tora unterworfen, weshalb man auch nur im Land voll Jude sein kann" (Bedeutung 179). Dieser rechtliche Zusammenhang zwischen *Land* und *Tora* ist für Matthäus insofern zu beachten, als bei ihm die endzeitliche Auslegung der Tora, nämlich die Bergpredigt, zunächst dem durch das Land definierten Israel vorgelegt wird. Wie sehr Matthäus am Land als einer heilsgeschichtlichen Größe interessiert ist, zeigt seine Nennung von Juda (2,6), von Sebulon und Naftali (4,13), zeigt vor allem aber auch 2,20f, wo er in bewußt alttestamentlicher Sprache von der Rückkehr Jesu und seiner Eltern „in das Land Israel" spricht – eine Wendung, die im übrigen Neuen Testament nirgendwo mehr begegnet. Es empfiehlt sich deshalb, die Liste von 4,25 im Sinne des Matthäus als vollständige Umschreibung des Heiligen Landes zu betrachten. Matthäus muß das „Land" in den Blick nehmen, weil sich in ihm die Verheißungen erfüllen. Jesus wird ja angekündigt als der Führer, der die hirtenlosen Schafe des Volkes Israel weiden soll (Mt 2,6; 9,36).

Selbst wenn Klaus-Stefan Krieger mit seiner These, daß die territorialen Verhältnisse zur Zeit des Matthäus die Grundlage von 4,25 bildeten, recht haben sollte, würde dies an der von mir behaupteten israelorientierten Sicht des Vorbaus der Bergpredigt überhaupt nichts ändern. In diesem Fall hätte Matthäus das Territorium, aus dem Gesamtisrael zu sammeln war, eben mit Hilfe der Landeseinteilung seiner eigenen Gegenwart beschrieben.

Die These Kriegers scheint mir jedoch keineswegs gesichert zu sein. Gegen sie spricht zunächst einmal die Lozierung des *peran tou Iordanou*. Hätte Matthäus wirklich das Herrschaftsgebiet

Agrippas II. umschreiben wollen, würde er doch wohl Galiläa und das „Gebiet jenseits des Jordan" hintereinander genannt haben. Unter der Voraussetzung Kriegers erscheinen die beiden politischen Großterritorien seltsam zerstückelt: die römische Provinz Judäa begegnet dann nämlich als Galiläa und Judäa, das Reich Agrippas II. als Galiläa und das Gebiet jenseits des Jordan – und die beiden letzten Teilgebiete stehen nicht einmal beieinander.

Gegen die These Kriegers spricht weiterhin, daß zu jener kaiserlichen Provinz Judäa, die nach dem Jüdischen Krieg eingerichtet wurde, auch Samaria gehörte. Gerade Samaria aber schließt Matthäus in 10,5 ausdrücklich aus dem vorösterlichen Wirken der Jünger und damit auch Jesu aus. Judäa kann also für Matthäus nicht die kaiserliche Provinz meinen. Von 10,5 her muß man vielmehr annehmen, daß der Evangelist einfach die zu seiner Zeit im Judentum gebräuchliche Einteilung Israels in Judäa, Transjordanien und Galiläa, die an keine politischen Konstellationen gebunden war, zur Grundlage seiner Aufzählung gemacht hat.

Krieger tadelt mich zwar dafür, daß ich es gewagt hätte, mich für diese jüdische Dreiteilung des Landes auf die Mischna zu stützen, da diese in ihrer heute vorliegenden Gestalt doch erst aus der Zeit um 220 nach Christus stamme (104). Im hier verhandelten Fall ist dieser Einwand jedoch belanglos, da bereits Josephus in seinem bekannten geographischen Exkurs De bello Judaico III 3 das gesamte Land in Galiläa, Peräa, Samaria und Judäa einteilt (vgl. auch ant. XIII 2,3 § 50 und bell. II 3,1 § 43). Die Aufgliederung der Mischna war also schon im 1. Jahrhundert bekannt und üblich. Matthäus bedient sich ihrer im Anschluß an Mk 3,7f und fügt ihr lediglich noch die Dekapolis hinzu.

Sollte jedoch entsprechend der Position Kriegers das *peran tou Iordanou* nicht das südlich von Pella liegende Peräa, sondern das *nördliche* Transjordanien meinen – was eine durchaus erwägenswerte Position ist, die jetzt auch von *Rainer Riesner* in seinem Aufsatz „Bethany beyound the Jordan" vertreten wird – so würde auch dies an meiner These, daß Matthäus ein ideales Gesamtisrael mit weiten Grenzen im Blick hat, nicht das geringste ändern. Unter David und unter den Hasmonäern gehörte auch das nördliche Transjordanien ganz oder teilweise zu Israel, und das tannaitische Grenzverzeichnis des Heiligen Landes, das *Samuel Klein* in die Zeit Herodes des Großen zu datieren wagt (Grenzverzeichnis 240), schiebt die Grenzen Israels weit nach Nordosten bis in die Trachonitis und Auranitis vor.

Selbstverständlich schafft mir die Nennung der Dekapolis in 4,25 eine gewisse Schwierigkeit. Daß Matthäus in seiner Liste des „Landes Israel" ein für den heutigen Leser heidnisches Gebiet, nämlich die Dekapolis, aufnimmt, ist für mich jedoch viel leichter zu erklären als für Krieger die Tatsache, daß Matthäus aus Mk 3,7f ausgerechnet die heidnischen Städte Tyrus und Sidon gestrichen hat. Denn die „Zehnstädte" waren einmal jüdisches Gebiet gewesen. Tyrus und Sidon niemals! Und weshalb eigentlich die Streichung von Tyrus und Sidon, wenn dem Verfasser des Matthäusevangeliums angeblich so viel daran lag, auch Heiden unter dem Publikum der Bergpredigt zu haben? Ich behaupte: Matthäus kann als Adressaten der Bergpredigt wegen seines heilsgeschichtlichen Programms noch keine heidnischen Hörer brauchen. Deshalb streicht er Tyrus und Sidon. Klaus-Stefan Krieger muß komplizierter argumentieren: Matthäus habe Tyrus und Sidon weggelassen, da die beiden Städte die Südspitze der Provinz Syrien bildeten und Syrien schon in 4,24a genannt worden sei (105).

Diese Argumentation scheitert jedoch daran, daß die Nennung von Syrien in 4,24a eine völlig andere Funktion hat als die Liste der Landschaften in 4,25. Vers 24a spricht lediglich von dem Ruf Jesu, der über Israel hinaus nach ganz Syrien gelangt. Matthäus will jedoch keineswegs sagen, die Kranken von 24b–c seien aus Syrien gekommen. Nicht umsonst hat er ja in Vers 23 im Anschluß an Dtn 7,15 betont, Jesus habe „jede Krankheit und jedes Leiden im Volk", also in Israel, geheilt.

Da Krieger diese Schwierigkeit sieht, bleibt ihm nur der fragwürdige Ausweg, dem Wort *laos* in 4,23 den Bezug auf Israel abzusprechen. *Laos* werde von Matthäus uneinheitlich verwendet; positiv vor allem in 1,21 und 2,6; sonst überwiegend negativ. Die eigentliche Parallele zu 4,23 sei 4,15f, wo *laos* mit dem „Galiläa der Heiden" in Verbindung stehe. Offenbar bezeichne *laos* in

4,15f und 4,23 einfach die galiläische Bevölkerung, wobei in 4,15f deutlich die Heiden eingeschlossen seien (107f).
Man kann über solche Semantik nur den Kopf schütteln. 1. Was ändert denn eine positive oder negative Charakterisierung des „Volkes" daran, daß es sich jeweils um das von Gott erwählte Israel handelt? Krieger rechnet gar nicht damit, daß Matthäus in seinem Evangelium eine Geschichte erzählt, die – was das Verhalten Israels angeht – zunehmend zur Unheilsgeschichte wird. 2. Daß in 4,23d eindeutig Dtn 7,15 zitiert wird, ein Text, der ausschließlich auf Israel zielt, kümmert Krieger überhaupt nicht. 3. Genausowenig kümmert ihn, daß Matthäus mit der Nennung der Synagogen in Vers 23 im Text ein Signal anbringt, das den gesamten Satz klar auf das Gottesvolk bezogen sein läßt. 4. Das Jesajazitat in Mt 4,15f ist für einen Beweis, daß *laos* bei Matthäus Heiden miteinschließen könne, denkbar ungeeignet. Denn mit Jes 8,23 – 9,1 will Matthäus ja gerade aus der Schrift begründen, weshalb Jesus in *Galiläa* und nicht anderswo mit seiner messianischen Verkündigung begann. Es geht also um eine heilsgeschichtliche Abklärung des konkreten Auftretens Jesu. Da nun aber Jesus gemäß 15,24 ausschließlich in Israel auftreten durfte, kann das „Volk, das im Finstern sitzt", im Sinne des Matthäus nur die jüdische Bevölkerung Galiläas meinen.

Damit sind wir bei jenen beiden Texten angekommen, die der Gesamtposition Kriegers unumgehbar Widerstand leisten und ihn schlicht widerlegen. Nach Matthäus sagt Jesus selbst, er sei „ausschließlich zu den verlorenen Schafen des Hauses Israel gesandt" (15,24). Folgerichtig wird den Jüngern verboten, das Reich Gottes bei den Heiden oder in Samaria zu verkünden. Auch die Jünger dürfen nur „zu den verlorenen Schafen des Hauses Israel" gehen (10,5f). Diese beiden Texte stehen bei Matthäus an hervorgehobener Stelle und sind dort ausdrückliches Programm für die Zeit vor Ostern. Sie werden erst durch 28,19f aufgehoben – nirgendwo vorher. Sie sind so eindeutig, daß in ihrem Licht alle anderen matthäischen Texte gedeutet werden müssen – auch 4,16 und 4,25. Klaus-Stefan Krieger sieht natürlich das Problem, das ihm mit 10,5f und 15,24 entgegensteht. Er versucht deshalb, die beiden Texte zu entschärfen. Er tut es auf zweierlei Weise:

Einmal mit dem Argument, wir hätten es, zumindest in Mt 10,5b–6, ja gar nicht „mit Jesu ipsissima vox oder auch nur ipsissima intentio zu tun". Auch für 15,24 sei die Authentizität fraglich (106f). Krieger merkt nicht einmal, daß er mit solcher Argumentation die Probleme, die ihm die beiden Texte in den Weg legen, nicht ausräumt, sondern nur noch vergrößert. Wieso sollen denn matthäische Programmsätze für die Auslegung des Ersten Evangeliums irrelevant sein, sobald man nachgewiesen hat, daß sie nicht von Jesus sind? Es gilt genau das Gegenteil! Gerade dann, wenn die beiden Sätze matthäischer Redaktion entstammen sollten, sind sie für die Programmatik des Matthäusevangeliums von um so größerem Gewicht.

Zum anderen versucht Krieger, Mt 10,5f und 15,24 dadurch herunterzuspielen, daß er behauptet, Matthäus habe die beiden Texte ja selber durch universalistische Aussagen oder durch die Schilderung jesuanischen Wirkens in heidnischen Gebieten relativiert. Er gibt dafür die folgenden Belege an: Mt 1,1–6; 2,1–12; 4,15f; 4,24f; 5,13f; 8,5–13; 8,28–34; 10,18; 12,18–21; 13,38; 15,21–28; 16,13; 17,14–21; 24,14; 25,31f; 28,16–20 (106).

Ich kann diese Liste nur als methodischen Rückschritt bezeichnen, da ich für unser Problem längst auf den gravierenden Unterschied zwischen Texten in *berichteter* und Texten in *berichtender* Rede hingewiesen hatte (vgl. Teil I Anm. 29). Selbstverständlich kann Matthäus, auch wenn er das Wirken des irdischen Jesus strikt auf Israel beschränkt, diesen in futurischen Ausblicken von der Heidenmission sprechen oder in Bildern die künftige Heidenmission andeuten lassen. Auch dem Evangelisten selbst sind solche Ausblicke in die Zukunft einzuräumen. So darf zum Beispiel Mt 1–2 in die ganze Frage nicht einbezogen werden, da es zum Wesen von Vorgeschichten und Prologen gehört, spätere Entwicklungen vorwegzunehmen. Damit entfallen aus der Liste Kriegers die Texte 1,1–6; 2,1–12; 5,13f; 8,11; 10,18; 12,18–21; 24,14; 25,31f; 28,16–20. Sie sind für die Frage, um die es hier geht, ob nämlich dem Evangelium zufolge der irdische Jesus auch an Heiden wirkt, völlig irrelevant.

Wie unsinnig es ist, diese Belege in unserem Zusammenhang überhaupt anzuführen, mag Mt 10,18 zeigen, ein Text, auf den Krieger besonderen Wert legt, weil er so nahe an 10,5f stehe und diese Stelle dadurch relativiere (106). Jesus prophezeit in 10,18 innerhalb der großen Aussendungsrede den zwölf Jüngern, sie würden um seinetwillen vor Statthalter und Könige geführt werden „zum Zeugnis ihnen und den Heiden". Nicht nur, daß die Aussendungsrede in dem Abschnitt 10,16-42 bewußt über die Zeit des irdischen Jesus hinausgreift und auch schon nachösterliche Entwicklungen mit ins Auge faßt – die Vorstellung vom „Zeugnis geben" deckt sich gar nicht notwendig mit missionarischem Wirken. „Zeugnis" meint in 10,18 zunächst einmal nichts anderes als das Bekenntnis zu Jesus im Sinne von 10,32f, und zwar in einer Situation, die von den Jüngern nicht freiwillig herbeigeführt ist.

Nach dem Abzug aller von Krieger sinnlos angehäuften Belege bleiben nur die Stellen 8,5-13; 8,28-34; 13,38; 15,21-28; 16,13; 17,14-21 und 19,13-15. Von ihnen können 8,5-13 (der Hauptmann von Kapharnaum) und 15,21-28 (die kanaanäische Frau) sofort ausgeschieden werden. Denn sie belegen zwar eine Wirksamkeit Jesu an Heiden, sind aber so eindeutig als Ausnahmen gekennzeichnet, daß die Programmatik von 10,5f; 15,24 durch sie nicht widerlegt, sondern bestätigt wird. Es ist ja kein Zufall, daß die Sendung Jesu allein zu Israel gerade in der Perikope von der Kanaanäerin formuliert wird. Diese Perikope hat keineswegs, wie Krieger behauptet, ihre Spitze darin, „daß Jesus seine partikularistische Auffassung, vom Gang der Ereignisse gezwungen, ändern muß" (106). Ganz im Gegenteil! Die kanaanäische Frau stimmt Jesus ja zu: „Da hast du recht, Herr! Aber selbst die Hunde bekommen von den Brotresten, die vom Tisch ihrer Herren fallen" (15,27). Das heißt: Zuerst muß Israel der Fülle der messianischen Zeit teilhaftig werden. Diese Fülle aber ist so groß, daß sie sogar schon jetzt auf Heiden überströmen kann. Ich wüßte nicht, wie ein Text das Vorrecht Israels, an das sich der matthäische Jesus peinlich genau hält, besser darstellen könnte. Dort, wo dieses Vorrecht Israels schon vor Ostern zeichenhaft durchbrochen wird, nämlich in 8,5-13 und 15,21-28, wird von Matthäus die Ausnahme sorgfältig als Ausnahme dargestellt und zugleich die vorläufig noch bleibende Prärogative Israels betont.

Die Texte 8,28-34; 16,13; 17,14-21 und 19,13-15 gehören

nicht in eine Reihe mit 8, 5–13 und 15, 21–28. Von ihnen behauptet Klaus-Stefan Krieger, sie bewiesen allein schon deshalb ein Wirken Jesu an Heiden, weil sie jeweils in einem Gebiet mit überwiegend nichtjüdischer Bevölkerung spielten (105 f). Eine solche Argumentation ist jedoch methodisch unzulässig. Angesichts der Programmsätze 10, 5 f und 15, 24 ist im Matthäusevangelium ein Wirken Jesu an Heiden nur dann anzunehmen, wenn es der Evangelist wie in 8, 5–13 und 15, 21–28 ausdrücklich signalisiert. Fehlen entsprechende Signale, so darf eine Wirksamkeit an Heiden auf keinen Fall in den Text hineingelesen werden.

Daß eine Perikope im Gebiet der Dekapolis oder bei Cäsarea Philippi spielt, ist kein derartiges Signal, da in den heidnischen Gebieten rund um Israel außerordentlich viele Juden lebten. Auch daß die Dämonen in 8, 29 Jesus bitten, sie nicht „vor der Zeit zu quälen", ist kein solches Textsignal. Gemeint ist nämlich nicht, wie Krieger behauptet, Jesus sei „vor der Zeit ins Heidenland gekommen" (105), sondern der Tag des Gerichtes mit der Qual endgültiger Bestrafung sei noch nicht angebrochen (vgl. Mt 13, 30; 1 Kor 4, 5; Offb 20, 10). Und daß die Dämonen Jesus als „Sohn Gottes" anreden, ist erst recht kein solches Textsignal. Nach Krieger ist diese Anrede „eine heidenchristliche Proklamation", die zeige, daß es sich bei den beiden Besessenen um Heiden handle (105). Bei Matthäus begegnet der Sohn-Gottes-Titel jedoch mehrfach im Munde von Juden (14, 33; 16, 16; 26, 63), und so beweist auch dieses angebliche Indiz nicht das geringste.

Damit bleibt aus der langen Liste Kriegers einzig noch die Deutung des Gleichnisses vom Unkraut im Weizen, innerhalb deren es heißt: „Der den guten Samen sät, ist der Menschensohn, der Acker aber ist die Welt" (13, 37 f). Doch auch dieser Text vermag für das Matthäusevangelium ein Wirken des irdischen Jesus an Heiden nicht zu beweisen. Denn Mt 13, 37–43 zeichnet ein *Gesamtbild*, das von der Zeit des irdischen Jesus bis ans Ende der Welt reicht, also das Wirken des *erhöhten* Menschensohnes miteinschließt. Dessen Saatfeld ist nun wirklich die ganze Welt, in der er durch das Wort seiner Jünger (vgl. 28, 19 f) den Samen des Evangeliums aussät. Wegen dieser perspektivischen Verschränkung von vorösterlicher und nachösterlicher Zeit stört auch 13, 37 f die Programmatik von 10, 5 f und 15, 24 in keiner Weise.

Auf weitere Details einzugehen, lohnt sich nicht. Im Grunde hat Klaus-Stefan Krieger die *literarische* Struktur des Matthäusevangeliums nicht begriffen. Matthäus konnte (oder wollte) die Entwicklung der Kirche nach Ostern nicht wie Lukas in einem Zweiten Buch darstellen. Deshalb war er gezwungen, nachösterliche Entwicklungen (wie etwa die Heidenmission) vorwegnehmend in die überkommene Evangelientradition einzubauen. Solche Vorwegnahmen hat er dann allerdings literarisch klar gekennzeichnet. Darüber hinaus gestaltet Matthäus sein Evangelium so, daß er die verarbeiteten Wort- und Erzähltraditionen an vielen Stellen für die Situation der Kirche seiner Zeit *transparent* macht. Deshalb gibt es im Matthäusevangelium selbstverständlich von Anfang an universalistische Aussagen (Krieger 106). Ich habe das nie anders gesehen. Das alles ändert aber nichts daran, daß Matthäus gleichzeitig auf einer geschichtlich-sukzessiven Darstellungsebene das vorösterliche Wirken Jesu allein an Israel erzählt. Und genau dieser Darstellungsebene gehört der Vorbau der Bergpredigt an.

Klaus-Stefan Krieger hat aber auch die *theologische* Architektonik des Matthäusevangeliums nicht begriffen. Erst Jesu Tod und Auferstehung eröffnen nach Matthäus die Möglichkeit von Heidenmission. Erst als sich der Großteil des Gottesvolkes Jesus verweigert hatte und diese Verweigerung vor Pilatus ratifiziert hatte (27,20–26), war jene Situation eingetreten, in der die Basileia Israel weggenommen und einem anderen Volk gegeben wurde (21,43). Vorher war für Matthäus ein Wirken an Heiden theologisch ausgeschlossen. Genau innerhalb dieser theologischen Linienführung zeigt die Bergpredigt den Anspruch Jesu auf ganz Israel. Sie legt die Sinai-Tora auf das endzeitliche Israel hin aus. Sie steht deshalb in derselben eindeutigen Verbindung zum Israel der Endzeit wie die Sinai-Tora dem alttestamentlichen Israel zugeordnet war. Dort, wo die Bergpredigt gehört und getan wird, entsteht das wahre Israel.

Selbstverständlich wird die Bergpredigt nach Ostern allen Völkern angeboten. Ich habe das, entgegen dem Eindruck, den Krieger suggeriert, nie bestritten, sondern ausdrücklich gesagt: „In diesem Sinn ist die Bergpredigt übrigens auch universal und auf alle Menschen bezogen. Aber eben nur über die Kirche, die alle

Völker zu Jüngergemeinden machen soll" (siehe oben I 10). In Mt 28,19f heißt es gerade nicht: „Gehet hin und sagt allen Völkern weiter, was ich euch gelehrt habe", sondern: „Gehet hin und macht alle Völker zu Jüngern, *indem* ihr sie auf den Namen des Vaters und des Sohnes und des heiligen Geistes tauft und *indem* ihr sie alles zu halten lehrt, was ich euch geboten habe."

Die Jüngerschaft, von der da am Ende des Matthäusevangeliums noch einmal die Rede ist, schließt somit keineswegs eine Nachfolge Jesu außerhalb der Kirche ein, wie es Krieger für möglich hält (113), sondern sie ist mit Taufe und Taufbelehrung (Katechumenat) unlöslich verbunden. Ohne in diesem Sinn Jünger zu sein, kann man sich nach Matthäus nicht unter das leichte Joch der Bergpredigt begeben. Ohne in diesem Sinn Jünger zu sein, kann man auch die matthäischen Seligpreisungen, besonders die achte und die neunte, nicht auf sich beziehen, denn seliggepriesen werden dort ja die um Jesu willen Diffamierten und Verfolgten. Und sollen etwa Heiden das Vaterunser beten? Oder sollen Heiden das Licht der Welt sein?

Insofern wäre Klaus-Stefan Krieger selbst dann noch keinen Schritt weitergekommen, wenn ihm der Nachweis gelungen wäre, daß nach der Intention des Matthäus Heiden zum Szenarium der Bergpredigt gehört hätten. Auch diese Heiden müßten sich, um im Bild zu bleiben, taufen lassen. Das heißt, sie können nur dann unter der Verheißung und dem Anspruch der Bergpredigt leben, wenn sie umkehren und Jünger werden. Eine Nachfolge Jesu außerhalb der Kirche ist für Matthäus undenkbar. Mit Recht.

Anmerkungen

Teil I: Wem gilt die Bergpredigt?

Dieser Teil wurde bereits veröffentlicht unter dem Titel: Wem gilt die Bergpredigt? Eine redaktionskritische Untersuchung von Mt 4,23 – 5,2 und 7,28f: ThQ 163 (1983) 264–284. Der Aufsatz wurde für dieses Buch leicht überarbeitet. Er geht zurück auf ein Referat, das am 22. März 1983 bei der Tagung der deutschsprachigen katholischen Neutestamentler in Luzern vorgetragen wurde.

[1] Noch 1980 konnte G. *Barth* in einem instruktiven Artikel zur Bergpredigt (TRE V 603–618) schreiben, auffälligerweise habe „in der so lebhaften sozialethischen Diskussion in der Ökumene eine direkte Auseinandersetzung mit der Bergpredigt in den vergangenen Jahren kaum stattgefunden" (615). Aber bereits 1981 hatte sich diese Situation unter dem Einfluß der Friedensbewegung schlagartig geändert.
[2] Beispiel: *K. Bornhäuser*, Bergpredigt 4–21.
[3] Beispiel: *A. Schweitzer*, Messianitäts- und Leidensgeheimnis 18f; ders., Geschichte 594–597. 640.
[4] Beispiel: *G. Kittel*, Bergpredigt 590.
[5] Beispiel: *G. Borné*, Bergpredigt und Frieden.
[6] Die Literatur zur Auslegungs- und Wirkungsgeschichte der Bergpredigt ist zusammengestellt bei *G. Barth*, Bergpredigt 618.
[7] So z.B. *F. W. Kantzenbach*, Bergpredigt 77.
[8] So z.B. *M. Dibelius*, Bergpredigt 93; *E. Fuchs*, Selbstzeugnis 107; *W. Knörzer*, Bergpredigt 25.96; *O. Hanssen*, Verständnis 98; *M. Hengel*, Stadt 19.21.
[9] S.o. Anm. 2.
[10] So z.B. *A. Schweitzer*, Geschichte 596. 640; *J. Schmid*, Matthäus 158–160.
[11] Die großen Redekompositionen des Matthäusevangeliums: 5,3 – 7,27; 10,5–42; 13,3–52; 18,3–35; 23,2 – 25,46.
[12] Die Kirche ist nach Matthäus das wahre Gottesvolk geworden. Vgl. hierzu die grundlegende Arbeit von *W. Trilling*, Das wahre Israel.
[13] Auch wenn die Kirche der Adressat des Matthäusevangeliums ist, können dieser Kirche im Evangelium doch Geschichten aus der Vergangenheit erzählt werden, bei denen innerhalb der „berichtenden Rede" (reporting speech), d.h. innerhalb der Erzählung, je verschiedene Adressaten von „berichteter Rede" (reported speech) auftauchen. Diese bare Selbstverständlichkeit wird erst dadurch kompliziert, daß die Adressaten der „berichteten Reden" rein „historisch" gesehen werden können (dann bleiben sie einmalige Gestalten einer unwiederholbaren Vergangenheit), daß sie andererseits aber auch „transparent" für die kirchliche Gegenwart des Matthäus geschildert sein können. Bei der Auslegung des Mat-

thäusevangeliums oszilliert die Exegese seit der Einführung der Redaktionskritik zwischen diesen beiden Möglichkeiten. Die Debatte wird geführt unter den Schlagworten: *Historisierung oder Transparenz?* Vertreter der „Historisierungsthese" ist vor allem *G. Strecker*, Der Weg der Gerechtigkeit; Vertreter der „Transparenzthese" vor allem *H. Frankemölle*, Jahwebund und Kirche Christi. Im Falle des Matthäusevangeliums bilden die beiden Möglichkeiten jedoch keine echte Alternative. Matthäus macht die Reden, Ereignisse und Gestalten seines Evangeliums ständig für die eigene kirchliche Gegenwart transparent, er will aber gleichzeitig die nicht wiederholbare *archē* der Kirche erzählen. Die vergangene Geschichte drängt bei ihm zur Transparenz, die Transparenz aber verlangt wirklich geschehene, einmalige Geschichte. Vgl. den erhellenden Aufsatz von *U. Luz*, Die Jünger im Matthäusevangelium.

[14] *M. Dibelius*, Bergpredigt 91 f.

[15] Soweit ich sehe, wird diese Frage nirgendwo gründlich diskutiert. Thesenartige Äußerungen positiver Art finden sich bei *J. Schmid*, Matthäus 72; *W. Grundmann*, Matthäus 111 („Ein Summarium leitet über zur Bergpredigt und ist mit ihrer Einleitung so eng verbunden, daß es selbst zu ihr gehört"); *P. Bonnard*, Matthieu 51. Negativ: *H.-W. Bartsch*, Feldrede 6 f.

[16] Die Zählung der Wörter erfolgte nach *Nestle-Aland*, Novum Testamentum graece..., Stuttgart [26]1979. Textvarianten wurden nicht berücksichtigt. – Der Begriff „Gemeinderede" für 18,3–35 ist unglücklich, hat sich aber eingebürgert. – Die Rede gegen die Schriftgelehrten und Pharisäer (23,2–39) und die Endzeitrede (24,4 – 25,46) gehören zusammen. Vgl. *H. Frankemölle*, Jahwebund 270.335. Wegen ihrer Zusammengehörigkeit hier der Oberbegriff „Gerichtsrede"!

[17] Richtig beobachtet von *D. Dormeyer*, Bergpredigt 10 f.

[18] Gleichzeitig geht es Matthäus darum, den Konnex Jüngerberufung – Jüngerbelehrung herauszuarbeiten. Vgl. I 8 f.

[19] Zuerst *J. Schniewind*, Matthäus 36 f.106.

[20] Vgl. *H. Frankemölle*, Jahwebund 342 f; *R. A. Guelich*, Sermon 42.

[21] Ob bereits die Logienquelle die erste programmatische Rede Jesu mit einer „szenischen Bemerkung" einleitete (so z. B. *H. Schürmann*, Lukasevangelium I 318 f.323), kann hier offenbleiben.

[22] So z. B. *F. Hahn*, Verständnis 109; *H. Frankemölle*, Jahwebund 110.

[23] Vgl. *H. Wildberger*, Jesaja I 371–374.

[24] Treffend sagt *R. Walker*, Heilsgeschichte 76: „Das verlorene ‚Israel', zu dem auch das Galiläa der Heiden gehört, erfährt das Heil seines Messias. Somit gehört 4,15 streng zur Israel-Darstellung des Evangelisten." Vgl. auch *J. Schreiber*, Theologie 214 f.

[25] So *H. Frankemölle*, Jahwebund 110; *R. H. Gundry*, Matthew 64.

[26] So mit Recht *M.-J. Lagrange*, Matthieu 72; *E. Klostermann*, Matthäusevangelium 32; *J. Schmid*, Matthäus 73; *P. Bonnard*, Matthieu 52; *G. Maier*, Matthäus-Evangelium I 96. – An die römische Provinz Syrien denken *H. J. Holtzmann*, Synoptiker 78; *J. Weiß*, Schriften I 256; *E. Lohmeyer*, Matthäus 72; *W. Trilling*, Israel 135; *W. Grundmann*, Matthäus 113.

[27] Vgl. für diese jüdische Sicht z. B. Josephus, Bellum III 3,1 (§ 35); VII, 3,3 (§ 43) oder Aboda Sara I 8 („Man darf den Nichtjuden im Lande Israel keine Häuser vermieten ... In Syrien darf man ihnen Häuser vermieten, aber keine Felder").

[28] So z. B. *H. Frankemölle*, Jahwebund 110; *R. H. Gundry*, Matthew 65.

[29] Gegen *H. Frankemölle*, der in der berechtigten Intention, die „Transparenz" des 1. Evangeliums für die kirchliche Gegenwart des Matthäus herauszustellen,

die geschichtlich durchaus differenzierte Darstellung des Evangelisten unterbewertet und sich sogar gegen ein „linear-temporales Zeitverständnis" im 1. Evangelium wendet (Jahwebund 350). H. Frankemölle übersieht, daß im Matthäusevangelium (von Mt 1–2 abgesehen) das Thema Heidenmission niemals in der „berichtenden", sondern stets nur in der „berichteten Rede" (konkret: in futurischen Jesusworten) begegnet, nämlich in 8,11; 10,18; 12,18.21; 21,41.43; 24,14; 26,13 (vgl. 28,19f). Dadurch gelingt es Matthäus, die gegenwärtige Konzentration Jesu auf Israel (15,24–26!) und das künftige Wirken der Jünger bei allen Völkern klar zu trennen. Wenn H. Frankemölle Mt 4,23–25 für Heilungswunder an Heiden (110f) und Mt 15,29–31 mit *J. Jeremias* gar für eine „Heidenwirksamkeit großen Stils" (117) reklamiert, so ist das exegetisch unhaltbar. Vgl. *W. Trilling,* Israel 135.133f. Mt 1–2 darf in die ganze Betrachtung nicht einbezogen werden, da es zum Wesen von Vorgeschichten und Prologen gehört, daß sie geschichtliche Entwicklungen proleptisch zusammenfassen.

[30] Nicht völlig auszuschließen ist freilich die Möglichkeit, daß Matthäus Idumäa strich, weil er es einfach zu Judäa rechnete. Josephus jedenfalls zählt in Bellum III 3,5 (§ 55) Idumäa zu den Verwaltungsbezirken (Toparchien) Judäas. – Die historische Verlagerung des edomitischen Gebietes von Osten nach Westen ist für unsere Fragestellung irrelevant.

[31] Dies allerdings nur bis zu den Tagen des Messias! Die diesbezüglichen rabbinischen Texte zu Edom sind zusammengestellt bei Billerbeck II 724; IV 881.899 f.

[32] Vgl. z. B. Ketubot XIII 10: „Drei Provinzen werden hinsichtlich des Eherechts unterschieden: Judäa, das Transjordanland und Galiläa" oder Schebiit IX 2: „Dreierlei Länder gibt es bezüglich der Wegschaffung der Schebiit-Früchte: Judäa, das Transjordanland und Galiläa".

[33] Vgl. Josephus, Bellum II 18,3–5 (§§ 466–480); 20,2 (§§ 556–561).

[34] Vgl. das Material bei *J. Juster,* Juifs I 197.

[35] Vgl. *W. Trilling,* Evangelium nach Matthäus I 86f.

[36] Vgl. *K. Fischer,* Herrschaft 46f.50.

[37] Vgl. vor allem *P. Diepold,* Land 30f.36.39.60–62.178f. Für das dtn Geschichtswerk ist das Ostjordanland – bei einigen Differenzierungen – integraler Bestandteil des Verheißungslandes. Seine südliche Grenze ist der Arnon. Das Siedlungsgebiet der Edomiter (Dtn 2,5), die als Brudervolk betrachtet werden, ist ausdrücklich ausgenommen (*Diepold* 62).

[38] Vgl. *P. Diepold,* Land 90–96.

[39] So auch *W. Trilling,* Israel 136f; *R. Walker,* Heilsgeschichte 98 und *G. Schneider,* Botschaft 22.25.111.

[40] So mit Recht die meisten Ausleger; vgl. z. B. *H. Frankemölle,* Jahwebund 304; *G. Barth,* Bergpredigt 608. – Unsachgemäß ist es, die matthäische Bergpredigt als „neue Tora" zu bezeichnen.

[41] Ist diese Interpretation der Heilungstaten Jesu richtig, dann erübrigen sich die komplizierten Erörterungen von *G. Strecker,* Weg 174f, und *U. Luz,* Jünger 164f, über das Verhältnis von Indikativ und Imperativ bei Matthäus.

[42] So mit Recht *H. J. Holtzmann,* Synoptiker 99; *J. Weiß,* Schriften I 257f; *E. Klostermann,* Matthäusevangelium 33; *J. Jeremias, Mōysēs* 875; *G. Bornkamm,* Bergpredigt 1049; *G. Schneider,* Botschaft 21; *H. Frankemölle,* Jahwebund 97; *G. Barth,* Bergpredigt 608; *M. Hengel,* Stadt 19; *D. Dormeyer,* Bergpredigt 10.

[43] Vor allem seit *G. H. Dalman* (Orte 166f) immer wieder vertreten.

[44] Entsprechen die Jünger den *Ältesten Israels,* die mit Mose den Offenbarungsberg besteigen dürfen (Ex 24,1.9)?

⁴⁵ *R. H. Gundry*, Matthew 66, behauptet: „Matthew uses ‚the crowds' and ‚his disciples' interchangeably. We are not to think that the disciples came to Jesus from among the crowds. They *were* the crowds." Das stellt die Dinge auf den Kopf.
⁴⁶ Vgl. *G. Lohfink*, Wie hat Jesus Gemeinde gewollt? 154–160.
⁴⁷ Die zunächst positive Sicht des Volkes durch Matthäus betonen vor allem *G. Strecker*, Weg 106f.230; *G. Eichholz*, Auslegung 22–24; *H. Frankemölle*, Handlungsanweisungen 158f.
⁴⁸ Mit reiner Jüngerbelehrung rechnet z. B. *H. W. Bartsch*, Feldrede 7f.
⁴⁹ Gut formuliert *H. Gollwitzer*, Bergpredigt 97: „Wie der Umkehrruf der Propheten immer dem ganzen Volke gilt und zugleich jedem Einzelnen, der für das ganze Volk haftbar gemacht wird und mit seiner individuellen Umkehr bei sich selbst anfangen soll mit dem, was das ganze Volk tun soll, so sieht Jesus die Jüngergemeinde und jeden einzelnen Jünger als pars pro toto für das ganze Israel."
⁵⁰ Unhaltbar ist deshalb die These von *R. A. Guelich*, Sermon 59: „For Matthew, the crowds are a neutral chorus with little or no theological significance."
⁵¹ Zu Lukas vgl. *G. Lohfink*, Die Sammlung Israels.
⁵² Vgl. im einzelnen *W. Trilling*, Israel 55–96; *J. Gnilka*, Verstockung 89–115; *R. Hummel*, Auseinandersetzung 144–153; *G. Strecker*, Weg 99–118; *R. Walker*, Heilsgeschichte 11–74; *H. Frankemölle*, Jahwebund 204–211.
⁵³ Die „historisierende" Dimension des Matthäusevangeliums darf nicht wie bei *H. Frankemölle* (s. o. Anm. 13 und 29) vorschnell zugunsten der „Transparenz" verlassen werden, weil sonst gerade die Gefahr droht, daß die von Matthäus intendierte Transparenz der Vergangenheit verschwommen und konturlos bleibt.
⁵⁴ Bei *J. Schmid*, Matthäus, der einst einen der einflußreichsten katholischen Kommentare zum Matthäusevangelium geschrieben hat, konnte man lesen, daß die Bergpredigt rein religiös und ethisch, das heißt individualistisch und nicht sozial motiviert sei, sich deshalb immer nur an den Einzelmenschen und nicht auf das Gemeinwohl richte und erst recht kein sozialpolitisches Programm enthalte (158–160).
⁵⁵ So z. B *R. Schnackenburg*, Bergpredigt (1982) 57.
⁵⁶ Vgl. ausführlicher *G. Lohfink*, Wie hat Jesus Gemeinde gewollt? 46–50.78–86.

Teil II: Wer kann die Gewaltlosigkeit leben?

Dieser Teil wurde bereits veröffentlicht unter dem Titel: Der ekklesiale Sitz im Leben der Aufforderung Jesu zum Gewaltverzicht (Mt 5, 39b–42/Lk 6, 29f): ThQ 162 (1982) 236–253. Der Aufsatz wurde für dieses Buch leicht überarbeitet. Er gibt – mit nur geringfügigen Änderungen – ein Referat wieder, das der Verfasser im Wintersemester 1981/82 im Rahmen einer Vorlesungsreihe der Kath.-Theol. Fakultät der Universität Tübingen gehalten hat. Das Thema der gesamten Reihe lautete: „Friedenspolitik – Verteidigung – Abrüstung".

¹ *A. Solschenizyn*, Der Archipel GULAG. 3 Bde. (Rowohlt-Taschenbücher 4196–4198). Hamburg 1978.
² Archipel V 10: Wenn der Zonenboden glüht (Rowohlt Bd. 3, 215–234).
³ Archipel V 10 (Rowohlt Bd. 3, 220f).
⁴ BUR – Baracke mit verschärftem Regime.
⁵ Vgl. *Schalom Ben-Chorin*, Grenzen 323.
⁶ Im Hintergrund stehen Röm 3, 20 und 7, 7–25.

⁷ *A. Schraner*, Katechismus 224 f.
⁸ Rekonstruktion nach *S. Schulz*, Spruchquelle 120–127; *H. Merklein*, Gottesherrschaft 269–275; *A. Polag*, Fragmenta 34. Das in Klammern Gesetzte ist für Q nicht mit derselben Sicherheit rekonstruierbar wie der übrige Text.
⁹ Zur neueren Auslegung vgl. vor allem: *S. Schulz*, Spruchquelle 120–127; *D. Lührmann*, Liebet eure Feinde; *L. Schottroff*, Gewaltverzicht; *H. Merklein*, Gottesherrschaft 269–275; *G. Theißen*, Gewaltverzicht und Feindesliebe; *H. Büchele*, Bergpredigt und Gewaltfreiheit; *W. Lienemann*, Gewalt und Gewaltverzicht (Literatur!).
¹⁰ In der neueren Auslegung wird mit Recht hervorgehoben, daß die ursprüngliche Logientradition über den Gewaltverzicht gerade keine *tatenlose* Passivität fordert. Vgl. besonders *L. Schottroff*, Gewaltverzicht; ferner *H. Büchele*, Bergpredigt 632 f und *W. Lienemann*, Gewalt 54.62. Die vier Logien bleiben offen für das, was heute „gewaltfreier Widerstand" genannt wird. Die Spannung zu Mt 5,39 a ist dann freilich nicht zu übersehen.
¹¹ Zum zeichenhaften Auftreten der Boten vgl. *P. Hoffmann*, Studien 312–331; *I. Bosold*, Pazifismus.
¹² Für eine ausführliche Begründung der folgenden Abschnitte 5–8 vgl. *G. Lohfink*, Wie hat Jesus Gemeinde gewollt?
¹³ Charakteristisch *I. Broer*, Plädierte Jesus für Gewaltlosigkeit? I. Broer kennt – wie viele andere vor ihm – nur die Alternative: *privater Bereich/öffentlicher Bereich (= Staat)*.
¹⁴ Zu dem wenig untersuchten Begriff des „Willens Gottes" vgl. *N. Lohfink*, Kirchenträume 26–63.
¹⁵ Den Zusammenhang *Gewaltverzicht – Volk Gottes* betonen *L. Schottroff*, Gewaltverzicht 213; *A. Strobel*, Macht 98; *W. Lienemann*, Gewalt 63.71.
¹⁶ *Origenes*, Contra Celsum VIII 73–75.
¹⁷ Synodenbeschluß „Entwicklung und Frieden" 2.2.2.

Teil III: Worin besteht die Radikalität der Bergpredigt?

Dieser Teil wurde bereits veröffentlicht unter dem Titel: Gesetzeserfüllung und Nachfolge. Zur Radikalität des Ethischen im Matthäusevangelium, in: *H. Weber* (Hrsg.), Der ethische Kompromiß (Studien zur theologischen Ethik 12), Freiburg i. Schw./Freiburg i. Br. 1984, 15–58. Der Aufsatz wurde für dieses Buch geringfügig überarbeitet. Er geht zurück auf ein Referat beim 21. Fachkongreß der deutschsprachigen Moraltheologen und Sozialethiker, der vom 19.–23. September 1983 in Trier stattfand. Der Kongreß hatte das Thema: „Radikalität und Kompromiß in der christlichen Ethik".

¹ Vgl. *M. Dibelius*, Bergpredigt 121.125.136 f.144–146.169; *J. Schmid*, Matthäus 155; *H. Braun*, Radikalismus II 42.56 u. ö.; *G. Barth*, Gesetzesverständnis 88 f; *G. Jeremias*, Lehrer 331; *W. Grundmann*, Matthäus 281; *G. Eichholz*, Auslegung 79; *R. Schnackenburg*, Ethik 194.201; *ders.*, Bergpredigt (1982) 31.55–58; *J. Bekker*, Buße 449; *M. Hengel*, Stadt 20; *W. Schrage*, Ethik 35.49.51.53.68.
² Vgl. *H. Merklein*, Gottesherrschaft 295–299.
³ Vgl. etwa *K. Heim*, Bergpredigt 13; *M. Dibelius*, Bergpredigt 121; *J. Schmid*, Matthäus 156; *H. Braun*, Radikalismus II 43; *R. Schnackenburg*, Bergpredigt (LThK) 226; *ders.*, Existenz I 123; *H.-D. Wendland*, Ethik 6.8.11.13.15; *W. Grundmann*, Matthäus 281; *J. Becker*, Buße 449; *W. Schrage*, Ethik 63.

⁴ *B. Schüller*, Zur Rede von der radikalen sittlichen Forderung.
⁵ Zur Terminologie: „Normen, durch die eine bestimmte Verhaltensweise ausnahmslos geboten oder verboten wird, gleichgültig, was die Folgen des Verhaltens im Einzelfall sein mögen, heißen in der ethischen Theorie häufig deontologische Normen ... Im Unterschied dazu nennt man Normen, die eine bestimmte Verhaltensweise immer nur von ihren voraussehbaren Wirkungen und Folgen her gebieten oder verbieten, teleologische Normen" (*B. Schüller*, Rede 325f). Zu den Mutationen beider Begriffe vgl. *B. Schüller*, Das Geschick eines Wortpaares, in: *ders.*, Mensch 156–183.
⁶ Vgl. *B. Schüller*, Rede 324–336.
⁷ *B. Schüller*, Rede 338.
⁸ *B. Schüller*, Rede 338.
⁹ *B. Schüller*, Rede 337f.
¹⁰ *B. Schüller*, Rede 321f.
¹¹ *B. Schüller*, Rede 322.
¹² *B. Schüller*, Rede 338.
¹³ *R. Bultmann*, Jesus 68f.
¹⁴ Ob *R. Bultmann* in dem zitierten Text die rabbinische Position adäquat beschreibt, mag offenbleiben. Auf jeden Fall wird man ihm keinen *Individualismus* vorwerfen können. Er schreibt an anderer Stelle seines Jesusbuches: „Nicht der einzelne, sondern die Gemeinde ist berufen, *ihr* gilt die Verheißung. Nicht der einzelne gelangt in der Gottesherrschaft zur Verwirklichung der in ihm angelegten Bestimmung, zur Ausbildung seiner Persönlichkeit oder zur Glückseligkeit. Daß *Gott* seine Herrschaft erscheinen läßt, daß *sein* Wille geschieht, daß die Verheißung an die Gemeinde erfüllt wird, das bedeutet die Verwirklichung der Gottesherrschaft. So gelangt freilich auch der einzelne zum Heil, aber als einer, der in die Gemeinde der Endzeit berufen ist, nicht als ‚Persönlichkeit' " (43).
¹⁵ Vgl. etwa *G. Bornkamm*, Enderwartung 22; *R. Schnackenburg*, Botschaft 53–55; *ders.*, Existenz I 149; *G. Jeremias*, Lehrer 331; *G. Strecker*, Weg 141; *H.-D. Wendland*, Ethik 7; *P. Hoffmann – V. Eid*, Jesus 86f; *W. Schrage*, Ethik 48.
¹⁶ Vgl. zum folgenden vor allem *R. Pesch*, Seid vollkommen.
¹⁷ Vgl. *W. Trilling*, Israel 195; *W. Grundmann*, Matthäus 180; *H. Frankemölle*, Jahwebund 291; *Ch. Dietzfelbinger*, Antithesen 13; *B. Przybylski*, Righteousness 85; *H. Giesen*, Handeln 123f.136–140; *U. Luz*, Matthäus z. St. – Anders *G. Delling*, teleios 75 Anm. 35.
¹⁸ Vgl. *U. Luz*, Erfüllung 423: „Die von den Jüngern geforderte Gerechtigkeit ist mit der durch das Liebesgebot inhaltlich umschriebenen ‚Vollkommenheit' (5,48) identisch."
¹⁹ Für das griechische Verständnis sind besonders aufschlußreich: Philo, Abr § 34 (Cohn): „Er (Mose) sagt aber auch, daß er (Noah) ‚vollkommen' war, womit er ausdrückt, daß Noah nicht *eine* Tugend, sondern alle Tugenden besessen und eine jede stets pflichtgemäß ausgeübt hat." Stobäus II 7,11: „Sie (die Stoiker) sagen, daß ein rechtschaffener Mann dann in allem vollkommen sei, wenn ihm überhaupt keine Tugend fehle." Vgl. auch Stoic. vet. fragm. III 299.
²⁰ Zur Diskussion des hebräischen Äquivalents vgl. *E. Yarnold* (*teleios* 269f) und *W. Delling* (*teleios* 72–74). Ferner *R. Schnackenburg*, Existenz I 132f; *H. Giesen*, Handeln 134; *U. Luz*, Matthäus z. St.
²¹ So auch *H. Braun*, Radikalismus II 43 Anm. 1; *G. Barth*, Gesetzesverständnis 95; *G. Bornkamm*, Jesus 99; *R. Bultmann*, Jesus 102f; *G. Kretschmar*, Beitrag 53; *J. Blinzler*, Vollkommenheit 863; *R. Schnackenburg*, Existenz I 140; *E. Schweizer*, Matthäus 83; *H. Frankemölle*, Jahwebund 291; *B. Przybylski*, Righteousness 86f;

M. Hengel, Ende 687; *H. Giesen,* Handeln 134f; *W. Schrage,* Ethik 142. – *B. Przybylski* (Righteousness 86f) und *U. Luz* (Matthäus z. St.) möchten im matthäischen Begriff der Vollkommenheit neben dem subjektiven Moment (= Ganzheitlichkeit) auch noch ein objektives Moment (= Erfüllung sämtlicher Forderungen des Gesetzes) festhalten. Extrem formuliert *G. Strecker,* Weg 141 f: „Zur Radikalisierung der ethischen Forderung gehört, daß das Gesetz quantitativ-total erfüllt werden soll ... Die geforderte Vollkommenheit ist also wesenhaft durch die quantitative Steigerung bestimmt." Gegen Deutungen dieser Art formulierte bereits *G. Kretschmar,* Beitrag 57: „Vollkommenheit ist keine quantitative Ergänzung des Gesetzes, sondern seine qualitative Umprägung." Ähnlich *H. Frankemölle,* Jahwebund 286. – Man sollte das *quantitative* Moment bei Matthäus tatsächlich nicht übersehen. Es geht um die Erfüllung des *ganzen* Gesetzes, von dem nichts weggenommen werden darf. Aber diese quantitative Dimension ist in ihrer gesamten Erstreckung *qualitativ* neu bestimmt. Vgl. dazu das Folgende.
[22] Auf den Hintergrund der Bundestheologie des Buches Deuteronomium hat besonders *H. Frankemölle* (Jahwebund 288–290) hingewiesen.
[23] Vgl. 2 Sam 22,33; Ps 15,2; 18,33; 101,2.6; 119,1.
[24] Vgl. *J. Dupont,* „Soyez parfaits" 152; *G. Barth,* Gesetzesverständnis 91 f; *J. Gnilka,* Kirche 59; *R. Schnackenburg,* Existenz I 136; *G. Delling, teleios* 73 f.
[25] Den Unterschied des Vollkommenheitsbegriffs von Qumran zu dem der Evangelien beschreibt *H. Braun,* Radikalismus II 43 Anm. 1.
[26] „Gerechtigkeit" ist eines der wichtigsten theologischen Wörter des Matthäusevangeliums. Vgl. 3,15; 5,6.10.20; 6,1.33; 21,32. In der neutestamentlichen Exegese ist seit langem umstritten, was dieses Wort meint: göttliche Heilsgabe oder Forderung richtigen menschlichen Verhaltens oder beides? Die Mehrzahl der Exegeten verteidigt eine doppelte Bedeutung: „Gerechtigkeit" sei bei Matthäus sowohl theologisch als auch ethisch verstanden. So zuletzt *H. Giesen,* Handeln. Dies ist jedoch eine unsachgemäße Eintragung paulinischer Theologie. Matthäus meint mit „Gerechtigkeit" die *wahre, vollkommene Gesetzeserfüllung.* Vgl. jetzt vor allem *B. Przybylski,* Righteousness.
[27] *U. Luz,* Matthäus z. St.; *ders.,* Erfüllung 423: „Das Liebesgebot in der Auslegung Jesu, als Mitte und kritische Norm des alttestamentlichen Gotteswillens (7,12; 22,34 ff), bewirkt nicht einfach eine quantitativ zu erfassende Vermehrung, sondern eine qualitative Veränderung der Gerechtigkeit der Jünger im Gegenüber zu den Pharisäern."
[28] Das Thema der Nachfolge ist allerdings in Mt 5,17 schon implizit gegeben. Vgl. im folgenden unter III 5,5.
[29] Wie sehr es Matthäus um das Problem der Tora-Erfüllung geht, zeigt neben anderem seine gegenüber Mk 10,19 veränderte Formulierung „Halte die Gebote!" (19,17).
[30] In den übrigen Evangelien fehlt das Wort ganz; es liegt also ein spezifisches Interesse des Matthäus vor. Mit Mt 5,48 und 19,21 sind im Neuen Testament zu vergleichen Eph 4,13; Kol 1,28; 4,12; Jak 1,4; 3,2.
[31] Vgl. *R. Schnackenburg* Existenz I 147–153.
[32] So *G. Strecker,* Weg 251 f.
[33] Auf das Folgende hat mich *R. Pesch* hingewiesen. Vgl. auch *R. Pesch,* Markusevangelium II 138 f.240; *ders.,* Seid vollkommen 66.
[34] Für Matthäus war diese Verbindung vorgegeben in der Perikope Mk 12,20–31 (par Mt 22,37–40).
[35] Vgl. *G. Dautzenberg,* Leben 116–119. Entscheidend ist, daß diese Auslegung bereits in Qumran, ja sogar schon in Sir 7,30 begegnet.

³⁶ Bei Matthäus ist der Hintergrund mit *me'od* nicht so sicher wie bei Markus, denn Matthäus streicht in 22,37 diff Mk 12,30 *ischys*.
³⁷ Dies hat bereits G. *Bornkamm* (Enderwartung 26) betont: „In der Nachfolge Jesu also erfüllt sich die vom Gesetz geforderte Vollkommenheit." G. *Barth* hat dann die matthäische Relation Gesetzeserfüllung – Nachfolge in seiner Arbeit „Das Gesetzesverständnis des Evangelisten Matthäus" (vor allem 95f) weiter reflektiert. Vgl. auch G. *Strecker*, Weg 231: „Der matthäische Nachfolgebegriff ... bezieht sich auf die faktische Verwirklichung der *dikaiosynē*-Forderung."
³⁸ G. *Barth*, Gesetzesverständnis 96.
³⁹ Vgl. W. *Schrage*, Ethik 137: „Christsein heißt Jüngersein. Kennzeichen dieser Jüngerschaft par excellence aber ist die Nachfolge Jesu, das Tun des Willens Gottes und die Hereinnahme in Jesu Sendung... Nicht zufällig steht die Bergpredigt am Anfang der fünf großen Reden"; G. *Barth*, Gesetzesverständnis 90: „Nun wird aber bei Matthäus die Nachfolge nirgends nur von einem Teil der Gemeinde verlangt"; „Die Nachfolge gilt für die ganze Gemeinde" (93); „Die Vollkommenheit ist das entscheidende Merkmal der Gemeinde" (93).
⁴⁰ Ein massives Zweiständeethos ist bereits gegeben im Liber graduum. Vgl. G. *Kretschmar*, Beitrag 40: „Im Liber graduum, der aus der zweiten Hälfte des 4. Jahrhunderts stammen mag, dessen nähere Einordnung aber noch umstritten ist, stehen ... zweierlei Christen kaum noch aufeinander bezogen nebeneinander: die Asketen, die sich selbst als die „Vollkommenen" bezeichnen, und die einfachen Gemeindeglieder, von ihnen die „Gerechten" genannt. Für diese Gerechten gelten Jesu Doppelgebot der Liebe (7,2) mit dem Dekalog (7,1 f) und für ihr Tagewerk die Bestimmungen der Didache, täglich dreimal zu beten und wöchentlich zweimal zu fasten (7,10); für die Asketen dagegen gilt die Bergpredigt (2,2 f; 14,1 f; 19,1 f), und sie beten und fasten stets."
⁴¹ Vgl. G. *Barth*, Gesetzesverständnis 89 f.
⁴² W. *Trilling*, Israel 192. – Vgl. B. *Schüller*, Gesetz 71 f; R. *Schnackenburg*, Existenz I 150; H. *Giesen*, Handeln 141. – Anders H. *Braun*, Radikalismus II 54.56.
⁴³ Vgl. R. *Schnackenburg*, Existenz I 150.152; U. *Luz*, Matthäus z. St.
⁴⁴ Vgl. zu dieser Vorabbildung der Kirche im Matthäusevangelium ausführlich Teil I dieses Buches.
⁴⁵ Vgl. E. *Schweizer*, Matthäus 83: „Wenn Jesus ... auf den vollkommenen Gott hinweist, dann meint er damit ... Gottes ganzheitliches, ungeteiltes Ausgerichtetsein auf den Menschen hin, seine Bundestreue, seine völlige Zuwendung zu dem von ihm Geliebten." Vgl. auch R. *Bultmann*, Jesus 103; H. *Braun*, Radikalismus II 43.
⁴⁶ Wie leicht aus dem „heilig" ein „vollkommen" werden konnte, zeigen die qumranischen Syntagmen „Männer vollkommener Heiligkeit" (1 QS 8,20; CD 20,2.5.7) und „heilige Vollkommenheit" (CD 7,5).
⁴⁷ Vgl. K. *Elliger*, Leviticus 255.
⁴⁸ Vgl G. *Lohfink*, Wie hat Jesus Gemeinde gewollt? 142–144.
⁴⁹ Daß hier „das Grundproblem der radikalen sittlichen Forderungen Jesu (Bergpredigt) angesprochen" ist, betont auch R. *Schnackenburg*, Evangelium nach Markus II 96.
⁵⁰ Vgl. N. *Lohfink*, Alternative 49–71.
⁵¹ Zur folgenden Auslegung des Gleichnisses vom Schatz im Acker vgl. vor allem J. *Jeremias* (Gleichnisse 197–200) und G. *Lohfink* (Unbedingtheit 94–97).
⁵² J. *Jeremias*, Gleichnisse 199. – Allerdings stellt J. Jeremias das *besinnungslose Hinweggerissenwerden* zu einseitig heraus. In Wirklichkeit geht es in beiden Fäl-

len auch um ein **kalkuliertes Geschäft**. Geschäft und Faszination schließen sich in keiner Weise aus – schon gar nicht im Orient!

[53] Die herrschende Übersetzungstradition gibt das *hoti* an dieser Stelle kausal mit „denn" wieder. *hoti* nach *manthanō* kann jedoch nur einen Objektsatz einleiten. Vgl. Apg 23,27; Barn 9,7.8; Epiktet I 2,2; 4,1(!).19.27; 9,4; II 14,11; Xenophon Eph, Ephesiaca V 1,12. Richtig übersetzt *Th. Zahn*, Matthäus 442 Anm. 53.

[54] Wörtlich: „im Herzen". Mit diesem Zusatz ist aber, genau wie in der 1. und 6. Seligpreisung (Mt 5,3.8), das Verhältnis des Armen bzw. Niedrigen *zu Gott* ausgedrückt. So mit Recht *Th. Zahn* (Matthäus 183) zu Mt 5,3: „Aber der Zusatz ist doch wichtig, weil er die Vorstellung ausdrücklich von der socialen und ökonomischen Lage ablenkt und auf das Innenleben hinlenkt und damit die ethische und zugleich die religiöse Bedeutung des Begriffs sicherstellt. Er bezeichnet nicht einen Zustand, in welchem man sich mit oder wider Willen befindet, auch nicht einen Zustand der Seele, sondern ein Verhalten, aber nicht ein Verhalten zu anderen Menschen, mit denen der Mensch als Fleisch und im Fleisch oder nach dem Fleisch in Beziehung steht, sondern zu Gott, mit dem der Mensch als Geist und im Geist in Beziehung und Verkehr steht." – Vgl. auch *E. Klostermann* (Matthäusevangelium 34) in Anlehnung an *Th. Zahn*: „die, deren Geist arm ist, die ‚rücksichtlich ihres innern Lebens, also vor Gott im Gefühl ihrer Unfähigkeit sich selbst zu helfen als Bettler dastehen.'"

[55] Vgl. *Billerbeck* I 608f.

[56] Vgl. *G. Barth* (Gesetzesverständnis 139) und *G. Strecker* (Weg 173).

[57] Vgl. *G. Barth*, Gesetzesverständnis 96 Anm. 1.

[58] Die „Armut im Geist" in der 1. Seligpreisung „ist mit jenem demütigen Geist identisch, der von der menschlichen Kraft nichts und von der göttlichen Hilfe alles erwartet" (*J. Gnilka*, Kirche 59).

[59] Zum Motiv der *Niedrigkeit Jesu*, das im Matthäusevangelium eine wichtige Rolle spielt, vgl. vor allem *G. Barth*, Gesetzesverständnis 117–128.139.

[60] Diese *christologische Verankerung* sucht *E. Fuchs* in seinem Aufsatz „Jesu Selbstzeugnis nach Matthäus 5" herauszuarbeiten.

[61] Für eine eingehendere Begründung des folgenden Abschnitts vgl. Teil I dieses Buches.

[62] Vgl. Ex 24,1.9 (Aufstieg mit den Ältesten). Das „er stieg auf den Berg" von Mt 5,1 hat sein Vorbild in Ex 19,3; 24,15.18; 34,4 (LXX).

[63] So *W. Grundmann*, Evangelium 117.

[64] Vgl. Ex 19,9.11.17; Dtn 5,5.

[65] Wichtig sind die Texte Ex 19,3–6; Dtn 4,5–8; Jes 2,1–5. Vgl. *G. Lohfink*, Wie hat Jesus Gemeinde gewollt? 78–86.142–154; *N. Lohfink*, Alternative 12–26.

[66] So z.B. *J. Schmid*, Matthäus 155; *M. J. Fiedler*, Begriff 123; *E. Schweizer*, Anmerkungen 167.

[67] So z.B. *G. Bornkamm*, Enderwartung 33 Anm. 3 („Man wird zu beachten haben, daß es im Matth.-Ev. den Begriff der nova lex ..., nicht gibt und nicht geben kann."); *G. Barth*, Gesetzesverständnis 143–149; *G. Eichholz*, Auslegung 66; *H. Frankemölle*, Jahwebund 304; *B. Przybylski*, Righteousness 80–83; *W. Schrage*, Ethik 143f.

[68] Vgl. *P. Schäfer*, Torah 34.42.

[69] Nach *P. Schäfer*, Torah 34.

[70] Treffend formuliert *H. Gollwitzer*, Bergpredigt 97: „Matthäus konzipiert die Bergpredigt als Aufdeckung des wahren Grundsinnes der Thora (Kap 5,17–20). Wie die Propheten will Jesus Israel angesichts der bevorstehenden Gottesherrschaft zubereiten zu einem Volk, das im wahren Thora-Gehorsam lebt."

⁷¹ Vgl. *W. Trilling*, Israel 186.
⁷² Das Phänomen „Toraverschärfung" wurde vor allem von *H. Braun* (Radikalismus I) anhand der Qumrantexte herausgearbeitet. Zur Kritik an dem Begriff, insofern er auf Jesus angewandt wird, vgl. *H. Merklein*, Botschaft 100 f.
⁷³ Vgl. zum folgenden *R. Pesch*, Seid vollkommen 65 f.
⁷⁴ Vgl. *P. Hoffmann*, Auslegung 120; ferner *W. Schrage*, Ethik 46: „Die Reinheit des Herzens ... steht ... im Gegensatz ... zu jeder partiellen, mit Vorbehalten und Kautelen praktizierten Frömmigkeit."
⁷⁵ Das Gegenteil von Vollkommenheit bzw. ganzheitlicher Gesetzeserfüllung ist bei Matthäus die Praxis der „Heuchler". Auch dieses Thema spielt in der Bergpredigt eine wichtige Rolle: 6,2.5.16; 7,5. Vgl. darüber hinaus 15,7; 22,18; 23,13.15.23.25.27.29; 24,51.
⁷⁶ Vgl. *J. Schniewind*, Evangelium 36 f.106.
⁷⁷ Dazu ausführlich: Teil I dieses Buches. Vgl. auch *U. Luz*, Erfüllung 433: „Die Proklamierung des verbindlichen Willens Gottes ist bei Matthäus eingebettet in die Erzählung von der Sendung, dem Wirken, dem Gehorsam, den Machttaten und dem Sieg des Gottessohnes. Diese Einbettung der Proklamation des Gotteswillens in eine narrative Grundstruktur im Gesamtwerk des Matthäus ersetzt in ihrer Weise die paulinische begriffliche Unterscheidung zwischen Gesetz und Gnade."
⁷⁸ Auf weitere matthäische Nachfolgetexte im näheren Umkreis der Bergpredigt kann hier nicht eingegangen werden. Wichtig ist vor allem Mt 8,18–22 mit Weiterführung in 8,23–27. Vgl. hierzu *G. Bornkamm*, Sturmstillung 50 f.
⁷⁹ Vgl. *U. Luz*, Erfüllung 415–417.426.
⁸⁰ Vgl. *G. Kretschmar*, Beitrag 59.
⁸¹ Zum Thema „Wille Gottes" im Matthäusevangelium: *G. Barth*, Gesetzesverständnis 54–58; *W. Trilling*, Israel 187–211; *H. Frankemölle*, Jahwebund 275–307; *U. Luz*, Erfüllung 434; *B. Przybylski*, Righteousness 112–115; *H. Giesen*, 197–235. Vgl. auch *N. Lohfink*, Der Wille Gottes, in: *ders.*, Kirchenträume 26–63.
⁸² Das hat *W. Trilling* (Israel 191) richtig gesehen: „Das ‚Tun des Willens Gottes' darf nicht auf den ethischen Imperativ eingeengt werden. Es umfaßt in gleicher Weise die Verwirklichung des Heilsrates (Gottes)." Vgl. auch *B. Przybylski*, Righteousness 115: „The expression ‚the will of God', on the other hand, is used to refer not only to the demand of God upon man but also to the gift of God for man"; ferner: *H. Frankemölle*, Jahwebund 277 f.
⁸³ Vgl. *B. Przybylski*, Righteousness 112.
⁸⁴ Vgl. *N. Lohfink*, Kirchenträume 44 f.
⁸⁵ Vgl. dazu ausführlicher Teil II dieses Buches.
⁸⁶ Vgl. *W. Trilling*, Israel 179.
⁸⁷ Vgl. vor allem *G. Barth*, Gesetzesverständnis 71–80.97; ferner *G. Bornkamm*, Enderwartung 28 f; *H. Frankemölle*, Jahwebund 302–304.
⁸⁸ *W. Trilling*, Israel 186: „Die Schrift ist als ein Ganzes gesehen, aus dem kein Teil, zum Beispiel das Zeremonialgesetz oder auch nur ein besonderer Aspekt herausgelöst werden kann." Im selben Sinn *U. Luz*, Erfüllung 400.419.425 f.434.
⁸⁹ Vgl. *H. Gollwitzer*, Bergpredigt 96–99.
⁹⁰ *B. Schüller*, Rede 324.
⁹¹ Vgl. *H. Windisch* (Handeln 10), der von der in Christus geschehenen „Befreiung zur Sittlichkeit" spricht.
⁹² An dieser Stelle müßte jetzt eigentlich der paulinische Begriff der *Freiheit vom Gesetz und von der Sündenmacht* (Röm 6,22; 7,6; 8,2; Gal 5,1.13 f) entfaltet wer-

den, der Jesu Botschaft und Praxis weiterreflektiert. Für die Freiheit im paulinischen Sinn ist entscheidend, daß ihr „Ort" eindeutig *eschatologisch* (es gibt sie erst seit dem Tod Jesu) und zugleich *ekklesiologisch* (es gibt sie nur in der Kirche) ist.

[93] Vgl. vor allem: *B. Schüller*, Proprium 19–27; aber auch: *ders., Bedeutung* 276: „Nun scheint die Gefahr zu bestehen, daß man die zeitlose Intelligibilität einer Wahrheit mißversteht als genetisch zu beliebiger Zeit mögliche Einsicht."

[94] *B. Schüller*, Proprium 23.

[95] *B. Schüller*, Proprium 24 f.

[96] *B. Schüller*, Proprium 27.

[97] Vgl. *H. Thielicke*, Ethik II 1 Nr. 147–687; *H. Steubing*, Kompromiß; *D. Walther*, Behandlung; *W. Trillhaas*, Problem; *K. Demmer*, Entscheidung; *H.-J. Wilting*, Kompromiß; *H. Weber*, Kompromiß; *J. Wiebering*, Kompromiß; *H. Windisch*, Handeln; *H. Ringeling*, Notwendigkeit.

[98] In Anlehnung an die Terminologie von *N. Monzel* (Kompromiß 1203), der zwischen intrapersonalem und interpersonalem Kompromiß unterscheidet. Der intrapersonale Kompromiß wird von manchen Autoren auch als *ethischer* und der interpersonale als *gesellschaftlicher* Kompromiß bezeichnet.

[99] In dem Maß, in dem die Kirche durch Sünde und mangelnde Umkehr in die Strukturen der heidnischen Gesellschaft zurückfällt, braucht sie freilich all die Mittel, die in dieser Gesellschaft Schlimmeres verhüten: z. B. gesetzlich legitimierte Gewalt oder den gesellschaftlichen Kompromiß nach dem Muster des *do ut des*.

[100] Vgl. *H. Weber*, Kompromiß 115; besonders aber *H. Windisch*, Handeln 97.104.

[101] Hierauf hat vor allem *H. Weber* (Kompromiß 105–109) hingewiesen.

[102] Vgl. *H. Thielicke*, Ethik II 1 Nr. 171 f.176.237 f.

[103] Zur Kritik vgl. *W. Trillhaas*, Problem 357–360; *H.-J. Wilting*, Kompromiß; *W. Korff*, Kernenergie 92–94.

[104] Zur Rolle des Kompromißproblems in der evangelisch-lutherischen Ethik *vor* H. Thielicke vgl. *D. Walther*, Behandlung 75–100.

[105] Vgl. *H. Weber*, Kompromiß 102 f.

[106] Das hat *D. Mieth*, Überzeugung, klar gesehen. Er unterscheidet deshalb zwischen dem Kompromiß *in öffentlichen Angelegenheiten* und dem Kompromiß *in der personalen Beziehung*. Es handle sich hierbei um ein jeweils anderes Kompromißmodell: „In der personalen Beziehung zwischen den Menschen ist der Kompromiß kein mit Verzicht und Teilverwirklichung verbundener Interessenausgleich, sondern ein integriertes Moment der wechselseitigen Förderung." (116) Hier könne deshalb nur in einem analogen Sinn von Kompromiß gesprochen werden.

[107] Schon allein diese Texte zeigen, wie unangemessen es ist, wenn *E. Käsemann* (Versuche II 84) Matthäus als „ethischen Rigoristen" bezeichnet.

[108] Mt 23,1–39. Vgl. bes. 23,3: „Tut und befolgt also alles, was sie euch sagen, aber richtet euch nicht nach dem, was sie tun; denn sie reden nur, tun selbst aber nicht, was sie sagen."

[109] Vgl. zuletzt *R. H. Gundry*, Matthew 100.

[110] Immerhin hatte sich noch *R. Bultmann* (Jesus 103) für die Ursprünglichkeit von Mt 5,48 gegen Lk 6,36 entschieden. Lukas habe die ältere Fassung des Wortes geändert, „um dadurch den Übergang zu den im Zusammenhang folgenden Worten zu gewinnen."

Teil IV: Weshalb verlangt die Bergpredigt notwendig eine Kontrastgesellschaft?

Dieser Teil war bis jetzt unveröffentlicht. Er geht zurück auf ein Referat mit dem Titel: „Die Berufung der Kirche, Kontrastgesellschaft zu sein", das bei einer Offenen Tagung der Akademie der Diözese Rottenburg/Stuttgart am 23./24. Juni 1984 in Hohenheim vorgetragen wurde. Die Tagung hatte das Thema: „Kirchenträume – Kirche als Kontrastgesellschaft?"

[1] Ausführlicher hierzu: *G. Lohfink*, Wie hat Jesus Gemeinde gewollt? 142–154.
[2] Vgl. *G. Lohfink*, Jesus 51 f.
[3] *F. Alt*, Frieden 10.
[4] *F. Alt*, Frieden 23. – Später hat F. Alt die These, man dürfe nur im Geiste der Bergpredigt regieren, als mißverständlich zurückgenommen. Vgl. *Frieden und Freiheit* (ohne Hrsg.) 34.52. Geklärt hat er das Problem damit freilich nicht.
[5] *M. Weber*, Politik als Beruf, in: *ders.*, Gesammelte politische Schriften 505–560, dort 550 f.
[6] Daß damit der Phänotyp des Heiligen nicht getroffen ist und genauso wenig der des Propheten (von dem *M. Weber* im Kontext spricht), liegt auf der Hand.
[7] Vgl. etwa *R. Schnackenburg*, Bergpredigt 57.
[8] *F. Alt*, Frieden 88.
[9] Hierauf läuft zum Beispiel die These von *M. Hättich* hinaus: „Die Gnadenverheißungen auch der Bergpredigt beziehen sich eben gerade nicht auf diese unsere Welt, die vor allem dadurch gekennzeichnet ist, daß sie von den Menschen selbst gestaltet und verantwortet werden muß" (Weltfrieden 19). M. Hättich verwechselt in diesem Satz die Begriffe „Gnade" und „Lohn"; Gnade und Weltgestaltung schließen einander gerade nicht aus. Im übrigen wird hier das Christentum offenbar als reine Jenseitsreligion betrachtet.
[10] *P. L. Berger – Th. Luckmann*, Konstruktion 136.
[11] *Aristoteles*, Nik. Ethik VIII 11 (1160a).
[12] Für den griechischen Text vgl. *M. Richard*, Nouvelle édition 73.
[13] Auch *Origenes* verwendet *systēma*, um die Kirche zu beschreiben. Vgl. Contra Celsum III 18: *systēma Christianōn*. M. Borret (SC 136, 47) übersetzt mit „société des chrétiens". Weitere Belege bei *G. W. H. Lampe*, Patristic Greek Lexicon 1351.
[14] Zur Übersetzung der Definition *Hippolyts* vgl. *G. Kretschmar*, Leben 111 f. G. Kretschmar schreibt im selben Beitrag zur altkirchlichen Ekklesiologie: „Kirche lebt als Gemeinde, und diese Gemeinde ist eine gegenüber der Umwelt abgegrenzte eigene Gesellschaft" (109). – „Die Wahrheit und das der Wahrheit entsprechende Handeln scheidet diese Menschengruppe von ihrer Umwelt und macht sie zur Sondergesellschaft. Diese Grenze zwischen Welt und Kirche wird durch Katechumenat und Taufe scharf markiert" (112). – „Daß Kirche ein Sozialverband, ein ‚Staat' für sich sei, war eben nicht nur ein Theologumenon, sondern ein Christen und Nicht-Christen einsichtiger Tatbestand" (124). – Vgl. auch *R. Freudenberger*, Noster municipatus 276–280.
[15] Zu dem Schema „Einst-Jetzt" ausführlicher: *G. Lohfink*, Wie hat Jesus Gemeinde gewollt? 145–147.
[16] Vgl. *N. Lohfink*, Gesellschaftlicher Wandel 121–123.
[17] Vgl. hierzu im folgenden unter IV 4.
[18] *N. Lohfink*, Gesellschaftlicher Wandel 122.
[19] *D. Seeber*, Kontrastgesellschaft 51.

[20] *H. Schürmann*, Heil Gottes 50–52.
[21] Vgl. *F. Tönnies*, Gemeinschaft passim.
[22] Seit *E. Durkheim* und *M. Weber* „setzt sich die Auffassung durch, Gesellschaft als sozialen Handlungszusammenhang zu begreifen und diesen auf normative Handlungsorientierungen, Rollen und Rollenerwartungen hin zu analysieren" (*E. Zeil-Fahlbusch*, Gesellschaftstheorie 183). Ist Gesellschaft vor allem dort gegeben, wo ein Zusammenhang von Werten, Normen und Rollenerwartungen existiert, so erlaubt natürlich die Ausfaltung von Recht und Gesetz a fortiori, von Gesellschaft zu sprechen. Vgl. auch *M. Riedel*, Gesellschaft 461.
[23] *J. Lambrecht* faßt den Sinn von Mt 5,17–20 folgendermaßen zusammen: „Der Hauptgedanke, den Matthäus hervorhebt, ist die bleibende Gültigkeit des Gesetzes. Jesus hat es nicht abgeschafft, sondern seinen eigentlichen Sinn freigelegt" (Bergpredigt 86).
[24] Vgl. *J. Broer*, Anmerkungen zum Gesetzesverständnis des Matthäus. Sein Beitrag kommt zu dem Ergebnis: Prinzipielle Weitergeltung des Gesetzes im ganzen; im einzelnen aber Freiheit aufgrund der radikalen Tora-Interpretation Jesu.
[25] Vgl. *F. Hahn*, Anmerkungen zum Erfüllungsgedanken 46.
[26] *D. Seeber*, Kontrastgesellschaft 51.
[27] So *D. Seeber*, Kontrastgesellschaft 51. – Vgl. die Auseinandersetzung mit den Thesen von D. Seeber bei *G. Lohfink – N. Lohfink*, „Kontrastgesellschaft" 190f.
[28] Vgl. *P. Stuhlmacher*, Gesetz der Freiheit 291: „Mit dem Begriff des ‚vollkommenen Gesetzes der Freiheit' (Jak 1,25) wird uns m.E. die biblisch beste Möglichkeit gegeben, die Bergpredigt ihrer eigenen Absicht nach zu bezeichnen."
[29] *P. L. Berger – Th. Luckmann*, Konstruktion 136.
[30] *S. C. Mott*, Biblical Ethics 133.
[31] Vgl. hierzu ausführlicher den II. Teil dieses Buches.
[32] *U. Luz*, Evangelium nach Matthäus 295.
[33] Die klassische Analyse hierzu lieferte *W. Benjamin*, Zur Kritik der Gewalt.
[34] Wichtig sind vor allem Girards Bücher: La violence et le sacré (im Deutschen: Das Heilige und die Gewalt), Des choses cachées depuis la fondation du monde (im Deutschen: Das Ende der Gewalt) und Le bouc émissaire. Als Einführung in das Denken R. Girards ist zu empfehlen: *R. Schwager*, Sündenbock.
[35] Ausführlicher hierzu: *N. Lohfink*, Das Jüdische 201–205.
[36] *H. Büchele*, Glaube 59.
[37] Vgl. hierzu ausführlicher III 8 in diesem Buch.
[38] Vgl. Mt 5,22 (zweimal). 23.24. Sonst in der gesamten Bergpredigt nur noch 5,47 und 7,3.4.5.
[39] Vgl. *H. Büchele*, Glaube 59.
[40] Daß in dem *merimnan* die Angst um das Dasein mitenthalten ist, zeigt Lukas, der das Verb in 12,29 (diff Mt 6,31) durch *meteōrizesthai* ersetzt.
[41] Normalerweise wird *ethnē* bei uns mit „Heiden" übersetzt. Das ist nicht falsch. Nur geht bei dieser freieren Übersetzung verloren, daß die „Völker" – so *ethnē* wörtlich – den Gegensatz bilden zu dem *einen Volk*. In „Volk Gottes" schwingt die gesellschaftliche Dimension stets mit, in „Heiden" nicht mehr. Deshalb ist die wörtliche Übersetzung vorzuziehen.
[42] Vgl. *J. Gnilka*, Matthäusevangelium 245.
[43] *U. Luz*, Evangelium nach Matthäus 366. Die in Klammern stehenden Namen von Autoren wurden aufgrund der Anmerkungen ergänzt.
[44] *H. Bieber*, Knappe Kassen in den Kommunen: Die Zeit 42 (1987) Nr. 25, S. 10.
[45] Ausführlicher: *G. Lohfink*, Gottes Taten 93–102.

⁴⁶ Zum folgenden ausführlicher *G. Lohfink*, Wie hat Jesus Gemeinde gewollt? 42–57.
⁴⁷ Vgl. *G. Lohfink*, Grundstruktur 22–28.
⁴⁸ Wörtlich begegnet die Wendung bei *Livius* XXVII 50,5: *matronae quia nihil in ipsis opis erat in preces obtestationesque versae per omnia delubra vagae suppliciis votisque fatigare deos.* Vgl. auch *Horaz*, Carm. I 2,26; *Tacitus*, Hist. I 29; *Seneca*, Epist. 31,5; *Ambrosius*, Kain et Abel I 5,21.
⁴⁹ Vgl. zu der Verflechtung von Gottesbild und Gesellschaftsstruktur *N. Lohfink*, Dio violento 30–48; *ders.*, Gesellschaftlicher Wandel 130. Wichtig als Grundlegung ist *P. L. Berger*, Zur Dialektik von Religion und Gesellschaft.
⁵⁰ Selbstverständlich hat auch der Einzelne seine ihm eigene Sinn- und Transzendenzerfahrung. Aber er muß sie einordnen in die Transzendenzerfahrung der Gesellschaft, in der er lebt. Tut er das nicht, wird er nicht in die Gesellschaft integriert. Er wird zum Außenseiter.
⁵¹ Vgl. *F.-X. Kaufmann*, Ort Gottes 329.
⁵² Vgl. zum folgenden auch *H.-J. Höhn*, Religion und funktionale Systemtheorie, bes. 65–69.
⁵³ *F.-X. Kaufmann*, Ort Gottes 331. Kaufmann setzt wohl voraus, daß diese Aufteilung nicht dem Selbstverständnis der Kirchen entspricht (vgl. 332). In Wirklichkeit ist die Position der Kirchen in der Bundesrepublik jedoch gar nicht eindeutig. In manchen ihrer Aktionen setzen sie sich indirekt gegen ihre Zurückdrängung in den religiösen Teilbereich der Gesellschaft zur Wehr, in vielem scheinen sie die Sicht der Gesellschaft über ihren Part auch wieder gern zu akzeptieren.
⁵⁴ Vgl. *P. L. Berger*, Dialektik von Religion und Gesellschaft 44–51.
⁵⁵ *E. Steinbach*, Konkrete Christologie 119.
⁵⁶ Vgl. *O. Bayer*, Weltlichkeit 252.
⁵⁷ Vgl. *O. Bayer*, Weltlichkeit 245–249.
⁵⁸ *J. Moltmann*, Ich glaube 413.
⁵⁹ Vgl. zu Mt 5,13 *G. Lohfink*, Wie hat Jesus Gemeinde gewollt? 78–83.
⁶⁰ Vgl. zum folgenden *G. Lohfink*, Wie hat Jesus Gemeinde gewollt? 78–86.
⁶¹ *G. von Rad*, Stadt 439–447.
⁶² Vgl. etwa *U. Luz*, Evangelium nach Matthäus 223.
⁶³ Vgl. Billerbeck I 237.
⁶⁴ Gen R 59 (Billerbeck I 237).
⁶⁵ Vgl. etwa 1 Kor 3,9; Eph 2,21; 1 Tim 3,15.
⁶⁶ Vgl. Teil V dieses Buches.
⁶⁷ Vgl. *N. Lohfink*, Das Jüdische 30–47.
⁶⁸ *H. Schürmann*, Heil Gottes 50.
⁶⁹ *H. Schürmann*, Heil Gottes 51; vgl. 63.
⁷⁰ *H. Schürmann*, Heil Gottes 48. ⁷¹ *H. Schürmann*, Heil Gottes 50.
⁷² *Plinius*, ep. X 96,91 „Nicht nur über die Städte, auch über die Dörfer und Landstriche hat sich die Seuche dieses Aberglaubens verbreitet."
⁷³ Ausführlicher zu dieser Frage: *H. Büchele*, Christlicher Glaube 74–78.
⁷⁴ Um diesem Einwand zu entgehen, vermeidet *W. Haller* die Begriffe „Kontrastgesellschaft" und „Gegengesellschaft" und spricht stattdessen von „Pioniergesellschaft" (Krise 41). H.-J. Höhn fordert eine Kirche, die „Schrittmacher der gesellschaftlichen Entwicklung" ist (Religion 67).
⁷⁵ *D. Seeber*, Kontrastgesellschaft 51.
⁷⁶ Treffend schreibt *J. R. W. Stott*, Reich Gottes 23 f: „Die Gemeinschaft Jesu soll durch Liebe, Freude, Frieden, Gerechtigkeit und Freiheit charakterisiert

sein, denn dies sind die Kennzeichen der Herrschaft Gottes. Nur dann wird die Gemeinschaft des Reiches als die revolutionäre christliche Gegenkultur gesehen werden, die sie nach Gottes Willen sein soll, als attraktive und erstrebenswerte Alternative zur Lebensart der Welt."

[77] Vgl. *G. Lohfink*, Wie hat Jesus Gemeinde gewollt? 169; *H. Büchele*, Christlicher Glaube 76.
[78] *H.-J. Höhn*, Religion 68.
[79] Vgl. etwa *D. Seeber*, Kontrastgesellschaft oder Volkskirche 206.
[80] „Getto" wird hier und im folgenden gemäß heutigem Sprachgebrauch verwendet. Der moderne Getto-Begriff trifft freilich nicht die Wirklichkeit des historischen jüdischen Gettos.
[81] Gut dargestellt bei *H. Büchele*, Christlicher Glaube 61. Vgl. auch *E.-W. Böckenförde*, Staat 58–60.
[82] Vgl. *C. Deutsch*, Transformation 122–124.
[83] Zur biblischen Vorstellung von der Völkerwallfahrt vgl. *G. Lohfink*, Wie hat Jesus Gemeinde gewollt? 28–31; *ders.*, Jesus 81 f.
[84] Vgl. *M. Riedel*, Gesellschaft 727; *E.-W. Böckenförde*, Staat 30.
[85] Vgl. *E.-W. Böckenförde*, Staat 34.
[86] *K. Rahner*, Autorität 27.
[87] Vgl. *L. Weimer*, Die Lust an Gott und seiner Sache 489–491. Dieses Buch hat für die hier vorgetragene Gesamtsicht von Kirche grundlegende Bedeutung.
[88] In welchem Ausmaß dies bei der Alten Kirche der Fall war, zeigt jetzt die umfangreiche und gründliche Studie von *E. Herrmann*, Ecclesia in Re Publica.
[89] *P. M. Zulehner*, Denn du kommst 121.
[90] *P. M. Zulehners* Warnung vor einem „jesuanistischen Biblizismus" (Denn du kommst 122) ist in diesem Zusammenhang unangebracht. Für die konkrete Gestalt christlicher Gemeinde lassen sich vom Neuen Testament her klare Grundlinien erkennen, die gerade nicht als zeitbedingt beiseitegeschoben werden können.
[91] *D. Seeber*, Kontrastgesellschaft 50; ähnlich einseitig formuliert *K. Lehmann*, Gemeinde 42.
[92] *D. Seeber*, Kontrastgesellschaft oder Volkskirche 202.
[93] *M. Redeker*, Glaube II 215.
[94] So *D. Seeber*, Kontrastgesellschaft oder Volkskirche 201.
[95] Vgl. *H. Büchele*, Christlicher Glaube 68. Büchele stellt seine Konzeption von Kontrastgesellschaft 69–84 dar.
[96] *D. Seeber*, Kontrastgesellschaft 50; *ders.*, Kontrastgesellschaft oder Volkskirche 206. Vgl. gegen Seebers Position die Stellungnahme von *G. Lohfink – N. Lohfink*, „Kontrastgesellschaft".
[97] *J. Ratzinger*, Prinzipienlehre 266.
[98] Zu der notwendigen Dialektik von Partikularität und Universalität vgl. *G. Lohfink*, Korrelation.
[99] Vgl. *R. Pesch*, Karfreitag 13 f.
[100] *Augustinus*, tract. in ep. Joannis I 10,10; Übersetzung: *M. Biedermann*, Liebe 172.
[101] *D. Seeber*, Kontrastgesellschaft oder Volkskirche 201.
[102] Es ist alles andere als ein Zufall, daß gerade der Erste Evangelist, der das Tun des Gesetzes so stark in den Vordergrund stellt, gleichzeitig in 19,21 klarstellt, daß das Gesetz erst in der Nachfolge Jesu wahrhaft erfüllt wird. Die Nachfolge Jesu und das Tun des Willens Gottes sind mehr, als alles Ethos je fordern kann.
[103] *N. Lohfink*, Das Jüdische 12.

Teil V: Wo werden die „Schwerter zu Pflugscharen"?

Dieser Teil wurde bereits veröffentlicht unter dem Titel „Schwerter zu Pflugscharen". Die Rezeption von Jes 2,1-5 par Mi 4,1-5 in der Alten Kirche und im Neuen Testament: ThQ 166 (1986) 184-209. Der Aufsatz wurde für dieses Buch leicht überarbeitet. Er geht zurück auf einen Vortrag bei einem Wissenschaftlichen Symposion der Integrierten Gemeinde, das am 16. 3. 1986 in Colle Romito bei Rom stattfand. – Für eine Liste sämtlicher Zitate von JM bei den lateinischen Kirchenvätern danke ich *Prof. Dr. H. Frede* und *R. Schlossnikel* vom Vetus-Latina-Institut in Beuron. Es handelt sich um 368 Belege.

[1] Vgl. den Befund bei *H. J. Sieben*, Exegesis 43. – Hinweise finden sich bei *C. J. Cadoux*, Attitude 60–64; *ders.*, Church 269.273.402.423.564; *J.-M. Hornus*, Entscheidung 85–90; *G. Lohfink*, Wie hat Jesus Gemeinde gewollt? 196–203.
[2] Übernommen von *N. Lohfink*, Alternative 12 f.
[3] Zur Begründung dieser Übersetzung vgl. *N. Lohfink*, Alternative 23.
[4] Für ihre Erklärung vgl. *H. W. Wolff*, Schwerter 287.
[5] Zu dieser Übersetzung von Mi 4,5 vgl. *H. W. Wolff*, Schwerter 288 f. Das *ki* ist hier nicht kausal, sondern konzessiv.
[6] Vgl. *H. W. Wolff*, Dodekapropheton 88 f.
[7] „Schmiedet (doch) eure Pflugscharen zu Schwertern um!" in Joël 4, 10 ist keine biblische Gegeninstanz zu JM, sondern Hohn an die Adresse der „Weltmächte, die sich mit ihrer Totalbewaffnung dem Gottesvolk ... überlegen dünken". Auch Joël 4,9–12 zeigt also „das Ende der Völkerkriege" an (*H. W. Wolff*, Schwerter 280 f).
[8] Vgl. *I. Kants* Schrift „Zum ewigen Frieden" (1795).
[9] Vgl. *Vergil*, Buc. IV (bes. 11–17).
[10] Vgl. *H. Groß*, Idee 7–47.
[11] Zum folgenden vgl. *N. Lohfink*, Alternative 11–26.
[12] Vgl. z. B. Dtn 11,28; 31,29 (hierzu: *G. Braulik*, Ausdrücke 48–51); Jes 48,17 f; 30,9–11; Jer 5,4 f; 6,16–19; Ps 1,2.6
[13] Vgl. etwa die Einholung einer priesterlichen *tora* in Hag 2,11–13 oder das sakrale Gerichtsverfahren nach Dtn 17,8–13. Im einzelnen: *E. Jenni – C. Westermann*, Handwörterbuch Bd. 2, 1035–1038 (4 a).
[14] So auch *H. Gese*, Theologie 74 f.
[15] S. unten Anm. 44.
[16] Vgl. etwa *H. W. Wolff*, Dodekapropheton 89.
[17] Zur Vorstellung der „Völkerwallfahrt": *G. v. Rad*, Stadt 439–447; *J. Jeremias*, Verheißung 48–53; *D. Bosch*, Heidenmission 23–27.
[18] Vgl. z. B. Jes 60; Hag 2,7–9.
[19] Vgl. Jes 56,6–8; Sach 14,16.
[20] Das schreckliche Wort *pacare* (= durch Waffengewalt zum Frieden zwingen) ist eine römische Erfindung. Die Sache selbst war aber auch in Israel wohlbekannt.
[21] Zu den gewalttätigen Voraussetzungen der *pax Romana* vgl. *H. Fuchs*, Augustin 193–205.
[22] *Vergil*, Aen. VI, 853.
[23] *N. Lohfink*, Alternative 21.
[24] *H. Wildberger*, Jesaja 90.
[25] Zu dieser Übersetzung: *E. Jenni – C. Westermann*, Handwörterbuch Bd. 1, 116 f.

²⁶ Vgl. *H. Wildberger,* Jesaja 82.
²⁷ Diese *Gegenwartsbedeutung* der eschatologischen Verheißung *für Israel* hat besonders *H. W. Wolff,* Schwerter 288–290, überzeugend herausgearbeitet.
²⁸ *Cyprian,* De hab. virg. 11 (ferrum esse ad culturam terrae Deus voluit, nec homicidia sunt idcirco facienda) ist möglicherweise eine Reminiszenz an JM. *Chromatius Aquil.,* Tract. XLI in Matth. (CChr. SL 9 A, 398) (in quo [= in Jes 2,4] ostensum est quia, confractis malitiae et iniquitatis nostrae armis, in fide evangelica et pace ecclesiae viveremus) gehört trotz der späteren Zeit sachlich ebenfalls noch hierher.
²⁹ S. unten Anm. 42.
³⁰ Übersetzung nach *P. Kötschau.*
³¹ Für die Deutung der Zionsstadt auf die Kirche hat bei den Vätern Hebr 12,22 („Ihr seid hinzugetreten zum Berg Zion, zur Stadt des lebendigen Gottes, dem himmlischen Jerusalem") eine wichtige Rolle gespielt.
³² Vgl. Röm 5,8–11; 6,15–23; 11,30–32; 1 Kor 6,9–11; Gal 1,13–17.23; 4,3–7.8–10; Eph 2,1–22; 5,8; Kol 1,21f; 2,13; 3,7–11; 1 Tim 1,13; Tit 3,3–7; Phlm 11; 1 Petr 2,10; 2,25. – Zum neutestamentlichen Befund: *P. Tachau,* „Einst".
³³ Vgl. vor allem Lk 24,47 und Apg 1,8.
³⁴ Vgl. zum folgenden *N. Brox,* Mission 192–215.
³⁵ Übersetzung nach *P. Kötschau.*
³⁶ So *Irenäus,* Adv. haer. IV, 34,4.
³⁷ Zu dem Thema *Alte Kirche und Militärdienst* sei vor allem auf die materialreichen Arbeiten von *C. J. Cadoux* und *J.-M. Hornus* verwiesen.
³⁸ *B. Botte,* Tradition 36: Miles qui est in potestate non occidet hominem. Si iubetur, non exequetur rem, neque faciet iuramentum. Si autem non vult, reiciatur. Qui habet potestatem gladii ... vel cesset vel reiciatur. Catechumenus vel fidelis qui volunt fieri milites reiciantur, quia contempserunt deum.
³⁹ *Tertullian,* Adv. Marc. III, 21,2f.4; V, 4,2 (CChr. SL 1,537f.672); *Adamantius,* Dial. I, 10 (GCS 4,24); *Hieronymus,* Ep. 106,1 (CSEL 55,247f); *Theodor Mops.* Comm. in Mich. IV (PG 66,364f); *Cyrill Alex.,* Ep. pasch. 8 (PG 77,565); *ders.,* Comm. in Is. I, 2 (PG 70,69); *Isidor,* De fide cath. II, 69f (PL 83, 502) u.ö.
⁴⁰ *Origenes,* C. Cels. V, 33.
⁴¹ *Tertullian,* Adv. Iud 3,8 (CChr. SL 2,1346); *Origenes,* C. Cels. V, 33; *Ambrosius,* Exp. in Luc. VII, 99 (CChr. SL 14,248); *Augustinus,* De civ. XVIII, 30; *ders.,* Sermo 338, 1 (PL 38,1478); *ders.,* Adv. Iud. 7f (PL 42,57–59); *Beda,* De templo I (CChr. SL 119 A, 158); *Ambrosius Autp.,* Expl. in Apoc. VII, 16,20 (CChr. CM 27 A, 631) u.ö.
⁴² Syr. Did. 23 (*Achelis – Flemming* 119) = Did. VI, 5,5f (*Funk* 310–313); *Tertullian,* De anima 50,4; *Origenes,* C. Cels. V, 33; *Cyprian,* Ep. 75, 1 (CSEL III, 2,810); *Augustinus,* Sermo 338, 1 (PL 38,1478); *Isidor,* De fide cath. II, 69f (PL 83,502) u.ö.
⁴³ *Justin,* Dial. 109; *Origenes,* Comm. im Matth. 16,3 (GCS 40,470f); *Cyprian,* Ad Quirinum II, 18 (CChr. SL 3,54); *Basilius,* Comm. in Is. II, 67 (PG 30,236); *Chrysostomus,* In Is. II (PG 56,30); *Augustinus,* Adv. Iud. 7f (PL 42,57–59); *Cyrill Alex.,* Comm. in Is. I, 2 (PG 70,69) u.ö.
⁴⁴ *Justin,* Dial. 24,1; *Irenäus,* Adv. haer. IV, 34,4; *Tertullian,* Adv. Marc. III, 21,3; IV, 1,4 (CChr. SL 1,537.545)., *ders.,* Adv. Iud 3,8–10 (CChr. SL 2,1346); *Origenes,* C. Cels. V, 33; *Firmicus Mat.,* Consult. II, 7 (Flor Patr 39,61); *Augustinus,* Adv. Iud. 7 (PL 42,57f) u.ö.

⁴⁵ *Justin,* Apol. 39; *Irenäus,* Dem. 86; *Tertullian,* Adv. Marc. III, 21,3 (CChr. SL 1,537); *Theophylakt,* Exp. in Mich. IV (PG 126,1110) u.ö.
⁴⁶ Irenäus, Adv. haer. IV, 34,4; *Tertullian,* Adv. Iud. 3,9 (CChr. SL 2,1346); *Origenes,* C. Cels. V, 33; *Theophylakt,* Exp. in Mich. IV (PG 126,1111) u.ö.
⁴⁷ *Athanasius,* De incarn. 52.
⁴⁸ *Justin,* Apol. 39.
⁴⁹ *Tertullian,* Adv. Iud. 3,10 (CChr. SL 2,1346).
⁵⁰ Vgl. *G. Lohfink,* Wie hat Jesus Gemeinde gewollt? 201–203.
⁵¹ Vorstufen für die neue Auslegung des Eusebius lieferten Melito von Sardes und Origenes. S. unten Anm. 55 und *J.-M. Hornus,* Entscheidung 43f; *A. Grillmeier,* Jesus 388–390.
⁵² Am häufigsten in der Demonstr. ev. Vgl. dort II, 3,13; VI, 13,19; 18,50; VIII, 3,2–5; 3,14; IX, 13,15; 17,17 (GCS 23,63.265.283.392.393f.434.442).
⁵³ Zu dieser Sichtweise des Eusebius s. unten Anm. 64.
⁵⁴ *E. Peterson,* Monotheismus 71–82. Vgl. auch *H. Berkhof,* Theologie 46f.50.53–59; *A. Grillmeier,* Jesus 388–390.
⁵⁵ Die Parallelität, das heißt aber: den inneren Zusammenhang, zwischen dem Aufblühen der christlichen Lehre und dem Erstarken des *imperium Romanum* seit Augustinus hatte bereits Melito von Sardes in seiner Apologie betont (vgl. *Eusebius,* Hist. eccl. IV, 26,7f). Später hatte Origenes diese Parallelität noch stärker reflektiert, indem er die Friedensidee und den Gedanken des *vereinheitlichten imperium* einbrachte (C. Cels. II, 30). Allerdings – und das ist entscheidend – berufen sich weder Melito (in dem bei Eusebius überlieferten Fragment) noch Origenes für diesen Aspekt der Sache auf JM. – Die Konzeption von *Origenes,* C. Cels. II, 30, ist weiter ausgebaut bei *Ambrosius,* Expl. ps. XLV, 10 (CSEL 64,343f).
⁵⁶ Die folgenden und viele weitere Schrifttexte zitiert Eusebius in Hist. eccl. X, 1,1 – 4,33. Zu den hinter diesen Zitationen stehenden Theologie vgl. *H. Berkhof,* Theologie 55f; ders., Kirche 101.
⁵⁷ Vgl. *E. Peterson,* Monotheismus 13–71.
⁵⁸ *Homer,* Il II, 204.
⁵⁹ Vgl. ferner *Chrysostomus,* Contra Iud. (PG 48,821f); *Hieronymus,* Comm. in Mich. I (CChr. SL 76,466–470); *Theodoret Cyr.,* Expl. in Mich. (PG 81,1760f); *Prokop,* Comm. in Is. (PG 87/2, 1868–1878); *Theophylakt,* Exp. in Mich. (PG 126,1108–1113). – Nicht in diese Reihe paßt der unter dem Namen des *Basilius* laufende Jesajakommentar. Hier wird der Friede als Beendigung des philosophischen Streites unter den Helden gedeutet. Außerdem bleibt der Verfasser angesichts der Streitereien unter Christen skeptisch. Vgl. PG 30,245A.
⁶⁰ Vgl. etwa *Beda,* Hom. 6: In Nativ. Dom. (CChr. SL 122,37f). – Der Sinn von Lk 2,1–3 wurde dabei verdorben. Denn der Zensus ist bei Lukas kein Zeichen wahren Friedens. Die Herrschaft des Kaisers und der *pax Romana* werden die Herrschaft des Messias (1,32f) und der Friede, den die Engel verkünden (2,14), kontrastiert.
⁶¹ Eine Untersuchung der Rezeptionsgeschichte von Ps 46 in der Alten Kirche ist ein dringendes Desiderat. Eine solche Untersuchung könnte die hier vorgelegten rezeptionsgeschichtlichen Beobachtungen zu JM ergänzen und die Friedenstheologie der Alten Kirche auf eine noch breitere Basis stellen.
⁶² *Cyrill Alex.,* Comm. in Is. II, 4 (PG 70,71–73).
⁶³ Das Schema „Einst–Jetzt" ist bei Eusebius allerdings auch durch Topoi antiker Rom- und Kaiser-Enkomien mitverursacht. Vgl. *E. Peterson,* Monotheismus 30f.79f.113.

⁶⁴ Die Mängel in der Ekklesiologie des Eusebius waren, wie *Peterson* 93–100 zeigt, durch die Mängel seiner Trinitätstheologie bedingt. Der Grundfehler lag bereits darin, daß er die Gottesverkündigung Jesu auf die Formel „Monotheismus" brachte.
⁶⁵ Vgl. *H. Berkhof,* Kirche 191–218. Berkhof spricht allerdings stets von „Byzantinismus".
⁶⁶ Vgl. nur De civ. III, 30: Nam et ipse Augustus cum multis gessit bella civilia et in eis etiam multi clarissimi viri perierunt, inter quos et Cicero.
⁶⁷ *Eusebius,* Hist. eccl. X, 1,6.
⁶⁸ CChr. SL 38,527.
⁶⁹ Vgl. *H. Fuchs,* Augustin 220–223.
⁷⁰ Vgl. etwa *Tertullian,* De pud. 15 (CSEL 20,250); *Cyprian,* De eccl. un. 22 (CSEL 3/1, 230).
⁷¹ Zu der Zusammenstellung möglicher Friedensverhältnisse in De civ. XIX, 13 vgl. *H. Fuchs,* Augustin 36–39.148–151.
⁷² CChr. SL 38,570. Übersetzung: *H. Fuchs,* Augustin 48.
⁷³ Noch viel eindeutiger urteilt *H. Fuchs,* Augustin 48: Augustinus „fand den Frieden nirgends verwirklicht, nicht im Menschen und nicht unter den Menschen, in sich selbst so wenig wie in anderen. Aber gerade hierin war es begründet, daß ihm die christliche Friedensverheißung mehr bedeutete als jedem anderen, und daß er in ihr im eigentlichen Sinne das Höchste und Letzte ausgesprochen sah. Er begriff den Frieden mit bedingungsloser Ausschließlichkeit als den Zustand, durch den er das zukünftige Leben gekennzeichnet glaubte und der ihm beides bringen sollte, die unantastbare Beschwichtigung alles Begehrens und die widerspruchslose und von allen Störungen freie Gültigkeit des eigenen Wesens."
Zum Friedensbegriff des Augustinus vgl. auch *V. Stegemann,* Gottesstaat 38: „Die Voraussetzungen der Pax Romana, das ‚parcere subjectis et debellare superbos', kamen für den Friedensstand des Gottesreiches nicht in Betracht. Wie die Iustitia, so erhielt auch der Pax-Begriff unter dem Einfluß der Paulinischen Briefe seine entscheidende über die Diesseitigkeit hinausreichende, später der Diesseitigkeit unerreichbare Qualifizierung."
⁷⁴ Vgl. Teil IV 5 dieses Buches.
⁷⁵ Vgl. Teil I und den Anhang dieses Buches.
⁷⁶ Vgl. *S. Aalen,* Begriffe 86–95.204–211.228.299–306. Die Untersuchung Aalens leidet allerdings darunter, daß er in die Theologie Deuterojesajas den Missionsgedanken einträgt.
⁷⁷ *G. v. Rad,* Stadt 447. Vgl. auch *J. Jeremias,* Verheißung 57; *G. Lohfink,* Wie hat Jesus Gemeinde gewollt? 83f. – Die Verbindung zwischen Mt 5,14 und Jes 2,2 wird bereits von *Ambrosius,* Exp. in Luc. VII, 99 (CChr. SL 14,248), und vielen anderen Vätern gesehen.
⁷⁸ Vgl. *H. Gese,* Theologie 81 in einer Auslegung von Mk 9,2–8: „Jesus ist die Tora selbst."
⁷⁹ Die Frage, wie der Christ die biblische Forderung der Gewaltlosigkeit heute als verantwortlich denkender *Staatsbürger* leben kann, ist hier nicht zu erörtern. Vgl. dazu Teil II 10 dieses Buches.
⁸⁰ Besonders deutlich zeigt sich dieses Wissen noch bei *Justin,* Dial. 110, und *Irenäus,* Adv. haer. IV, 34,4.
⁸¹ Vgl. etwa die ironischen Bemerkungen des *Salomon Ludwig Steinheim* (1789–1866) in seiner „Glaubenslehre der Synagoge als exakte Wissenschaft" Bd. 4 (zit. bei *H. Schmid,* Auseinandersetzung 38) zu den Kriegsvorbereitungen

christlicher Staaten. Für den Juden Steinheim ist der Messias noch nicht gekommen, weil sich Jes 2,4 noch nicht erfüllt hat.

[82] *U. Willers,* Wie hielte 412; vgl. 162.413.

[83] *F. Nietzsche,* Menschliches, Allzumenschliches II; Vermischte Meinungen und Sprüche Nr. 98 (ed. *Schlechta* 1,776).

[84] Dies arbeitet der in Deutschland bisher nahezu unbekannt gebliebene amerikanische Ethiker Stanley Hauerwas in seinen Büchern gut heraus. Vgl. zuletzt *S. Hauerwas,* Nations 107–121.

Teil VI: Wem gilt das Ehescheidungsverbot Jesu?

Dieser Teil wurde bereits veröffentlicht unter dem Titel: Jesu Verbot der Ehescheidung und seine Adressaten: ThQ 167 (1987) 143–146. Es handelte sich um eine *Glosse* innerhalb eines Themenheftes „Ehe".

Literaturverzeichnis

(Alle Abkürzungen erfolgen nach S. *Schwertner*, Internationales Abkürzungsverzeichnis für Theologie und Grenzgebiete, Berlin 1974.)

Aalen, S., Die Begriffe „Licht" und „Finsternis" im Alten Testament, im Spätjudentum und im Rabbinismus (SNVAO.HF 1), Oslo 1951.
Achelis, H. – Flemming, J., Die syrische Didaskalia (TU 25), Leipzig 1904.
Alt, F., Frieden ist möglich. Die Politik der Bergpredigt (Serie Piper 284), München ²³1986.
Barth, G., Bergpredigt, in: TRE 5, 603–618.
Barth, G., Das Gesetzesverständnis des Evangelisten Matthäus, in: *Bornkamm, G. – Barth, G. – Held, H. J.*, Überlieferung und Auslegung im Matthäusevangelium (WMANT 1), Neukirchen ²1961, 54–154.
Bartsch, H.-W., Feldrede und Bergpredigt: ThZ 16 (1960) 5–18.
Bayer, O., Für eine bessere Weltlichkeit. Ernst Steinbach zum Gedenken: ZThK 83 (1986) 238–260.
Becker, J., Buße IV. Neues Testament, in: TRE 7, 446–451.
Ben-Chorin, Schalom, Grenzen der Gewaltlosigkeit, in: *Baudis, A. – Clausert, D. – Schliski, V. – Wegener, B.* (Hrsg.), Richte unsere Füße auf den Weg des Friedens. Helmut Gollwitzer zum 70. Geburtstag, München 1979, 319–328.
Benjamin, W., Zur Kritik der Gewalt: Archiv für Sozialwissenschaft und Sozialpolitik 47 (1920/21) 809–832.
Berger, P. L., Zur Dialektik von Religion und Gesellschaft. Elemente einer soziologischen Theorie, Frankfurt am Main 1973.
Berger, P. L. – Luckmann, Th., Die gesellschaftliche Konstruktion der Wirklichkeit. Eine Theorie der Wissenssoziologie (Fischer-Taschenbücher 6623), Frankfurt am Main 1982.
Berkhof, H., Kirche und Kaiser. Eine Untersuchung der Entstehung der byzantinischen und der theokratischen Staatsauffassung im vierten Jahrhundert, Zollikon – Zürich 1947.
Berkhof, H., Die Theologie des Eusebius von Caesarea, Amsterdam 1939.
Biedermann, M., Unteilbar ist die Liebe. Predigten des heiligen Augustinus über den ersten Johannesbrief (Augustinus – heute 5), Würzburg 1986.
Blinzler, J., Vollkommenheit I. Biblisch, in: LThK 10, 863f.
Böckenförde, E.-W., Staat – Gesellschaft – Kirche, in: Christlicher Glaube in moderner Gesellschaft 15, Freiburg i. Br. 1982, 5–120.
Bonnard, P., L'Évangile selon Saint Matthieu (CNT 1), Neuchâtel 1963.
Borné, G., Bergpredigt und Frieden, Olten – Freiburg 1982.
Bornhäuser, K., Die Bergpredigt. Versuch einer zeitgenössischen Auslegung, Gütersloh ²1927.
Bornkamm, G., Bergpredigt I. Biblisch, in: RGG³ 1, 1047–1050.
Bornkamm, G., Enderwartung und Kirche im Matthäusevangelium, in: *Born-*

kamm, G. – Barth, G. – Held, H. J., Überlieferung und Auslegung im Matthäusevangelium (WMANT 1), Neukirchen ²1961, 13–47.
Bornkamm, G., Jesus von Nazareth (UB 19), Stuttgart ⁶1963.
Bornkamm, G., Die Sturmstillung im Matthäusevangelium, in: *Bornkamm, G. – Barth, G. – Held, H. J.*, Überlieferung und Auslegung im Matthäusevangelium (WMANT 1), Neukirchen ²1961, 48–53.
Bosch, D., Die Heidenmission in der Zukunftsschau Jesu. Eine Untersuchung zur Eschatologie der synoptischen Evangelien, Zürich 1959.
Bosold, I., Pazifismus und prophetische Provokation. Das Grußverbot Lk 10,4b und sein historischer Kontext (SBS 90), Stuttgart 1978.
Botte, B., La Tradition Apostolique de Saint Hippolyte (LWQF 39), Münster ³1966.
Braulik, G., Die Ausdrücke für „Gesetz" im Buch Deuteronomium: Bib 51 (1970) 39–66.
Braun, H., Spätjüdisch-häretischer und frühchristlicher Radikalismus. Jesus von Nazareth und die essenische Qumransekte. I: Das Spätjudentum, II: Die Synoptiker (BHTh 24), Tübingen 1957.
Broer, I., Anmerkungen zum Gesetzesverständnis des Matthäus, in: *Kertelge, K.* (Hrsg.), Das Gesetz im Neuen Testament (QD 108), Freiburg i. Br. 1986, 128–145.
Broer, I., Plädierte Jesus für Gewaltlosigkeit? Eine historische Frage und ihre Bedeutung für die Gegenwart: BiKi 37 (1982) 61–69.
Brox, N., Zur christlichen Mission in der Spätantike, in: *Kertelge, K.* (Hrsg.), Mission im Neuen Testament (QD 93), Freiburg i. Br. 1982, 190–237.
Büchele, H., Bergpredigt und Gewaltfreiheit: StZ 106 (1981) 632–640.
Büchele, H., Christlicher Glaube und politische Vernunft. Für eine Neukonzeption der katholischen Soziallehre (Soziale Brennpunkte), Wien/Düsseldorf 1987.
Bultmann, R., Jesus, Tübingen 1964.
Cadoux, C. J., The early Christian Attitude to War. A Contribution to the History of Christian Ethics, London 1919.
Cadoux, C. J., The early Church and the World. A History of the Christian Attitude to pagan Society and the State down to the Time of Constantinus, Edinburgh 1925.
Dalman, G. H., Orte und Wege Jesu, Darmstadt ⁴1967.
Dautzenberg, G., Sein Leben bewahren. *Psychē* in den Herrenworten der Evangelien (StANT 14), München 1966.
Delling, G., Teleios, in: ThWNT 8, 68–79.
Demmer, K., Entscheidung und Kompromiß: Gr 53 (1972) 323–350.
Deutsch, C., Transformation of Symbols: The New Jerusalem in Rv 21,1 – 22,5: ZNW 78 (1987) 106–126.
Dibelius, M., Die Bergpredigt, in: ders., Botschaft und Geschichte I, Tübingen 1953, 79–174.
Diepold, P., Israels Land (BWANT 95), Stuttgart 1972.
Dietzfelbinger, Ch., Die Antithesen der Bergpredigt im Verständnis des Matthäus: ZNW 70 (1979) 1–15.
Dormeyer, D., Die Bergpredigt als Handlungsmodell – Probleme und Impulse, in: Caritas '83. Jahrbuch des Deutschen Caritasverbandes, Freiburg i. Br. 1983, 9–19.
Dupont, J., „Soyez parfaits" (Mt., V, 48) „Soyez miséricordieux" (Lc., VI, 36), in: Sacra Pagina II (BEThL 12/13, 1959), 150–162.

Eichholz, G., Auslegung der Bergpredigt, Neukirchen – Vluyn ³1975.
Elliger, K., Leviticus (HAT I 4), Tübingen 1966.
Fiedler, M. J., Der Begriff *dikaiosynē* im Matthäusevangelium, auf seine Grundlagen untersucht (Ungedr. Diss.), Halle/Wittenberg 1957.
Fischer, K., Die Herrschaft der Hasmonäer – Idee und Wirklichkeit: Theologische Versuche 11 (1979) 45–65.
Frankemölle, H., Biblische Handlungsanweisungen. Beispiele pragmatischer Exegese, Mainz 1983.
Frankemölle, H., Jahwebund und Kirche Christi. Studien zur Form- und Traditionsgeschichte des „Evangeliums" nach Matthäus (NTA 10), Münster 1974.
Freudenberger, R., ‚Noster municipatus in caelis' (Tertullian de corona 13,4). Der Weg der Alten Kirche zwischen Verweigerung und Anpassung gegenüber Staat und Gesellschaft: Theologische Beiträge 14 (1983) 275–286.
Frieden und Freiheit sind möglich. Das Streitgespräch Franz Alt mit Heiner Geißler, München 1983.
Fuchs, E., Jesu Selbstzeugnis nach Matthäus 5, in: *ders.,* Zur Frage nach dem historischen Jesus II, Tübingen ²1965, 100–125.
Fuchs, H., Augustin und der antike Friedensgedanke (Neue Philologische Untersuchungen 3), Berlin 1926.
Funk, F. X., Didascalia et Constitutiones Apostolorum, Vol. I, Paderborn 1905.
Gese, H., Zur biblischen Theologie. Alttestamentliche Vorträge (BEvTh 78), München 1977.
Giesen, H., Christliches Handeln. Eine redaktionskritische Untersuchung zum *dikaiosynē*-Begriff im Matthäus-Evangelium (EHS.T 181), Frankfurt a. M. 1982.
Girard, R., Le bouc émissaire, Paris 1982.
Girard, R., Des choses cachées depuis la fondation du monde, Paris 1978.
Girard, R., Das Ende der Gewalt. Analyse des Menschheitsverhängnisses, Freiburg i. Br. 1983.
Girard, R., Das Heilige und die Gewalt, Zürich–Köln 1987.
Girard, R., La violence et le sacré, Paris 1972.
Gnilka, J., Die Kirche des Matthäus und die Gemeinde von Qumrân: BZ 7 (1963) 43–63.
Gnilka, J., Das Matthäusevangelium I (HThK 1,1), Freiburg i. Br. 1986.
Gnilka, J., Die Verstockung Israels. Isaias 6,9–10 in der Theologie der Synoptiker (StANT 3), München 1961.
Gollwitzer, H., Bergpredigt und Zwei-Reiche-Lehre, in: *Moltmann, J.* (Hrsg.), Nachfolge und Bergpredigt (KT 65), München ²1982, 89–120.
Grillmeier, A., Jesus der Christus im Glauben der Kirche, Bd. 1: Von der Apostolischen Zeit bis zum Konzil von Chalcedon (451), Freiburg i. Br. 1979.
Groß, H., Die Idee des ewigen und allgemeinen Weltfriedens im Alten Orient und im Alten Testament (TThSt 7), Trier ²1967.
Grundmann, W., Das Evangelium nach Matthäus (ThHK 1), Berlin ⁷1971.
Guelich, R. A., The Sermon on the Mount, Waco 1982.
Gundry, R. H., Matthew. A Commentary on His Literary and Theological Art, Grand Rapids 1982.
Hättich, M., Weltfrieden durch Friedfertigkeit? Eine Antwort an Franz Alt, München 1983.
Hahn, F., Mt 5,17 – Anmerkungen zum Erfüllungsgedanken bei Matthäus, in: *Luz, U.* – *Weder, H.* (Hrsg.), Die Mitte des Neuen Testaments. Einheit und Vielfalt neutestamentlicher Theologie (FS Eduard Schweizer), Göttingen 1983, 42–54.

Hahn, F., Das Verständnis der Mission im Neuen Testament (WMANT 13), Neukirchen-Vluyn ²1965.
Haller, W., Die Krise der Wettbewerbsgesellschaft, in: *Dingwerth, P. – Öhlschläger, R.* (Hrsg.), Zukunft der Wirtschaft – Zukunft der Arbeit (Hohenheimer Protokolle 20) Stuttgart 1986, 29–44.
Hanssen, O., Zum Verständnis der Bergpredigt, in: Der Ruf Jesu und die Antwort der Gemeinde. FS Joachim Jeremias, Göttingen 1970, 94–111.
Hauerwas, S., Against the Nations. War and Survival in a liberal Society, Minneapolis 1985.
Heim, K., Die Bergpredigt Jesu, Tübingen ²1948.
Hengel, M., Das Ende aller Politik. Die Bergpredigt in der aktuellen Diskussion: EK 14 (1981) 686–690.
Hengel, M., Die Stadt auf dem Berge. Die Bergpredigt in der aktuellen Diskussion (II): EK 15 (1982) 19–22.
Herrmann, E., Ecclesia in Re Publica. Die Entwicklung der Kirche von pseudostaatlicher zu staatlich inkorporierter Existenz (Europäisches Forum 2), Frankfurt a. M. 1980.
Höhn, H.-J., Religion und funktionale Systemtheorie. Zur theologischen Auseinandersetzung mit der Religionstheorie Niklas Luhmanns: ThGL 76 (1986) 38–69.
Hoffmann, P., Auslegung der Bergpredigt I–V: BiLe 10 (1969) 57–65.111–122. 175–189.264–275; 11 (1970) 89–104.
Hoffmann, P., Studien zur Theologie der Logienquelle (NTA 8), Münster 1972.
Hoffmann, P. – Eid, V., Jesus von Nazareth und eine christliche Moral. Sittliche Perspektiven der Verkündigung Jesu (QD 66), Freiburg i. Br. 1975.
Holtzmann, H. J., Die Synoptiker (HC I), Freiburg i. Br. ²1892.
Hornus, J.-M., Politische Entscheidung in der Alten Kirche (BEvTh 35), München 1963.
Hummel, R., Die Auseinandersetzung zwischen Kirche und Judentum im Matthäusevangelium (BEvTh 33), München ²1966.
Jenni, E. – Westermann, C., Theologisches Handwörterbuch zum Alten Testament, München – Zürich (Bd. 1) 1971; (Bd. 2) 1976.
Jeremias, G., Der Lehrer der Gerechtigkeit (StUNT 2), Göttingen 1963.
Jeremias, J., Die Gleichnisse Jesu, Göttingen ⁸1970.
Jeremias, J., Jesu Verheißung für die Völker, Stuttgart ²1959.
Jeremias, J., Mōysēs, in: ThWNT 4, 852–878.
Juster, J., Les Juifs dans l'empire romain I, Paris 1914.
Käsemann, E., Exegetische Versuche und Besinnungen II, Göttingen ²1965.
Kantzenbach, F. W., Die Bergpredigt, Stuttgart 1982.
Kaufmann, F.-X., Der Ort Gottes in unserer Kultur. Die Differenz von Religions- und Gottesfrage in der Gegenwart: HerKorr 39 (1985) 329–334.
Kittel, G., Die Bergpredigt und die Ethik des Judentums: ZSTh 2 (1925) 555–594.
Klein, S., Das tannaitische Grenzverzeichnis Palästinas: HUCA 5 (1928) 197–259.
Klostermann, E., Das Matthäusevangelium (HNT 4), Tübingen ⁴1971.
Knörzer, W., Die Bergpredigt, Stuttgart 1960.
Kötschau, P., Des Origenes acht Bücher gegen Celsus (BKV 52.53), München (T. 1) 1926; (T. 2) 1927.
Korff, W., Kernenergie und Moraltheologie. Der Beitrag der theologischen Ethik zur Frage allgemeiner Kriterien ethischer Entscheidungsprozesse (suhrkamp taschenbuch 597), Frankfurt a. M. 1979.

Kretschmar, G., Ein Beitrag zur Frage nach dem Ursprung frühchristlicher Askese: ZThK 61 (1964) 27-67.
Kretschmar, G., Das christliche Leben und die Mission in der frühen Kirche, in: *Frohnes, H. - Knorr, U. W.* (Hrsg.), Kirchengeschichte als Missionsgeschichte. Bd. I: Die Alte Kirche, München 1974, 94-128.
Krieger, K.-St., Das Publikum der Bergpredigt (Mt 4,23-25). Ein Beitrag zu der Frage: Wem gilt die Bergpredigt?: Kairos 28 (1986) 98-119.
Lagrange, M.-J., Évangile selon Saint Matthieu (EB), Paris ⁵1941.
Lambrecht, J., Ich aber sage euch. Die Bergpredigt als programmatische Rede Jesu (Mt 5-7, Lk 6,20-49), Stuttgart 1984.
Lampe, G. W. H., A Patristic Greek Lexicon, Oxford 1961.
Lehmann, K., Gemeinde, in: Christlicher Glaube in moderner Gesellschaft 29, Freiburg i. Br. 1982, 5-65.
Lienemann, W., Gewalt und Gewaltverzicht. Studien zur abendländischen Vorgeschichte der gegenwärtigen Wahrnehmung von Gewalt, München 1982.
Lohfink, G., Der ekklesiale Sitz im Leben der Aufforderung Jesu zum Gewaltverzicht (Mt 5,39b-42/Lk 6,29f): ThQ 162 (1982) 236-253.
Lohfink, G., Gesetzeserfüllung und Nachfolge. Zur Radikalität des Ethischen im Matthäusevangelium, in: *Weber, H.* (Hrsg.), Der ethische Kompromiß (Studien zur theologischen Ethik 12), Freiburg i. Schw./Freiburg i. Br. 1984, 15-58.
Lohfink, G., Gottes Taten gehen weiter. Geschichtstheologie als Grundvollzug neutestamentlicher Gemeinden, Freiburg i. Br. 1985.
Lohfink, G., Die Grundstruktur des biblischen Bittgebets, in: *Greshake, G. - Lohfink, G.* (Hrsg.), Bittgebet - Testfall des Glaubens, Mainz 1978, 19-31.
Lohfink, G., Jesus und die Kirche, in: *Kern, W. - Pottmeyer, H. J. - Seckler, M.* (Hrsg.), Handbuch der Fundamentaltheologie 3. Traktat Kirche, Freiburg i. Br. 1986, 49-96.
Lohfink, G., Die Korrelation von Reich Gottes und Volk Gottes bei Jesus: ThQ 165 (1985) 173-183.
Lohfink, G., Die Sammlung Israels. Eine Untersuchung zur lukanischen Ekklesiologie (StANT 39), München 1975.
Lohfink, G., „Schwerter zu Pflugscharen". Die Rezeption von Jes 2,1-5 par Mi 4,1-5 in der Alten Kirche und im Neuen Testament: ThQ 166 (1986) 184-209.
Lohfink, G., Die Unbedingtheit und die Faszination im Leben Jesu: EuA 56 (1980) 89-98.
Lohfink, G., Wem gilt die Bergpredigt? Eine redaktionskritische Untersuchung von Mt 4,23 - 5,2 und 7,28f: ThQ 163 (1983) 264-284.
Lohfink, G., Wie hat Jesus Gemeinde gewollt? Zur gesellschaftlichen Dimension des christlichen Glaubens, Freiburg i. Br. ⁷1987.
Lohfink, G. - Lohfink, N., „Kontrastgesellschaft". Eine Antwort an David Seeber: HerKorr 38 (1984) 189-192.
Lohfink, N., Il Dio violento dell'Antico Testamento e la ricerca d'una società non-violenta: Civiltà Cattolica 3211 (1984) II 30-48.
Lohfink, N., Gesellschaftlicher Wandel und das Antlitz des wahren Gottes. Zu den Leitkategorien einer Geschichte Israels, in: Dynamik im Wort (FS aus Anlaß des 50jährigen Bestehens des Katholischen Bibelwerks in Deutschland), Stuttgart 1983, 119-131.
Lohfink, N., Das Jüdische am Christentum. Die verlorene Dimension, Freiburg i. Br. 1987.
Lohfink, N., Kirchenträume. Reden gegen den Trend, Freiburg i. Br. ⁵1988.
Lohfink, N., Die messianische Alternative. Adventsreden, Freiburg i. Br. ³1982.

Lohmeyer, E., Das Evangelium des Matthäus (KEK), Göttingen ⁴1967.
Lührmann, D., Liebet eure Feinde (Lk 6,27-36 / Mt 5,39-48): ZThK 69 (1972) 412-438.
Luz, U., Die Erfüllung des Gesetzes bei Matthäus (Mt 5,17-20): ZThK 75 (1978) 398-435.
Luz, U., Das Evangelium nach Matthäus. 1. Teilband (EKK 1, 1), Zürich/Neukirchen-Vluyn 1985.
Luz, U., Die Jünger im Matthäusevangelium: ZNW 62 (1971) 141-171.
Maier, G., Matthäus-Evangelium I, Neuhausen - Stuttgart 1979.
Merklein, H., Die Gottesherrschaft als Handlungsprinzip. Untersuchung zur Ethik Jesu (fzb 34), Würzburg ³1984.
Merklein, H., Jesu Botschaft von der Gottesherrschaft. Eine Skizze (SBS 111), Stuttgart 1983.
Mieth, D., Christliche Überzeugung und gesellschaftlicher Kompromiß, in: *Weber, H.* (Hrsg.), Der ethische Kompromiß (Studien zur theologischen Ethik 12), Freiburg i. Schw. / Freiburg i. Br. 1984, 113-146.
Moltmann, J., Ich glaube an Gott den Vater. Patriarchalische oder nichtpatriarchalische Rede von Gott?: EvTh 43 (1983) 397-415.
Monzel, N., Kompromiß, in: StL 4, Freiburg i. Br. ⁶1959, 1203-1206.
Mott, S. C., Biblical Ethics and Social Change, New York / Oxford 1982.
Nietzsche, F., Werke in drei Bänden (ed. *Schlechta*), München ⁶1969.
Pesch, R., Das Markusevangelium I. II (HThK 2), Freiburg i. Br. 1976. 1977.
Pesch, R., Seid vollkommen: CiG 36 (1984) 65 f.
Pesch, R., Zwischen Karfreitag und Ostern. Die Umkehr der Jünger Jesu, Zürich 1983.
Peterson, E., Der Monotheismus als politisches Problem. Ein Beitrag zur Geschichte der Politischen Theologie im Imperium Romanum, Leipzig 1935.
Polag, A., Fragmenta Q. Textheft zur Logienquelle, Neukirchen-Vluyn 1979.
Przybylski, B., Righteousness in Matthew and his world of thought (MSSNTS 41), Cambridge 1980.
Rad, G. v., Die Stadt auf dem Berge: EvTh 8 (1948/49) 439-447.
Rahner, K., Autorität, in: Christlicher Glaube in moderner Gesellschaft 14, Freiburg i. Br. 1982, 5-36.
Ratzinger, J., Theologische Prinzipienlehre. Bausteine zur Fundamentaltheologie, München 1982.
Redeker, M., Der christliche Glaube. Nach den Grundsätzen der evangelischen Kirche im Zusammenhang dargestellt von Friedrich Schleiermacher, Bd. II, Berlin 1960.
Richard, M., Pour une nouvelle édition du commentaire de S. Hippolyte sur Daniel, in: *Granfield, P. - Jungmann, J. A.* (Hrsg.), Kyriakon. FS Johannes Quasten Bd. 1, Münster 1970, 69-78.
Riedel, M., Gesellschaft, in: *Ritter, J.* (Hrsg.), Historisches Wörterbuch der Philosophie Bd. 3, Darmstadt 1974, 459-473.
Riedel, M., Gesellschaft, bürgerliche, in: *Brunner, O. - Conze, W. - Koselleck, R.* (Hrsg.), Geschichtliche Grundbegriffe. Historisches Lexikon zur politisch-sozialen Sprache in Deutschland Bd. 2, Stuttgart 1975, 719-800.
Riesner, R., Bethany beyond the Jordan (John 1:28). Topography, Theology and History in the Fourth Gospel: TynB 38 (1987) 1-38.
Ringeling, H., Die Notwendigkeit des ethischen Kompromisses: Kritik und theologische Begründung, in: *Hertz, A. - Korff, W. - Rendtorff, T. - Ringeling, H.* (Hrsg.), Handbuch der christlichen Ethik III, Freiburg i. Br. 1982, 93-116.

Schäfer, P., Die Torah der messianischen Zeit: ZNW 65 (1974) 27–42.
Schmid, H., Die christlich-jüdische Auseinandersetzung um das Alte Testament in hermeneutischer Sicht, Zürich 1971.
Schmid, J., Das Evangelium nach Matthäus (RNT 1), Regensburg ³1956.
Schnackenburg, R., Bergpredigt, in: LThK 2, 223–227.
Schnackenburg, R. (Hrsg.), Die Bergpredigt. Utopische Vision oder Handlungsanweisung? (Schriften der Katholischen Akademie in Bayern 107), Düsseldorf 1982.
Schnackenburg, R., Die Bergpredigt, in: *ders.* (Hrsg.), Die Bergpredigt. Utopische Vision oder Handlungsanweisung? (Schriften der Katholischen Akademie in Bayern 107), Düsseldorf 1982, 13–59.
Schnackenburg, R., Christliche Existenz nach dem Neuen Testament. Abhandlungen und Vorträge I, München 1967.
Schnackenburg, R., Das Evangelium nach Markus II (Geistliche Schriftlesung 2,2), Düsseldorf 1971.
Schnackenburg, R., Neutestamentliche Ethik im Kontext heutiger Wirklichkeit, in: *Weber, H. – Mieth, D.* (Hrsg.), Anspruch der Wirklichkeit und christlicher Glaube. Probleme und Wege theologischer Ethik heute, Düsseldorf 1980, 193–207.
Schnackenburg, R., Die sittliche Botschaft des Neuen Testamentes, München ²1962.
Schneider, G., Botschaft der Bergpredigt, in: CiW 6/8 a, Aschaffenburg 1969, 5–123.
Schniewind, J., Das Evangelium nach Matthäus (NTD 2), Göttingen ¹¹1964.
Schottroff, L., Gewaltverzicht und Feindesliebe in der urchristlichen Jesustradition. Mt 5,38–48; Lk 6,27–36; in: *Strecker, G.* (Hrsg.), Jesus Christus in Historie und Theologie. FS Hans Conzelmann, Tübingen 1975, 197–221.
Schrage, W., Ethik des Neuen Testaments (NTD Erg 4), Göttingen 1982.
Schraner, A., Katholischer Katechismus, Stein am Rhein 1975.
Schreiber, J., Theologie des Vertrauens. Eine redaktionsgeschichtliche Untersuchung des Markusevangeliums, Hamburg 1967.
Schüller, B., Die Bedeutung der Erfahrung für die Rechtfertigung sittlicher Verhaltensregeln, in: *Demmer, K. – Schüller, B.* (Hrsg.), Christlich glauben und Handeln, Düsseldorf 1977, 261–286.
Schüller, B., Gesetz und Freiheit. Eine moraltheologische Untersuchung, Düsseldorf 1966.
Schüller, B., Der menschliche Mensch. Aufsätze zur Metaethik und zur Sprache der Moral (MThSt.S 12), Düsseldorf 1982.
Schüller, B., Das Proprium einer christlichen Ethik in der Diskussion, in: *ders.,* Der menschliche Mensch. Aufsätze zur Metaethik und zur Sprache der Moral (MThSt.S 12), Düsseldorf 1982, 3–27.
Schüller, B., Zur Rede von der radikalen sittlichen Forderung: ThPh 46 (1971) 321–341.
Schürmann, H., Das eschatologische Heil Gottes und die Weltverantwortung des Menschen. Hermeneutische Anmerkungen zur Relevanz der biblischen Aussagen, in: *Lehmann, K.* (Hrsg.), Theologie der Befreiung, Einsiedeln 1977, 45–78.
Schürmann, H., Das Lukasevangelium I (HThK 3, 1), Freiburg i. Br. 1969.
Schulz, S., Q. Die Spruchquelle der Evangelisten, Zürich 1972.
Schwager, R., Brauchen wir einen Sündenbock? Gewalt und Erlösung in den biblischen Schriften, München 1978.
Schweitzer, A., Geschichte der Leben-Jesu-Forschung, Tübingen ⁶1951.

Schweitzer, A., Das Messianitäts- und Leidensgeheimnis, Tübingen ³1956.
Schweizer, E., Das Evangelium nach Matthäus (NTD 2), Göttingen 1973.
Schweizer, E., Matth. 5,17-20. Anmerkungen zum Gesetzesverständnis des Matthäus, in: *Lange, J.* (Hrsg.), Das Matthäus-Evangelium (WdF 525), Darmstadt 1980, 164–173.
Seeber, D., Kontrastgesellschaft: HerKorr 38 (1984) 49–51.
Seeber, D., Kontrastgesellschaft oder Volkskirche: LS 37 (1986) 200–207.
Sieben, H. J., Exegesis Patrum. Saggio bibliografico sull'esegesi biblica dei Padri della Chiesa (Sussidi Patristici 2), Rom 1983.
Solschenizyn, A., Der Archipel GULAG. 3 Bde. (Rowohlt-Taschenbücher 4196-4198), Hamburg 1978.
Stegemann, V., Augustins Gottesstaat (Heidelberger Abh. zur Philos. u. ihrer Geschichte 15), Tübingen 1928.
Steinbach, E., Konkrete Christologie. Die Aufnahme des Natürlichen in die Christologie bei Hermann Kutter, Calw 1934.
Stemberger, G., Die Bedeutung des „Landes Israel" in der rabbinischen Tradition: Kairos 25 (1983) 176–199.
Steubing, H., Der Kompromiß als ethisches Problem, Gütersloh 1955.
Stott, J. R. W., Reich Gottes und Gemeinschaft: Theologische Beiträge 8 (1977) 1–24.
Strecker, G., Der Weg der Gerechtigkeit. Untersuchung zur Theologie des Matthäus (FRLANT 82), Göttingen ²1966.
Strobel, A., Macht und Gewalt in der Botschaft des Neuen Testaments, in: *Greifenstein, H.* (Hrsg.), Macht und Gewalt. Leitlinien lutherischer Theologie zur politischen Ethik heute, Hamburg 1978, 71–112.
Stuhlmacher, P., Jesu vollkommenes Gesetz der Freiheit. Zum Verständnis der Bergpredigt: ZThK 79 (1982) 283–322.
Tachau, P., „Einst" und „Jetzt" im Neuen Testament. Beobachtungen zu einem urchristlichen Predigtschema in der neutestamentlichen Briefliteratur und zu seiner Vorgeschichte (FRLANT 105), Göttingen 1972.
Theißen, G.; Gewaltverzicht und Feindesliebe (Mt 5,38–48 / Lk 6,27–38) und deren sozialgeschichtlicher Hintergrund, in: *ders.,* Studien zur Soziologie des Urchristentums (WUNT 19), Tübingen 1979, 160–197.
Thielicke, H., Theologische Ethik II 1, Tübingen ³1965.
Tönnies, F., Gemeinschaft und Gesellschaft. Grundbegriffe einer reinen Soziologie, Leipzig 1887. ⁸1935.
Trillhaas, W., Zum Problem des Kompromisses: ZEE 4 (1960) 355–364.
Trilling, W., Das Evangelium nach Matthäus I, Düsseldorf ³1965.
Trilling, W., Das wahre Israel. Studien zur Theologie des Matthäus-Evangeliums (StANT 10), München ³1964.
Walker, R., Die Heilsgeschichte im ersten Evangelium (FRLANT 91), Göttingen 1967.
Walther, D., Zur Behandlung des Kompromißproblems in der Geschichte der evangelisch-lutherischen Ethik: KuD 4 (1958) 73–111.
Weber, H., Der Kompromiß in der Moral. Zu seiner theologischen Bestimmung und Bewertung: TThZ 86 (1977) 99–118.
Weber, M., Gesammelte politische Schriften, hrsg. von *J. Winckelmann,* Tübingen ³1971.
Weimer, L., Die Lust an Gott und seiner Sache oder Lassen sich Gnade und Freiheit, Glaube und Vernunft, Erlösung und Befreiung vereinbaren?, Freiburg i. Br. ²1982.

Weiß, J., Die Schriften des Neuen Testaments I, Göttingen ²1907.
Wendland, H.-D., Ethik des Neuen Testaments (NTD Erg 4), Göttingen 1970.
Wiebering, J., Kompromiß als christliche Kategorie: ZEE 22 (1978) 296–306.
Wildberger, H., Jesaja, 1. Teilband (BK X/1), Neukirchen-Vluyn 1972.
Willers, U., „... wie hielte ich's aus, kein Gott zu sein!" Nietzsches antichristliche Soteriologie, entfaltet am Leitfaden seiner Jesus-Deutung, Diss. masch. Tübingen 1986.
Wilting, H.-J., Der Kompromiß als theologisches und als ethisches Problem. Ein Beitrag zur unterschiedlichen Beurteilung des Kompromisses durch H. Thielicke und W. Trillhaas, Düsseldorf 1975.
Windisch, H., Handeln in Geschichte. Ein katholischer Beitrag zum Problem des sittlichen Kompromisses (RStTh 24), Frankfurt a. M. 1981.
Wolff, H. W., Dodekapropheton 4: Micha (BK XIV/4) Neukirchen-Vluyn 1982.
Wolff, H. W., Schwerter zu Pflugscharen – Mißbrauch eines Prophetenwortes? Praktische Fragen und exegetische Klärungen zu Joël 4,9–12, Jes 2,2–5 und Mi 4,1–5: EvTh 44 (1984) 280–292.
Yarnold, E., Teleios in St. Matthew's Gospel, in: Studia Evangelica Vol. IV (TU 102), Berlin 1968, 269–273.
Zahn, Th., Das Evangelium des Matthäus (KNT 1), Leipzig ²1905.
Zeil-Fahlbusch, E., Gesellschaftstheorie, in: TRT Bd. 2, ⁴1983, 180–186.
Zulehner, P. M., „Denn du kommst unserem Tun mit deiner Gnade zuvor ..." Zur Theologie der Seelsorge heute, Düsseldorf 1984.

Werke von Gerhard Lohfink im Verlag Herder:

Wie hat Jesus Gemeinde gewollt?
Zur gesellschaftlichen Dimension des christlichen Glaubens

„Der Autor legt mit einer schlüssigen Beweisführung dar, daß die Kirche selbst als ein ‚neues Lebensmodell' entworfen wurde, nicht als Verein der einzelnen Frommen, sondern als Ort der Gnade und realisierte Vision sozialer Offenbarung als neue und messianische Alternativ-Gesellschaft hier auf Erden" (Rheinischer Merkur).

7. Auflage, 224 Seiten, Paperback. ISBN 3-451-19606-9

Der letzte Tag Jesu
Die Ereignisse der Passion

„Dieses Buch antwortet zuverlässig auf die Frage: Wie hat man sich die Geschehnisse des letzten Tages Jesu konkret vorzustellen? Wie ist das damals abgelaufen? Welche Mächte und Motive waren im Spiel? Der Autor führt dem Leser ein überaus plastisches Bild der tatsächlichen Geschehnisse vor Augen ... selbstverständlich auf dem aktuellen Stand der exegetischen Forschung" (Theologisch-pastoraler Literaturdienst).

6. Auflage, 92 Seiten, Paperback. ISBN 3-451-18589-X

Der Tod ist nicht das letzte Wort
Meditationen

„Eine Antwort darauf, wie man modern und verständlich die ungebrochenen Wahrheiten vom christlichen Sterben und von der Auferstehung heute verstehen kann. Sehr zu empfehlen für Leser, die sich die Ruhe zu einer besinnlichen Stunde nehmen" (Das neue Buch).

13. Auflage, 64 Seiten, Paperback. ISBN 3-451-17513-4

Verlag Herder Freiburg · Basel · Wien

Gisbert Greshake/Gerhard Lohfink
Naherwartung – Auferstehung – Unsterblichkeit
Untersuchungen zur christlichen Eschatologie

„Was kommt nach dem Tod?... Ungewöhnlich klar und einleuchtend, wenn auch für manche Ohren neu, sind die Ausführungen in diesem Buch über die Einheit der Vollendung des einzelnen und der Weltgeschichte" (Geist und Leben).
„Der Entwurf einer Eschatologie, die man mit gutem Gewissen predigen kann" (Diakonia).

5. Auflage, 232 Seiten, Paperback. ISBN 3-451-02071-8

Norbert Lohfink
Kirchenträume
Reden gegen den Trend

„Keine konkrete Utopie, sondern hellwache Theologie. Lohfink lädt in die älteste Alternativgesellschaft, in das Christentum, ein und verkündet die Kirche als Verwirklichung des Willens zum Fest in der Wüste der Welt" (Neue Zürcher Zeitung).

5. Auflage als Sonderausgabe, 192 Seiten, Paperback. ISBN 3-451-21254-4

Norbert Lohfink
Das Jüdische am Christentum
Die verlorene Dimension

„... Der Autor bringt das Alte Testament neu zum Sprechen, meist mit Blick auf die ganze biblische Botschaft. Dabei setzt er sich immer wieder mit bedeutenden Vertretern der geistigen und theologischen Strömungen der Gegenwart auseinander. Mit diesem Buch wird deutlich, was die jüdische Dimension des Glaubens vom Christentum fordert: sich in der Verwirklichung einer alternativen Gesellschaft als Volk Gottes zu erweisen..." (Sonntagsblatt, Würzburg).

272 Seiten, Paperback. ISBN 3-451-20994-2

Verlag Herder Freiburg · Basel · Wien